Elisabeth Burgos

Rigoberta Menchú

Leben in Guatemala

Aus dem guatemaltekischen Spanisch
von Willi Zurbrüggen

Mit Dank an Helena Araujo, Juan Gelman,
Ugné Karvélis, Jerónimo Perez Rescanière,
Francisca Ribas, Arturo Taracena, Carol Prunhuber,
Nicole Revel-McDonald und Marie Tremblay

Lamuv Taschenbuch 33

© Copyright Editions Gallimard, Paris, 1983
Originaltitel: Yo, Rigoberta Menchú

Bitte fordern Sie unser kostenloses Gesamtverzeichnis an:
Lamuv Verlag, Postfach 26 05, D-37016 Göttingen

Gedruckt auf 100 RC Book Paper
100% Altpapier
der Firma Steinbeis Temming GmbH, Glückstadt

Deutsche Erstausgabe
1. Auflage März 1984
9. ergänzte Auflage Februar 1993
13. Auflage Dezember 1995
© Copyright der deutschsprachigen Ausgabe
Lamuv Verlag, Göttingen 1984
Alle Rechte vorbehalten

Umschlaggestaltung: Gerhard Steidl
unter Verwendung eines Fotos von Harald Irnberger
Gesamtherstellung: Steidl, Göttingen Printed in Germany
ISBN 3-88977-001-0

Inhaltsverzeichnis

1. Die Familie 7

2. Geburtszeremonien 14

3. Das Nahual 25

4. Die erste Reise zur Finca
   Leben auf der Finca 28

5. Die Arbeit auf dem Altiplano
   Erste Reise in die Hauptstadt 35

6. Mit acht Jahren Lohnarbeit auf der Finca 41

7. Der Tod des kleinen Bruders
   Verständigungsschwierigkeiten unter den Indios aufgrund der
   Sprachenvielfalt
   Mehr über das Leben auf den Fincas 46

8. Das Leben im Hochland
   Feierlichkeiten zum 10. Geburtstag 50

9. Aussaat- und Erntezeremonien
   Verwandtschaft zur Erde
   12. Geburtstag 56

10. Die Natur
    Die Erde, Mutter des Menschen
    Sonne, Kopal, Feuer und Wasser 62

11. Erziehung, Überlieferungen, Hochzeitsfeierlichkeiten 65

12. Leben in der Dorfgemeinschaft 80

13. Tod der Freundin auf der Finca 87

14. Dienstmädchen in der Hauptstadt 91

15. Der Kampf um das Land 103

16. Zeit der Besinnung und des Lernens 120

17. Selbstverteidigung des Dorfes 125

18. Politische Arbeit in anderen Dörfern
    Rigoberta hilft ihren von der Armee vergewaltigten
    Freundinnen
    Kommunikationsprobleme wegen der Sprachunterschiede
    Einnahme des Dorfes durch die Armee
    Gefangennahme eines Soldaten 141

19. Der Tod von Doña Petrona Chona 151

20. Abschied des Vaters vom Dorf
    Rigoberta will lesen und schreiben lernen 155

21. Das CUC tritt an die Öffentlichkeit
    Unterdrückung in El Quiché
    Rigoberta lernt Spanisch 159

22. Weitere Organisationsarbeit in den Dörfern
    Begegnungen mit Ladinos 164

23. Folterung und Ermordung des jüngeren Bruders, der
    zusammen mit anderen vor den Augen des ganzen Dorfes
    und seiner Angehörigen lebendig verbrannt wird 171

24. Marsch der Campesinos auf die Hauptstadt
    Besetzung der spanischen Botschaft
    Tod von Vicente Menchú, Vater von Rigoberta 181

25. Rigoberta spricht von ihrem Vater
    Erinnerungen an die Zeit, als sie in Ixcán arbeiteten 185

26. Gefangennahme und Tod der Mutter 192

27. Über den Tod 197

28. Über die Feste 200

29. Erziehung durch die Mutter
    Unterschiede zwischen Indígena und Ladina
    Der Mais und die Frau 206

30. Über die Frau 215

31. Streik der Landarbeiter
    1. Mai in der Hauptstadt
    Über die Kirche 222

32. Von der Armee verfolgt
    Versteckt in einem Kloster der Hauptstadt 231

33. Exil 236

Worterklärungen 243

Friedensnobelpreis für Rigoberta Menchú 245

1 Die Familie

*»Wir haben immer hier gelebt: Es ist nicht mehr als recht, daß
wir weiterhin leben, wo es uns gefällt und wo wir einmal sterben
möchten. Nur hier können wir wiederauferstehen; an einem
anderen Ort würden wir nie wieder in unserer Ganzheit erstehen,
und unser Schmerz wäre ewig.«*

Popol Vuh

Ich heiße Rigoberta Menchú. Ich bin dreiundzwanzig Jahre alt,
und meine Lebensgeschichte soll lebendiges Zeugnis ablegen
vom Schicksal meines Volkes. Es ist keine Geschichte aus
Büchern, sondern gemeinsam mit meinem Volk gelebte Geschichte. Wichtig ist allein – und das möchte ich hervorheben –,
daß ich nicht nur mein eigenes Leben beschreibe, weil nämlich
viele Menschen dieses Leben gelebt haben: es ist das Leben meines Volkes. Durch meine Geschichte will ich versuchen, das
Leben aller armen Menschen in Guatemala zu beschreiben.

Zuerst einmal muß ich sagen, daß es mir noch ziemlich schwer-
fällt, Spanisch zu sprechen, da ich keine Schule besucht habe. Ich
bin aus meiner Welt nie herausgekommen, hatte kaum Gelegenheit, an mich selbst zu denken, und habe erst vor drei Jahren
angefangen, Spanisch zu lernen. Es ist mir ziemlich schwergefal-
len, weil ich kein Buch hatte und alles aus dem Kopf lernen
mußte.

Ich möchte mit der Zeit beginnen, als ich ein kleines Mädchen
war, oder früher noch, als ich noch im Leib meiner Mutter war,
denn unsere Überlieferungen sagen, daß ein Kind mit dem ersten
Tag der Schwangerschaft ein Kind ist.

In Guatemala gibt es zweiundzwanzig Indiostämme, aber wir
betrachten auch die Ladinos – das heißt die Mestizen – als eigene

Stammesgruppe. Das wären dann dreiundzwanzig Stämme und dreiundzwanzig verschiedene Sprachen. Ich gehöre zum Stamm der Quiché und lebe nach den Sitten und Bräuchen der Quiché-Indios. Aufgrund meiner Organisationsarbeit habe ich aber fast alle Stämme meines Volkes ziemlich gut kennengelernt.

Ich selbst stamme aus San Miguel Uspantán im Departamento El Quiché im Nordwesten des Landes. Ich wohne im Norden von El Quiché in der Nähe von Chajul. Die Dörfer dort haben eine lange Kampftradition.

Von unserem Haus in der Gemeinde Chimel, wo ich geboren bin, muß man sechs Leguas – das sind vierundzwanzig Kilometer – zu Fuß laufen, um nach Uspantán zu gelangen.

Meine Heimat ist wie ein Paradies, in der ganzen Schönheit der Natur dieser Gegend, in der es keine Straßen und keine Autos gibt. Man kommt nur zu Fuß dorthin. Für den Transport von den Bergen hinunter in die Stadt haben wir Pferde, oder wir tragen die Lasten selbst auf dem Rücken.

Meine Eltern zogen 1960 dorthin und bebauten das Land. Eine bergige Gegend, in die noch nie ein Mensch gekommen war. Sie blieben da in der Gewißheit, daß sie dort leben wollten, obwohl es ein schweres Leben sein würde. In der Gegend arbeitete man viel mit Weidengeflecht, und meine Eltern waren auf der Suche nach Arbeit dorthin gekommen. Da ihnen die Gegend gefiel, rodeten sie ein Stück Land und ließen sich nieder. Ein Jahr zuvor waren sie aus dem Dorf, in dem sie gewohnt hatten, vertrieben worden und hatten ihr kleines Häuschen zurücklassen müssen. Sie waren völlig mittellos und mußten in die Berge ziehen, und da sind sie dann geblieben. Es entstand eine kleine Gemeinde, in der die Campesinos heute jeder etwa einen Viertel-Hektar Land bebauen.

Aus ihrem Dorf waren meine Eltern vertrieben worden, als sich ein paar Ladinos dort niederließen. Sie wurden nicht direkt vertrieben, indem man sie hinauswarf, sondern so nach und nach. Sie verschuldeten sich immer mehr, und alles, was sie verdienten, floß in die Hände dieser Leute. Eines Tages hatten sie so viele Schulden, daß sie ihr Haus hergeben mußten, um damit die Schuld abzutragen. So wie es die Reichen immer machen: wenn die Leute bei ihnen Schulden haben, nehmen sie ein Stück von ihrem Land, ein bißchen hier und ein wenig dort, und so gehört ihnen bald alles. So erging es auch meinen Eltern.

Mein Vater war Halbwaise, und meine Großmutter mußte ihn in das Haus von reichen Leuten zum Arbeiten geben, damit sie zu essen hatten. So ist mein Vater aufgewachsen und hatte auch ein sehr schweres Leben, bis er groß war.

Mein Vater wurde in Santa Rosa Chucuyub geboren, einem kleinen Dorf des Quiché. Als sein Vater starb, mußten sie ihr Stückchen Land aufgeben, weil meine Großmutter nun mit ihren drei Kindern allein dastand. Sie ging mit ihnen nach Uspantán, wo ich zum Schluß auch gelebt habe. Sie wohnten dort bei einem Señor, dem einzigen Reichen in Uspantán, und meine Großmutter arbeitete bei ihm als Dienstmädchen im Haus. Ihre zwei Söhne hüteten das Vieh von diesem Señor und verrichteten kleinere Arbeiten, wie Brennholz sammeln, Wasser holen und all diese Dinge. Später, als sie größer wurden, sagte der Señor zu meiner Großmutter, daß er für das Essen der Kinder nicht mehr aufkommen könne, da sie nicht genügend arbeite und den Unterhalt ihrer Kinder nicht mitverdiene. Meine Großmutter suchte dann einen Herrn, dem sie einen ihrer Söhne abtreten konnte, und meinen Vater traf es als ersten. Er wurde an einen anderen Señor verschenkt, und bei dem ist er dann aufgewachsen. Er mußte da schon schwere Arbeiten verrichten; er schlug da schon Brennholz und arbeitete schon auf dem Feld. Aber verdient hat er nichts, denn weil er verschenkt worden war, wurde ihm nichts bezahlt. Er wohnte bei den Leuten ... den weißen Leuten ... den Ladinos, aber er hat nie Spanisch gelernt, weil man ihn abseits hielt von allem und nie mit ihm sprach und er nur arbeiten und Besorgungen machen mußte. Diese Reichen wollten nichts von ihm wissen; er hatte nicht einmal was anzuziehen und war immer schmutzig, so daß sie sich ekelten, wenn sie ihn sahen. So hat er nur ganz wenige Wörter Spanisch lernen können, obwohl er neun Jahre bei diesem reichen Señor war.

Als mein Vater vierzehn Jahre alt war, mußte er sehen, wie er zurechtkam. Seine beiden Geschwister waren auch schon groß, verdienten aber noch nichts. Meine Großmutter verdiente gerade soviel, daß sie ihnen zu essen geben konnte. Das war eine ziemlich schwere Zeit. So begann mein Vater dann auch an der Küste auf den Fincas zu arbeiten. Er war ja jetzt schon ein Mann und mußte für meine Großmutter mitverdienen. Und schließlich konnte er sie dann von dem reichen Señor wegholen, weil sie da so etwas wie eine Geliebte von diesem Señor war. Die reine Not zwang meine Großmutter, bei ihm zu leben, und es gab keine Möglichkeit, anderswohin zu gehen. Er hatte auch eine Frau, klar, aber meine Großmutter mußte es bei ihm aushalten, oder sie hätte gehen können, denn der Reiche hatte keine Not, weil ja noch mehr Leute darauf warteten, bei ihm zu arbeiten. So mußte sie aus reiner Not alles tun, was er ihr befahl. Aber schließlich ging meine Großmutter mit ihren Kindern fort und arbeitete zusammen mit dem Ältesten auf den Fincas an der Küste. Wir Kinder haben mit unseren Eltern zusammen auch auf diesen Fincas gelebt. Es waren die Fincas an der Südküste des Landes, in Escuintla, Suchitepequez, Retalhuleu, Santa Rosa, Jutiapa; all diese Fincas im Süden, wo Kaffee, Baumwolle, Kardamon und Zuckerrohr angebaut wird. Die Männer arbeiteten hauptsächlich in der Zuckerrohrernte, weil man da etwas mehr verdiente. Aber in Zeiten der Not mußten wir alle, Männer und Frauen, beim Zuckerrohrschneiden helfen.

Am Anfang war es sehr schwierig. Mein Vater erzählte mir, daß sie nur Kräuter gegessen hätten, die sie sich auf den Feldern zusammensuchten. Sie hatten nicht einmal Mais. Aber sie arbeiteten schwer und konnten sich dann später die kleine Hütte im Hochland bauen, wo sie auch die ersten waren, die dort ein Stückchen Land urbar machten. Mein Vater war damals achtzehn und die rechte Hand meiner Großmutter.

In diese Zeit fielen unglücklicherweise die Zwangsrekrutierungen der Armee. Auch meinen Vater steckten sie in eine Kaserne, und meine Großmutter war mit ihren anderen beiden Kindern wieder allein. Dort bei der Armee lernte er viel Schlechtes und lernte auch, ein ganzer Mann zu sein. Er sagte, daß sie ihn beim Militär wie irgendeinen Dreck behandelten und ihm alles, was er lernte, eingeprügelt wurde. Er war ein Jahr beim Militär, und es war ein hartes Leben für ihn. Als er zurückkam, lag meine Großmutter im Sterben. Sie war von der Finca zurückgekehrt und hatte Fieber bekommen. Das ist die häufigste Krankheit, wenn die Leute von der Küste, wo es sehr heiß ist, ins kalte Hochland zurückkommen. Der Klimawechsel ist sehr kraß. Für meine Großmutter gab es keine Rettung; es gab nicht genug Geld für Medikamente, und so mußte sie sterben, meine Großmutter. Mein Vater und seine zwei Geschwister standen jetzt allein, aber sie waren ja schon erwachsen. Sie hatten keinen Onkel und niemanden, der sie unterstützte, und daher gingen sie, jeder für sich wieder an die Küste hinunter. Mein Vater erzählte, sie hätten eine einfache Strohhütte gehabt; aber was sollten sie dort ohne Mutter und nichts zu essen? So trennten sie sich dann. An der Küste fand mein Vater Arbeit in einer Pfarrei, wo er aber auch fast nichts verdiente. Auf den Fincas und anderswo verdiente man damals dreißig oder vierzig Centavos am Tag.

In dieser Zeit lernte mein Vater Mamá kennen. Sie hatten beide eine schwere Zeit, denn meine Mutter kam auch aus einer sehr armen Familie, die immer von einem Arbeitsplatz zum anderen wandern mußte. Da sie auch aus dem Hochland stammte, gingen sie dorthin zurück. Da, wo sie sich niederlassen wollten, gab es noch kein Dorf. Es gab nichts. Sie gründeten dort ein Dorf. Die Geschichte meines Dorfes ist lang und oft sehr schmerzreich.

Das Land gehörte der Regierung, und um sich dort ansiedeln zu können, brauchte man eine Erlaubnis. Wenn man die Erlaubnis hatte, mußte man eine Gebühr bezahlen, um das Land roden und seine Hütte darauf bauen zu dürfen. Mit dem Geld, das sie in schwerer Arbeit auf den Fincas verdient hatten, konnten meine Eltern die Gebühr bezahlen und mit der Urbarmachung beginnen. Aber es ist nicht leicht, von einem Boden zu ernten, der gerade erst gerodet und urbar gemacht worden ist. Es dauert fast acht oder neun Jahre, bis er die erste gute Ernte hervorbringt.

Das kleine Stückchen Land, das meine Eltern bebauen konnten, brachte erst nach acht Jahren eine gute Ernte, und in diesen Jahren wurden meine Geschwister geboren. Ich hatte fünf ältere Geschwister, und später, als wir auf den Fincas arbeiteten, starben schon die beiden ältesten. Sie starben an Unterernährung, weil wir Indios nie genug zu essen haben. Wenn man fünfzehn Jahre alt wird, ist das Schlimmste vorbei; aber gerade in den ersten Jahren des Heranwachsens, wenn man nichts zu essen hat ... immer krank ist ... das verschlimmert die Lage. Es ist nicht leicht, fünfzehn Jahre alt zu werden.

Meine Eltern blieben dort. Was meiner Mutter so gefiel, waren die Bäume, die unendlichen Wälder. Sie erzählte, daß sie sich manchmal verlaufen hätten, weil die Wälder so groß sind und kaum ein Sonnenstrahl durch die Bäume dringt. Die Wälder sind sehr dicht. Das war also unsere Heimat, und wir liebten das Land sehr, obwohl es einsam dort war und wir bis zur Hütte unseres nächsten Nachbarn lange laufen mußten. Nach und nach holten meine Eltern noch andere Leute herbei, damit mehr Land bebaut werden konnte und sie nicht allein waren. Nachts kamen nämlich alle möglichen Tiere aus dem Busch und fraßen die Saat und die Pflanzen und die jungen Maiskolben. Auch die großen harten Maiskolben fraßen sie. Die Tiere aus dem Busch fraßen einfach alles. Eines von ihnen, der Waschbär, sagte mein Vater, wird Mapache genannt. Meine Mutter hatte auch Hühner und ein paar Schafe. Die Tiere hatten viel Platz, und da meine Mutter sie nicht immer im Auge behalten konnte, liefen sie manchmal in den Busch und kamen nicht mehr zurück. Sie verirrten sich oder wurden von den wilden Tieren gefressen.

Bis zur ersten Ernte dauerte es viele, viele Jahre, und meine Eltern mußten deshalb zur Küste hinunter, um auf den Fincas zu arbeiten. Hinterher kamen wir dann wieder zurück und lebten vier oder fünf Monate in unserem Dorf. Es gab einen großen Fluß, der durch das Wäldchen unterhalb unserer Hütte floß, und wir waren sehr glücklich dort. Obwohl – zum Spielen hatten wir praktisch überhaupt keine Zeit. Aber die Arbeit machte uns auch Spaß. Wir mußten die kleineren Sträucher ausreißen, und meine Eltern fällten die großen Bäume. Dabei hörten wir den Gesang der Vögel, aller Arten von Vögeln, die es gibt. Es gab auch viele Schlangen. Und wir hatten ziemlich viel Angst in dieser Umgebung. Wir waren aber glücklich, obwohl es dort sehr kalt ist, weil es so hoch in den Bergen liegt. Es ist eine feuchte Kälte.

Als ich geboren wurde, hatte meine Mutter schon fünf Kinder, glaube ich. Ja, sie hatte schon fünf, und ich war das sechste in unserer Familie. Meine Mutter erzählte mir, daß sie bis einen Monat vor meiner Geburt auf der Finca gearbeitet hätte. Als nur noch zwanzig Tage fehlten, ging sie nach Hause zurück, und da hat sie mich ganz allein geboren. Mein Vater war ja nicht da, weil er den Monat auf der Finca noch zu Ende arbeiten mußte.

Ich erinnere mich zurück bis in die Zeit, als ich ungefähr fünf Jahre alt war. Wir gingen schon als Kinder immer mit auf die Fincas. Vier Monate waren wir in unserem Dorf auf dem Altiplano, und den Rest des Jahres arbeiteten wir an der Küste. Entweder in der Küstenebene, wo Kaffee angebaut wird und wo wir bei der

Ernte oder beim Waschen der Kaffebohnen halfen, oder direkt an der Südküste, wo Baumwolle angebaut wird. Meistens haben wir auf den Baumwollfeldern gearbeitet. Ein paar Familien gehören dort unvorstellbar große Landgebiete, auf denen nur für den Verkauf ins Ausland angebaut wird. Wir arbeiteten meistens acht Monate auf den Fincas, und im Januar, zur Zeit der Aussaat, gingen wir wieder ins Hochland zurück, um dort unser bißchen Mais und ein paar Bohnen auszusäen. Wir arbeiteten aber nicht acht Monate an einem Stück auf den Fincas. Denn da im Hochland der Boden nicht sehr fruchtbar ist und gerade nur Mais und Bohnen gedeihen, gingen wir nach der Aussaat wieder hinunter an die Küste. Und wenn für unsere Saat die Zeit der Ernte gekommen war, gingen wir wieder zurück; aber die Ernteerträge waren immer schnell aufgebraucht, so daß wir wieder auf den Fincas arbeiten mußten. An der Küste wächst ja alles, was es gibt.

2 Geburtszeremonien

>*»Denen, die euch fragen, wo wir sind, erzählt nur, was ihr von unserem Dasein wißt.«*
>
>   *Popol Vuh*

>*»Lernt für euch zu sorgen, indem ihr unsere Geheimnisse wahrt.«*
>
>   *Popol Vuh*

Unser Dorf hat einen gewählten Sprecher; das ist ein Mann, der hohes Ansehen genießt. Er ist unser Repräsentant. Er ist kein König, aber er ist der Repräsentant, den das ganze Dorf wie einen Vater ansieht. Mein Vater und meine Mutter sind die Sprecher unserer Gemeinde. Für die Frau ist das, als ob alle Bewohner des Dorfes ihre Kinder wären. Wenn eine Frau ein Kind erwartet, wendet sie sich daher vom ersten Tag der Schwangerschaft um Rat an die gewählte Frau oder den gewählten Mann, weil das Kind ein Kind des ganzen Dorfes sein soll und nicht nur das Kind der Mutter. Die Eltern sagen den Dorfsprechern, daß sie ein Kind haben werden und daß dieses Kind die Sitten unserer Väter bewahren wird. Die gewählten Sprecher versichern dann, daß sie mit Rat und Tat helfen wollen. Sie sagen: »Wir werden euch helfen und für das Kind wie zweite Eltern sein.« Sie helfen den Eltern auch, einen Paten für das Kind zu finden, der für das Kind sorgt, wenn die Eltern einmal sterben, und der es vor all den Irrtümern bewahren soll, denen so viele Menschen unseres Volkes verfallen sind, und noch viele Dinge mehr.

Dann gibt es noch den Brauch, daß die Nachbarn die schwangere Frau jeden Tag besuchen müssen. Die Frauen kommen, um mit ihr zu schwatzen und ihr kleine Geschenke zu bringen, auch wenn es nur die einfachsten Dinge sind. Die Frau erzählt ihnen alles, was sie auf dem Herzen hat. Dann, wenn die Frau im siebten Monat ist, geht sie nach alter Sitte hinaus in die Natur. Sie geht auf die Felder und macht Spaziergänge im Wald. So lernt schon das Kind die Natur lieben; so will es unsere Kultur. Die Mutter muß dem Kind das Leben zeigen, das sie selbst führt. Sie spricht zum Kind in ihrem Bauch und erklärt ihm alles, was sie tut. Zum Beispiel sagt sie dem Kind: »Du darfst der Natur niemals Schaden zufügen, und du mußt beständig sein im Leben, so wie ich es bin.« Sie sagt dem Kind aber auch, daß es ein schwieriges Leben vor sich haben wird.

Wenn der Tag der Geburt näherrückt, müssen sich die Eltern eine Lügengeschichte für ihre anderen Kinder ausdenken. Die Mutter soll nicht mit ihren anderen Kindern zusammensein, wenn ihr neues Kind kommt. Nur ihre Eltern, die Señora und der Señor Dorfsprecher und der Ehemann sollen dabeisein. Drei Paare. Wenn es möglich ist – weil die Eltern ja häufig nicht am gleichen Ort wohnen. Diese drei Paare sollen bei der Geburt des Kindes dabeisein, denn es heißt, daß das Kind in Gemeinschaft geboren wird. Das ist sehr wichtig, weil das Kind der Gemeinschaft gehört.

Wenn die Dorfsprecherin gleichzeitig Hebamme ist, hilft sie der Frau bei der Geburt. Wenn nicht, kommt die Hebamme noch dazu.

Unsere Kultur verbietet einer alleinstehenden Frau, bei einer Geburt dabeizusein. Als meine Schwester gebar, das war ein Notfall, da war ich dabei, weil niemand sonst zu Hause war. Obwohl ich es nicht genau gesehen habe, war ich aber doch dabei, als sie ihr Kind bekam. Das war aber erst viel später – während unserer Verfolgung.

Meine Mutter war von ihrem sechzehnten Lebensjahr an Hebamme, bis sie mit dreiundvierzig Jahren starb. Als meine Schwester ihr Kind bekam, hat meine Mutter ein Seil an das Dach gebunden, an das meine Schwester sich hängen konnte, weil ihr Mann nicht da war, um sie zu halten. In dieser Stellung hat meine Mutter ihr geholfen, das Kind herauszubekommen. Ein Unglück wäre es für uns, wenn eine Frau ihr Kind in einem Krankenhaus bekäme. Das wäre für eine Indiofrau wohl undenkbar.

Von unserer Kultur und unseren Vorfahren her sind all diese modernen Dinge ein großes Ärgernis. Die Familienplanung zum Beispiel, die sie dem Volk aufschwatzen und mit der sie den Leuten das Geld aus der Tasche ziehen. Da haben wir sehr viele Vorbehalte, weil wir nicht wollen, daß unsere Bräuche und unsere Kultur zerstört werden. Der Indio ist da sehr vorsichtig, daß nicht zuviel aus dem Dorfleben erzählt wird. Die Priester zum Beispiel, die gekommen sind, haben alles gesehen und sich ihre eigenen Vorstellungen vom Leben der Indios gemacht. Sehr schmerzhaft ist es für uns auch, einen Ladino in indianischer Kleidung zu sehen. Für den Indio ist das empörend. Das hat alles dazu beigetragen, daß wir sehr verschlossen sind und nicht wollen, daß soviel erzählt wird.

Als zum Beispiel die Missionierung anfing, ging alle Welt gleich in die Kirche und begann zu beten. Für uns ist das aber nicht die wichtigste und einzige Religion. Dahinter steht immer noch unsere eigene Kultur. Wenn ein Kind geboren wird, tauft man es zuerst in der Dorfgemeinschaft, bevor man zur Kirche geht. Der katholische Glaube ist für unser Volk nur ein zusätzlicher Weg, um sich auszudrücken, nicht der einzige Glaube. So machen wir es mit allen Religionen. Missionare, Priester und Nonnen haben das Vertrauen der Indios nicht gewinnen können, weil es Dinge gibt, die unseren eigenen Bräuchen widersprechen. Der Repräsentant des Dorfes zum Beispiel wird von den Leuten gewählt, weil sie Vertrauen zu ihm haben. Dann kommen die Priester und sagen: »Ihr hört auf einen Zauberer«, und fangen an, schlecht über ihn zu sprechen, und für den Indio ist das so, als ob sie schlecht über seinen Vater sprächen. So verliert er das Vertrauen zum Priester und sagt: »Es sind eben Fremde; sie haben keine Ahnung von unserer Welt.«

So kann man die Herzen der Indios nicht für sich gewinnen.

Doch zurück zur Geburt: Die Kinder erfahren nicht, wie ein neues Kind geboren wird. Es kommt in einem Winkel der Hütte zur Welt, und den Kindern wird dann gesagt, daß ein neues Kind gekommen ist, daß sie aber eine Woche lang noch nicht zur Mutter dürfen. Dann gibt es noch eine bestimmte Stunde, zu der die Plazenta – der kleine Compañero des Neugeborenen – verbrannt werden muß. Wenn das Kind in der Nacht geboren wurde, muß sie um acht Uhr morgens verbrannt werden, und wenn es am Tage geboren wurde, muß sie nachmittags um fünf Uhr verbrannt werden. Das geschieht aus Respekt vor dem kleinen Kind und aus Respekt vor seinem Compañerito. Die Plazenta wird nicht vergraben, weil die Erde Mutter und Vater des Neugeborenen ist und es nicht angeht, daß in ihr der Compañero des Kindes begraben wird. Das ist für uns ein gewichtiger Grund. Verbrannt wird sie in einem Baumstumpf, und die Asche bleibt darin. Oder man verbrennt sie im Temascal. Der Temascal ist das Badehaus der Indios. Er besteht aus einer kleinen Hütte aus Lehm und Bastgeflecht, und darin befindet sich – wie eine zweite kleine Hütte – ein Ofen aus Stein. In diesem Steinofen wird ein Feuer entzündet, damit sich die Steine erhitzen. Dann wird die Tür geschlossen und Wasser auf die Steine gegossen, und das ist dann wie in einem Dampfbad. Nach dem vierten Monat der Schwangerschaft macht die Frau solche Dampfbäder mit Eichenholz.

Wir Indios haben eine ganze Reihe von Kräutern für schwangere Frauen, gegen Kopfschmerzen, Erkältung und so weiter. Die Frau badet also in verschiedenen Kräutern, die ihr alle von der Señora Repräsentantin oder von der Hebamme ausgesucht werden. Es ist wie ein Rezept, und sie muß dauernd mit ihrem Kräuterwasser baden.

Wir haben so viele Pflanzen, daß ich ihre spanischen Namen gar nicht alle kenne. Orangenblätter zum Beispiel; schwangere Frauen baden oft in dem Saft von Orangenblättern. Oder Pfirsich. Eine andere Pflanze nennen wir »Santa-Maria-Kraut«; das ist auch für schwangere Frauen. Es hat eine beruhigende Wirkung auf die Frau, die während der ganzen Zeit ihrer Schwangerschaft keine Zeit zum Ausruhen hat, weil sie genausoviel arbeitet, wie wenn sie nicht schwanger wäre. Es beruhigt die Frau, damit sie nach der Arbeit gut schlafen kann und das Kind durch die harte Arbeit nicht geschädigt wird. Zudem nimmt sie noch medizinische Kräuter und Kräuter zur Stärkung des Kindes. Das sind alles keine wissenschaftlich erprobten Mittel, aber in der Praxis haben sie doch sehr viel geholfen, weil viele dieser Pflanzen sehr vitaminreich sind. Wie wäre es sonst möglich, daß eine werdende Mutter Hunger leidet, dabei schwer arbeitet und trotzdem noch ein Kind gebären kann? Ich glaube, daß unsere Kräuter viel zu einem längeren Leben unseres Volkes beigetragen haben.

Eine Woche lang wird die Reinheit des neugeborenen Kindes gewahrt. Weder der älteste Sohn noch die anderen Kinder dürfen in die Nähe des Neugeborenen – nur die Mutter und diejenigen, die ihr Essen bringen.

Das Neugeborene liegt bei der Mutter in einem Winkel der Hütte, den die anderen Kinder nicht betreten dürfen. Es ist alter Brauch, daß nur das Neugeborene bei der Mutter sein darf. Nach einer Woche ist es dann ein neues Mitglied der Familie. Zur Feier wird ein Schaf geschlachtet und im Kreise der Familie verzehrt. Danach wird gezählt, wieviele Leute Mutter und Kind besuchen kommen. Wenn fast das ganze Dorf kommt, ist das ein gutes Zeichen und bedeutet, daß das Kind später einmal große Verantwortung im Dorf übernehmen wird. Jeder Besucher bringt ein kleines Geschenk: etwas zum Essen für die Mutter oder ein Geschenk für das Kind, vielleicht auch ein kleines Tier, ein paar Eier oder etwas zum Anziehen.

Als Anerkennung der liebevollen Fürsorge der Nachbarn muß die Mutter von allem, was man ihr bringt, etwas probieren. Die Zahl der Geschenke richtet sich nach dem, was die Frau früher für die Dorfgemeinschaft getan hat.

Am achten Tag bringen die Nachbarn ein geschlachtetes Tier, um das Kind, das eine Woche lang mit seiner Mutter allein war, in die Gemeinschaft aufzunehmen, aber auch, um es »ins Universum« einzubringen, wie unsere Vorfahren es nannten. Zu diesem Anlaß wird dem Kind auch die erste Kerze angezündet, die ein Teil des Lichtes des ganzen Dorfes ist. Das Kind ist ja ein neuer Mensch im Dorf, ein weiteres Mitglied der Gemeinschaft. Dann wird alle Wäsche der Mutter, die sie auf dem Wochenbett benutzt hat, zusammengetragen und gewaschen. Die Señora Dorfsprecherin wäscht die ganze Wäsche. Sie wird immer im Fluß gewaschen und nie in einem Brunnen oder Bottich. Und wenn der Fluß noch so weit entfernt ist – die Wäsche muß in einem Fluß gewaschen werden. Damit verliert das Neugeborene seine Unschuld. Ab jetzt nimmt es wahr, was menschliches Leben ist.

Die Schlafmatte der Mutter bekommt einen anderen Platz in der Hütte. Dieser Platz wird gereinigt, mit Salz bestreut und mit Wasser besprengt, und dann wird ihre Schlafmatte hergerichtet. An allen vier Enden werden Kerzen entzündet. Sie stellen gewissermaßen die vier Ecken des Hauses dar, und dieses Haus soll das Heim des Kindes sein. Ein bißchen versinnbildlichen sie auch die Achtung und Verantwortung, die das Kind als Mitglied der Familie und der Dorfgemeinschaft haben wird.

Die Mutter hat sich im Temascal gereinigt und saubere Kleider angelegt. Auch dem Neugeborenen werden saubere Sachen angezogen, und es wird zu dem neuen Schlafplatz gebracht. Es bedeutet, daß das Kind jetzt in die Dorfgemeinschaft aufgenommen ist, und alle Familienangehörigen kommen und küssen das Kind.

Sofort nach der Geburt sind dem Neugeborenen die Ärmchen und Beinchen eingebunden worden, so daß sie gestreckt sind. Das bedeutet, daß Arme und Beine der Arbeit geweiht sind und die Hände niemals stehlen sollen. Das Kind wird der Natur niemals Schaden zufügen, wird das Leben achten und viele Dinge mehr. Am achten Tag werden Hände und Füße wieder losgebunden.

Zu den Kerzen für das Kind, mit denen auch etwas Kopal-Weihrauch verbrannt wird, kommt noch eine weitere Kerze hinzu, die all die Dinge dieser Welt darstellt: die Erde, das Wasser, die Sonne, die Menschen – weil das Kind ja inmitten dieser Welt leben muß. Kalk gehört auch dazu, weil Kalk etwas Geheiligtes ist, da es gut für die Knochen des Neugeborenen ist. Kalk gibt dem Kind starke Knochen und verlängert sein Leben.

Dann wird von dem ganzen Leid gesprochen, das eine Familie erdulden muß und später auch das Kind, was immer es auch beginnen mag. Mit großer Ergriffenheit bekunden die Eltern ihren Schmerz und ihren Kummer, weil sie ein weiteres Kind geboren haben, das dem Leid dieser Welt ausgesetzt sein wird. Das Leid ist für uns wie eine Bestimmung; das Kind soll darauf vorbereitet werden und lernen, alle Schmerzen auf sich zu nehmen und zu ertragen.

Vom Tage der Geburt an bekommt das Neugeborene auch ein Beutelchen mit etwas Knoblauch, Kalk, Salz und ein paar Krümelchen Tabak darin. Tabak ist für den Indio auch eine geheiligte Pflanze. Dieses Säckchen wird dem Kind mit einem Bändchen um den Hals gehängt. Es soll ihm Kraft geben, all dem Bösen im Leben zu widerstehen. Das Böse ist für uns wie ein Geist, der nur in unserer Vorstellung existiert. Böse wäre es zum Beispiel, wenn das Kind ein Lügner würde, denn es soll aufrichtig sein und wahrheitsliebend. Zudem soll es alles, was unsere Vorfahren uns überliefert haben, in sich aufnehmen und bewahren. Das ist ungefähr die Bedeutung des Beutelchens. Es wird auch zwischen die Kerzen gelegt als Symbol für die Verpflichtung, die das Kind haben wird, wenn es groß ist.

Wenn das Kind vierzig Tage alt ist, findet die Tauffeier statt, zu der die wichtigsten Leute eingeladen werden. Zum Beispiel die Paten. Die Paten müssen durch ihr Beispiel und ihre Erfahrung kundtun, wie sie das Erbe unserer Vorfahren bewahrt haben. Gleichzeitig erneuern sie ihr Versprechen, das Kind zu lehren, wie man die Geheimnisse unserer Väter bewahrt, und betonen, daß niemand unsere Kultur und unsere Bräuche zerstören kann, wenn das Kind später so lebt, wie sie es durch ihr Beispiel gezeigt haben. Darin liegt auch so etwas wie eine Kritik an der Menschheit und an so vielen unseres Volkes, die ihre Sitten und Gebräuche verloren haben. Es folgt so etwas wie ein Gebet, in dem man darum bittet, daß sie wieder zu ihrer Kultur zurückfinden mögen. Dann ruft man die großen indianischen Helden an - zum Beispiel Tecún Umán -, die zu Zeiten unserer Vorväter gelebt haben. Und dann - den Sinn habe ich erst viel später verstanden - sagen sie: »Weder kann der Landbesitzer alles zerstören, noch werden die Reichen unsere Kultur vernichten. Und unsere Söhne, ob Arbeiter oder Diener, werden unsere Bräuche bewahren und ihre Geheimnisse zu hüten wissen.«

Dann erzählt man dem Kind vom Mais, von den Bohnen und von allen wichtigen Pflanzen. Das Kind ist bei der ganzen Zeremonie dabei, aber so gut eingewickelt, daß man es nicht sehen kann. Besondere Kleidung für Kinder kennen wir nicht. Die Kinder werden eingewickelt in das, was so da ist. Im voraus gekauft wird für das Kind nichts.

Man erzählt ihm, daß es vom Mais leben wird, und natürlich, daß es aus Mais gemacht ist, da seine Mutter sich ja von Mais ernährte, während es sich in ihr heranbildete. So wird das Kind den Mais zu achten wissen und jedes Maiskorn auflesen, das es auf seinem Wege findet. Später wird es zur Fortpflanzung unserer Rasse beitragen, wird all die Toten unseres Volkes ersetzen und vermehren. Seine Eltern sagen dem Kind, daß es so leben muß, wie ihre Eltern gelebt haben; daß es eine Verantwortung zu tragen hat. Die Zeremonie ist sehr wichtig. Es ist der Zeitpunkt, an dem das Kind Gott anempfohlen wird. Eigentlich ... Gott, dieses Wort haben wir nicht, aber es ist gleichbedeutend mit unser aller Vater, dem einzigen, den es gibt. Unser aller Vater ist das Herz des Himmesl: die Sonne »el sol«. Er ist männlich, weil unsere Mutter der Mond ist: »la luna«. Sie ist eine zärtliche Mutter. Und sie gibt uns ihr Licht. Für uns haben Sonne und Mond viele Bedeutungen. Die Sonne trägt das Universum.

Später, wenn das Kind zehn Jahre alt wird, erzählen ihm seine Eltern und seine Paten, daß jetzt das Leben der Jugend beginnt und es Vater werden kann oder Mutter werden kann. Sie sagen dem Kind, daß es immer seine Würde bewahren muß, wie unsere Väter ihre Würde gewahrt haben; und es wird daran erinnert, wie unsere Vorfahren durch die Weißen und durch die Kolonisation geschändet und gedemütigt worden sind. Dem Kind wird nicht die Geschichte in Erinnerung gebracht, so wie sie aufgeschrieben steht, sondern so, wie sie uns von Generation zu Generation überliefert worden ist. Der größte Teil unseres Volkes kann ja nicht lesen und nicht schreiben und weiß nicht, daß es für den Indio überhaupt etwas Geschriebenes gibt. Aber die Überlieferung sagt, daß die Spanier die Besten unseres Volkes geschändet haben ... die Einfachsten und Bescheidensten. Dem Kind wird gesagt, daß wir zu Ehren dieser Menschen unsere Geheimnisse bewahren müssen, die Geheimnisse, die nur wir Indios kennen ... und viele dieser Dinge mehr. Auch wird ihm noch einmal in Erinnerung gerufen, die Alten zu ehren; obwohl ihm die Eltern das immer schon gelehrt haben, seit es ein kleines Kind war.

Wenn wir zum Beispiel einem alten Menschen auf der Straße begegnen, müssen wir auf die andere Straßenseite gehen, damit der alte Mann oder die alte Frau ungehindert weitergehen kann. Wir müssen uns verbeugen und den alten Menschen grüßen. Alle wissen das, und alle tun es, selbst die Allerjüngsten. Ebenso müssen wir schwangere Frauen in Ehren halten. Wenn wir in Gegenwart einer schwangeren Frau etwas essen, so müssen wir ihr zumindest ein kleines Stückchen abgeben, weil sonst das Kindchen sterben oder innerlich darunter leiden könnte, daß es nicht soviel zu essen hat wie die anderen. Ob man sich kennt oder nicht, ist unwichtig. Wichtig ist, daß geteilt wird. Und noch etwas anderes kommt hinzu: Eine schwangere Frau sehen wir als zwei Personen und achten sie daher mehr als andere Frauen. Die Schwangere spürt, daß ihr besondere Achtung entgegengebracht wird, und so lernt auch schon ihr Kind, das Leben zu respektieren. Wir sehen die werdende Mutter als ein Abbild des neuen Menschen, der bald geboren wird, und behandeln sie daher besonders liebevoll. Ich glaube auch, daß es damit zu tun hat, daß die Frau nie zur Ruhe kommt und keinerlei Ablenkung hat. Sie ist immer in Sorge und muß sich um alles kümmern. Wenn sie sich mal mit jemand unterhalten kann, ist das für die Ärmste eine große Erleichterung.

Bei neugeborenen Mädchen werden mit dem Abschneiden der Nabelschnur von manchen Hebammen schon gleich die Löchlein in die Ohrläppchen gemacht. Sowohl die Schnur, mit der der Nabel abgebunden wird, als auch das Beutelchen, das das Neugeborene bekommt, müssen von roter Farbe sein. Rot ist für uns eine wichtige Farbe. Sie bedeutet Wärme, etwas, das Leben hat, was mit der Sonne verbunden ist, und die Sonne ist für uns das Abbild des einzigen und alleinigen Gottes, das Herz aller Dinge ... des Universums. Sie gibt die Wärme, gibt das Feuer. Diese roten Farben sollen dem Kind Leben geben. Das bedeutet für das Kind aber auch, daß es alles Leben achten muß.

Wenn das Neugeborene ein Junge ist, bekommt er eine besondere Feier, und auch die Zeit der Reinheit, in der er nur mit seiner Mutter zusammen ist, dauert für ihn einen Tag länger. Das ist nicht so, weil das Kind männlich ist, sondern wegen der harten Arbeit, die es im Leben erwartet, und wegen der ganzen Verantwortung, die ein Mann als Mann zu tragen hat. Nicht, daß es den Machismo bei uns nicht gäbe, aber innerhalb der Dorfgemeinschaft ist das kein Problem, da wir ja praktisch nichts anderes tun, als uns nach unseren Bräuchen zu richten. Bei der Geburt eines Jungen ist es Brauch, ein Schaf oder ein paar Hühner zu schlachten. Ein Junge ist ein kleiner Mann, der mehr bekommen muß; da gibt es mehr zu essen wegen all der schweren Arbeit, die er einmal tun wird, und wegen der Verantwortung, die er tragen muß. Gleichzeitig ist er ja auch ein bißchen der neue Herr im Haus – nicht im schlechten Sinne des Wortes, sondern das hat mit vielen Dingen zu tun. Das heißt auch nicht, daß kleine Mädchen verachtet werden. Auf sie wartet ja auch ein hartes Leben; aber es sind andere Kleinigkeiten, mit denen sie bedacht werden – als künftige Mutter eben. Mädchen haben einen Wert, so etwa wie die Erde, die den Mais hervorbringt, die Bohnen, die ganzen Pflanzen, einfach alles. Die Erde ist wie eine Mutter, die das Leben der Menschen hervorbringt. Und das kleine Mädchen wird einmal das Leben der Menschen unserer Generation vermehren. Die Zeremonie ihrer Aufnahme in die Dorfgemeinschaft ist ein wichtiges Ereignis, aber die der Jungen ebenfalls. Das hängt eng zusammen. Beides ist vergleichbar. Aber die Freude, wenn ein Junge geboren wird, ist doch größer, und die Männer sind stolz, wenn der Gemeinschaft ein Junge geboren wird. Aber die Zeremonie ist bei einem Mädchen die gleiche wie bei einem Jungen.

Das Wichtigste daran ist der Sinn zur Zusammengehörigkeit. Das Neugeborene ist etwas, das allen gehört. Vom ersten Tage an sehen die Eltern ihr Kind als einen Teil des Gemeinwesens. Wie die Weißen bei ihrem Neugeborenen gleich an seine Erziehung denken und ihnen ein bestimmter Lebensstandard vorschwebt, den das Kind einmal haben soll, so ist für uns Indios von vornherein klar, daß das Leben in der Dorfgemeinschaft die Schule unserer Kinder sein wird und daß sie einmal unter den gleichen Bedingungen leben müssen wie alle anderen. Es ist ein Denken, das aus Leid und Armut geboren ist.

Bei der Feier zur Aufnahme in die Dorfgemeinschaft werden den Jungen zu all den anderen Dingen auch noch eine kleine Hacke, eine kleine Axt und auch schon seine Machete zu den Kerzen gelegt, weil das später einmal die Werkzeuge sein werden, die er zum Leben braucht. So ist das Spielzeug des Kindes sein späteres Arbeitsgerät, das es schon früh liebzugewinnen lernt. Kleine Mädchen bekommen gleich ihr Waschbrettchen und lernen schon bald, die kleinen Arbeiten des Hauses zu verrichten, wie zum Beispiel aufzuräumen, zu wischen oder dem Brüderchen die Hosen zu flicken. Alles, was die Mutter im Hause tut, erklärt sie ihrem Töchterchen. Sogar alle Bittgebete, die sie während des Tages spricht, denn wir Indios sind sehr gläubig.

Die Mutter findet viele Gelegenheiten, ein kleines Gebet zu sprechen. Vor dem Aufstehen zum Beispiel muß sie dem neuen Tag für sein Kommen danken und bitten, daß er für die Familie ein guter Tag sein möge. Vor dem Feuermachen muß sie das Brennholz segnen, denn auf seinen Flammen soll das Essen für die ganze Familie kochen. Vor dem Mahlen der Maiskörner bläst die Frau in ihre Hände, um dann die Körner zu waschen und zu mahlen. Dadurch soll sie bei allem, was sie tut, eine glückliche Hand haben, und ihre Arbeit soll reiche Früchte tragen. Da das Mädchen immer bei der Mutter ist, lernt es all diese Dinge.

Bei den Männern ist es das gleiche. Bevor der Mann sein Tagewerk beginnt, grüßt er die Sonne. Er nimmt seinen Sombrero ab und spricht zur Sonne, bevor er mit der Arbeit anfängt. Der Junge

23

sieht das, nimmt auch seinen kleinen Sombrero ab und spricht mit der Sonne. Jeder macht das natürlich auf seine Weise. Das ist bei den verschiedenen Stämmen oft ganz unterschiedlich. Genau wie bei den Stickereien mit ihren unterschiedlichen Bedeutungen. Aber etwas Gemeinsames gibt es doch: unsere Kultur eben.

Grundsätzlich sind wir ein Volk von Bauern, aber manche werden auch Händler, nachdem sie erst als Bauern gearbeitet haben. Da geht einer auf die Fincas arbeiten, und wenn er etwas Geld sparen kann und sein Leben verändern möchte, macht er einen kleinen Laden auf und wird Händler. Aber den Brauch, vor Beginn der Arbeit die Sonne zu begrüßen, behält er bei. Unsere gesamte Kultur hat ihren Ursprung in der Erde. Die Religiösität unseres Volkes kommt aus dieser Kultur – aus dem Mais und den Bohnen, die zwei sehr wichtige Elemente in der Dorfgemeinschaft sind. Auch wenn der Mann als Händler jetzt mehr Geld verdienen will, verliert er doch niemals seine Kultur, die von der Erde kommt.

Im Haus hat jedes Familienmitglied seine Aufgabe. Der älteste Sohn ist für alle wie der zweite Vater. Er muß sich auch um die Erziehung seiner Geschwister kümmern. Die Mutter kümmert sich um eine ganze Reihe von Dingen: was gekocht wird, was eingekauft werden muß ... und wenn ein Kind krank wird, muß sie dafür sorgen, daß es seine Medizin bekommt. Der Mann hat viele andere Probleme, mit denen er fertig werden muß. Die Mädchen gehen zum Beispiel Wasser holen, und die Jungen kümmern sich um die Haustiere. So hat jeder seinen festen Aufgabenbereich; das schafft Verantwortung. Wenn einer seine Arbeit nicht getan hat, gibt es Schelte vom Vater oder auch Schläge. Also macht jeder seine Arbeit sehr gewissenhaft. Wenn die Mutter zum Beispiel einen neuen Tontopf zum erstenmal aufs Feuer stellt, nimmt sie ein paar Zweige und schlägt damit fünfmal gegen den Topf. Ihr Mädchen sieht das und fragt: »Warum tust du das, Mama?« und sie antwortet: »Damit der Topf lange hält und seine Aufgabe, das Essen der ganzen Familie in sich kochen zu lassen, erfüllen kann.« Das Mädchen macht es später dann genauso, und so überliefern sich die Bräuche unserer Vorfahren und ihre geheimen Bedeutungen.

Der Sprecher eines Dorfes weiß am meisten von all diesen Dingen, und da alle seine Kinder sind, lernt das ganze Dorf von ihm, immer im Sinne unserer Väter zu handeln.

3 Das Nahual

*»Tier und Mensch leben in ihnen zusammen nach dem Willen
ihrer Ahnen von Geburt an.«*

Miguel Angel Asturias,
»Die Maismenschen«

Jedes Kind kommt mit seinem Nahual auf die Welt. Sein Nahual
ist wie sein Schatten. Sie leben parallel, und fast immer ist das
Nahual ein Tier. Das Kind muß sich mit der Natur verständigen.
Das Nahual ist für uns der Botschafter der Erde, der Tiere, des Wassers und der Sonne. Den Kindern wird gelehrt, kein Tier zu töten,
weil damit das Nahual eines Menschen getötet würde. Jedes Tier
findet seine Entsprechung im Menschen, und wer einem Menschen Schaden zufügt, fügt dem Tier Schaden zu.

Wir haben die Tage unterteilt in Katzen, Hunde, Stiere und
Vögel. Jeder Tag hat sein Nahual. Wird ein Kind zum Beispiel an
einem Mittwoch geboren, so ist sein Nahual ein Lämmchen. An
einem Dienstag geboren worden zu sein, ist das Schlimmste für
ein Kind, denn dann wird es ein sehr zorniges Kind werden. Die
Eltern erkennen das Wesen ihres Kindes an dem Tag, an dem es
geboren wird. Und wenn sein Nahual ein Stier ist, wissen sie, daß
es ein zorniges Kind wird, weil kleine Stiere immer schnell zornig
werden. Katzen werden sich später immer gerne mit ihren Ge-
schwisterchen raufen.

Wie unsere Vorfahren haben wir zehn geweihte Tage. Diese
zehn geweihten Tage stehen unter dem Schatten eines Tieres. Es
gibt Hunde, Stiere, Pferde und Vögel als Nahuale, aber auch wilde
Tiere, wie zum Beispiel der Puma. Auch Bäume können Nahuale

sein. Ein Baum, der vor vielen hundert Jahren ausgewählt wurde und einen großen Schatten wirft. So stehen alle zehn Tage unter dem Zeichen eines dieser Tiere. Es muß nicht immer nur ein einziges Tier sein. Zum Beispiel ein Hund. Nicht nur ein Hund, sondern neun Hunde sind ein Nahual. Bei den Pferden sind drei Pferde ein Nahual. Das ist sehr unterschiedlich. Die genaue Zahl kennt man nicht. Das heißt, nur unsere Eltern kennen die Zahl der Tiere, die für jeden der zehn Tage das Nahual sind.

Mittwoch, Montag, Samstag und Sonntag sind für uns zum Beispiel die bescheidensten Tage der Woche, Tage der Demut. Das Nahual dieser Tage müßte ein Lamm sein oder ein Vogel. Friedliche Tiere eben, die anderen Tieren nichts tun.

Wenn zwei junge Leute heiraten, werden ihnen all diese Dinge erklärt. Wenn dann ihr Kind geboren wird, wissen auch sie, welches Tier zu welchem Tag gehört. Eine Sache ist noch sehr wichtig: Unsere Eltern verraten uns nicht, welches Tier unser Nahual ist, solange wir nicht erwachsen sind oder solange wir uns noch wie Kinder benehmen. Wir erfahren es erst, wenn unsere Haltung gefestigt ist, wenn unsere Wesenszüge sich nicht mehr verändern. Denn man kann sein Nahual auch mißbrauchen. Wenn mein Nahual zum Beispiel ein Stier wäre, könnte ich es als Vorwand nehmen, mich mit meinen Geschwistern zu raufen. So sagt man es den Kindern erst, wenn sie sich wie Erwachsene verhalten. Das kann mit neun oder mit neunzehn oder zwanzig Jahren sein. Aber wenn einem Kind so mit zehn oder zwölf Jahren seine Tiere geschenkt werden, muß ein Tier dabei sein, das sein Nahual ist. Natürlich kann man ihm zum Beispiel keinen Puma schenken, aber dann schenkt man ein ähnliches Tier.

An welchem Tag wir geboren wurden, wissen nur unsere Eltern; oder noch die Leute im Dorf, die dabei waren. Aber alle anderen aus den umliegenden Dörfern erfahren nichts; es sei denn, man schließt mit jemand enge Freundschaft.

Zu dem Tier, das unserem Nahual entspricht, fühlen wir uns oft ganz besonders hingezogen. Wir Indios lieben die Natur und alles was lebt, aber manchmal empfinden wir für ein bestimmtes Tier eine besondere Zuneigung. Und eines Tages erfahren wir: das ist unser Nahual, und dann ist unsere Zuneigung zu diesem Tier noch größer.

Alles, was auf der Erde existiert, hat für uns direkt mit dem Menschen zu tun, bezieht ihn ein. Wir sehen den Menschen nicht als einen abgetrennten Teil: hier der Mensch, dort das Tier, sondern es ist eine immerwährende Verbindung, ein Miteinander.

Wir Indios haben unsere Identität immer versteckt, haben viele Geheimnisse bewahrt und sind deshalb diskriminiert worden. Für uns ist es oft schwierig, etwas über uns selbst zu sagen, da man ja weiß, daß man vorsichtig sein muß mit dem, was man sagt, damit es nicht dazu mißbraucht wird, uns unsere indianische Kultur zu nehmen. Daher kann ich das Nahual auch nur in groben Zügen erklären. Welches Tier mein Nahual ist, kann ich nicht sagen, weil das zu den Geheimnissen gehört, die wir bewahren müssen.

4 Die erste Reise zur Finca
Leben auf der Finca

»So kann man die Herzen der Indios nicht für sich gewinnen.«
Rigoberta Menchú

Schon mit vierzig Tagen beginnt für das Kind der normale Alltag, und die Mutter nimmt es mit auf die Fincas. Als ich ungefähr zwei Jahre alt war – erzählte mir meine Mutter –, mußten sie mich mit Gewalt auf den Lastwagen zerren, weil ich da nicht rauf wollte. Auf halbem Wege schon hatte ich vor Angst soviel geweint, daß ich erschöpft einschlief.

An die Lastwagen kann ich mich noch erinnern. Erst hatte ich überhaupt keine Vorstellung davon, aber dann war es für mich so schrecklich, weil ich den Gestank und das alles nicht vertragen konnte. Die Lastwagen waren für je eine Gruppe von vierzig Personen. Zu den vierzig Personen kamen noch Hunde, Katzen und Hühner hinzu, all die Tiere, die die Leute aus dem Hochland mit zur Küste nehmen, wenn sie zur Arbeit auf die Fincas fahren. Manchmal dauerte die Fahrt zwei Nächte und einen Tag und länger. Die Tiere und die Kinder fingen zuerst an, den Wagen zu beschmutzen, und der Gestank von dem ganzen Dreck, von Tieren und Menschen, war nicht auszuhalten. Die Leute bekommen fünf Quetzales als Vorschuß, der ihnen hinterher vom Lohn wieder abgezogen wird. Und die Fröhlichen wie die Traurigen fangen an zu trinken, weil sie die heimatliche Erde des Altiplano verlassen müssen, um in nächster Zeit ohne Pause und bis zur Erschöpfung zu arbeiten. Schon im Dorf fangen sie an, Schnaps zu trinken. Ich kann mich erinnern, daß meine Eltern das auch taten. Während der Fahrt müssen dann einige erbrechen. Alles, was sie tagsüber gegessen haben, kommt ihnen heraus. Dieser ganze Gestank vermischt sich, und am Ende der Fahrt ist man ganz stumpfsinnig und dumm im Kopf.

Während der ganzen Fahrt bleibt die Plane des Lastwagens geschlossen, so daß wir weder die Landschaft sehen können noch die Orte, durch die wir fahren. Die meiste Zeit schläft man, weil man es anders nicht aushält. Durch den Gestank, der sich in dem abgedeckten Lastwagen sammelt, fängt man schließlich selbst an, sich zu übergeben, so daß wir auf der Finca ankamen wie ein Haufen Mist, wie ein Haufen eng zusammengepferchter Hühner, die kaum noch einen Fuß vor den anderen setzen konnten. Der Lastwagen fährt und fährt, und wenn man mal muß, kann man gar nichts machen, weil man uns nie aussteigen läßt. Manchmal waren die Fahrer auch betrunken. Dann hielten sie unterwegs dauernd an und tranken weiter, aber uns haben sie nie vom Lastwagen herunter gelassen. All das machte mich manchmal so zornig, daß ich meine Mutter fragte: »Warum fahren wir überhaupt auf die Finca?« Und meine Mutter sagte: »Die Not zwingt uns, auf der Finca zu arbeiten. Wenn du einmal groß bist, wirst du unsere Not verstehen.« Aber was ich damals verstand, war, daß mich alles anekelte. Später habe ich dann gesehen, wie alles war. Nach und nach wird einem die Not bewußt, und ich sah, daß der Hunger, all das Leid und der Schmerz nicht nur unser Schicksal waren, sondern das Schicksal eines ganzen Volkes. Ich habe die Reise vom Hochland zur Küste oft mitgemacht, aber das Land, durch das wir fuhren, habe ich nie gesehen. Wir hörten wohl die Geräusche von anderen Lastwagen und Autos, aber gesehen haben wir sie auch nicht.

Ich weiß noch, daß ich von acht bis zehn Jahren beim Kaffeepflücken geholfen habe. Aber danach habe ich in der Baumwollernte gearbeitet; das ist direkt an der Küste, wo es sehr heiß ist. Nach dem ersten Erntetag wurde ich so gegen Mitternacht wach, zündete eine Kerze an, und als ich die Gesichter meiner kleinen Brüder sah, waren sie über und über mit Mücken bedeckt, überall voller Stechmücken. Ich fuhr mir mit der Hand ins Gesicht – und genau das gleiche. Die Tiere hatten sich sogar in die Münder der Leute gesetzt. Ich habe eine richtige Allergie bekommen nur von dem Gedanken, wie sie mich alle stechen. Und ich dachte, so ist hier die ganze, ganze Welt, und es gibt nichts anderes.

Die Schönheit unseres Landes habe ich zum erstenmal gesehen, als man uns von einer Finca davonjagte und wir für eine Fahrt bezahlen mußten, die wir auf der Ladefläche eines Kleintransporters, einer Camioneta, machten. Die meisten Fahrer dieser Camionetas wollten uns gar nicht mitnehmen, weil wir so schmutzig waren und schwarzgebrannt von der Sonne.

Die Lastwagen gehören der Finca, werden aber nur von den Agenten oder den Aufsehern gefahren. Jede Gruppe von vierzig Personen oder etwas mehr hat einen Aufseher. Die Agenten sind meist aus dem selben Dorf wie die Arbeiter, nur daß sie beim Militär waren oder länger nicht mehr im Dorf gelebt haben, und sie benehmen sich oft so, als wären sie selbst die Großgrundbesitzer. Es sind üble Kerle, die die Leute anbrüllen und sie schlecht behandeln. Nur dadurch, daß sie mit uns so umgehen wie der Großgrundbesitzer selbst, behalten sie ihren Posten auf der Finca und werden besser bezahlt. Schon die Tatsache, daß sie Spanisch sprechen, rückt sie in die Nähe der Landbesitzer, der Terratenientes.

Wir Indios sprechen meist kein Spanisch und werden deshalb oft von vorne bis hinten betrogen. Wir können uns ja nicht beschweren und wissen auch gar nicht, wo der Großgrundbesitzer wohnt. Wir kennen nur die Aufseher und die Agenten. Die Agenten holen die Leute aus dem Hochland und bringen sie wieder zurück. Die Aufseher wohnen meistens auf den Fincas. Die Arbeitstrupps kommen und gehen, die Aufseher bleiben. Sie haben auf der Finca das Sagen, und wenn sich zum Beispiel jemand einen Moment von der Arbeit ausruht, ist gleich der Aufseher da und beschimpft ihn: »Los, an die Arbeit! Ihr werdet nicht fürs Faulenzen bezahlt!« Sie bestrafen die Leute auch, wenn sie nicht schnell genug arbeiten. Manchmal arbeiten wir nämlich im Akkord und manchmal für eine bestimmte Zeit. Wenn wir nur eine bestimmte Zahl von Tagen arbeiten müssen, haben wir mehr unter den Aufsehern zu leiden. Dann vergeht keine Minute ohne Gebrüll, und der Aufseher ist immerzu hinter uns her, um uns zur Arbeit anzutreiben.

Für die Zeit auf der Finca nimmt jeder Arbeiter einen Teller mit für die Tortillas, die er dort zu essen bekommt, und einen Becher und eine Wasserflasche. Die Kinder, die noch nicht arbeiten, haben keine eigenen Teller und Becher, weil sie kein eigenes Essen bekommen, sondern von der Ration der Erwachsenen mitessen müssen. Erst wenn ein Kind auch arbeitet, bekommt es sein Tellerchen mit auf den Weg und kann auf der Finca mit den übrigen Arbeitern seine Ration abholen. Schon vor der Arbeit paßt der Agent auf, daß nur diejenigen Teller und Becher mitnehmen, die auch arbeiten werden.

Wenn wir nur Tortillas und Bohnen bekommen, die schon ganz schlecht sind, brauchen wir fürs Essen nicht zu bezahlen. Wenn es aber frische Tortillas gibt und vielleicht alle zwei Monate einmal ein Ei, dann ziehen sie uns diese Mahlzeiten vom Lohn ab. Auf jeder Finca gibt es eine Cantina, die auch dem Großgrundbesitzer gehört. In diesen Cantinas werden Bier und Schnaps verkauft, aber auch Süßigkeiten für die Kinder und Limonade.

Die Kinder – bei der großen Hitze und dem Hunger, den sie haben – betteln um Süßigkeiten oder Limonade, und die Eltern haben Mitleid und kaufen sie ihnen. Alles, was sie in der Cantina kaufen, wird angeschrieben und hinterher vom Lohn abgezogen. Dann heißt es: Soundsoviel schuldet ihr der Cantina, soundsoviel fürs Essen, für Medikamente, für dieses und jenes. Wenn zum Beispiel ein Kind aus Unachtsamkeit einen Kaffeestrauch beschädigt hat, wird das auch vom Lohn abgezogen. Jede Kleinigkeit wird vom Lohn abgezogen.

Viele gehen aus Verzweiflung in die Cantinas, um sich zu betrinken, und oft bleibt der größte Teil von dem, was ein Arbeiter verdient, in den Cantinas.

Mein Vater war ein sehr empfindsamer Mensch, und immer, wenn ihm etwas nicht recht gelang oder ihm eine Arbeit schwer von der Hand ging, betrank er sich, um alles zu vergessen. Einmal hatte er eine so große Rechnung in der Cantina, daß von seinem Lohn fast nichts übrigblieb. Wir wußten nicht, ob er wirklich soviel getrunken hatte, aber jede Kleinigkeit wird ja aufgeschrieben. Daher lernen wir auch schon früh, uns still und unauffällig zu verhalten. Meine Mutter sagte uns immer: »Faßt nichts an, sonst müssen wir es hinterher bezahlen.«

Einmal erzählte uns ein Nachbar, der bis zum Ende des Monats auf der Finca geblieben war, von der man uns verjagt hatte, daß der Aufseher uns bis zum Zahltag auf der Lohnliste weitergeführt und dann unseren Lohn eingesteckt hätte. Die Aufseher bereichern sich an den Arbeitern, wo sie können, und eines Tages bauen sie sich ein schönes Häuschen auf dem Altiplano oder leben, wo es ihnen sonst gerade gefällt. Viele von ihnen sind Ladinos aus dem Osten, aber viele sind auch Indios aus dem Hochland wie wir. Mein Vater nannte sie immer weiße Indios, weil sie sich aufführten wie Weiße – wie schlechte Weiße, denn später haben wir gemerkt, daß nicht alle Weißen schlecht sind.

Mit ungefähr zwölf Jahren arbeitete ich in der Baumwollernte an der Küste. Ich machte dieselbe Arbeit wie die Erwachsenen. Da habe ich zum erstenmal einen Großgrundbesitzer gesehen. Ich weiß noch, daß ich sogar ein bißchen Angst vor ihm hatte, weil er so dick war. Ich hatte noch nie einen so dicken Ladino gesehen. Er war gut gekleidet und trug sogar eine Uhr. Damals kannten wir überhaupt noch keine Uhren. Ich hatte nicht einmal Schuhe, und obwohl viele von uns Riemensandalen trugen, war das doch nichts im Vergleich zu den Schuhen des Großgrundbesitzers.

Eines Morgens, gegen Ende des Monats, riefen uns die Aufseher zusammen und sagten: »Leute, ihr müßt diesen Monat einen Tag länger arbeiten. Am ersten Tag des nächsten Monats wird auch noch gearbeitet, weil heute der Großgrundbesitzer kommt.« Sie nannten ihn »El Patrón«. Sie sagten: »Heute kommt unser Patrón, um uns für unsere Arbeit zu danken und sich mit uns ein Weilchen zu unterhalten.«

Als der reiche Großgrundbesitzer kam, hatte er ungefähr fünfzehn Soldaten zum Schutz hinter sich. Für mich war das ganz verrückt, weil es so aussah, als ob sie ihn mit ihren Gewehren in Schach hielten. Für den Großgrundbesitzer war ein besonderer Platz hergerichtet worden, und einige von uns sollten vor ihm tanzen. Mein Mutter wollte das nicht und versteckte uns. Ein paar Kinder sollten ihn begrüßen, aber niemand getraute sich in seine Nähe, weil er so stark bewacht wurde und sogar selbst eine Pistole im Gürtel trug. Wir Kinder fingen an zu weinen und liefen davon, als wir den Señor Ladino sahen. Wegen der Soldaten mit ihren Gewehren dachten wir, sie wollten uns alle töten.

Dann sprach der Großgrundbesitzer auf spanisch zu uns. Meine Mutter verstand ein paar Worte und sagte uns, daß er von den Wahlen spräche. Wir verstanden gar nicht, was sie meinte. Eine Regierung der Ladinos? Für meine Eltern war der Präsident des Landes nicht unser Präsident, sondern ein Präsident der Ladinos. Die Regierung war für uns Indios die Regierung der Ladinos. So haben wir das immer gesehen. Die Aufseher haben uns dann übersetzt, was der Großgrundbesitzer sagte, und er sagte, daß wir jetzt alle ein Kreuz auf ein Papier machen müßten. Alle bekamen ein Papier, und den Leuten wurde gezeigt, wo sie ihr Kreuz machen sollten. Ich weiß noch, daß ein paar Kästchen und drei oder vier Zeichnungen auf dem Papier waren.

Mein Vater und meine Brüder, die schon volljährig waren, machten also ihr Kreuz dorthin, wo es ihnen gezeigt worden war. Der Großgrundbesitzer sagte, wer sein Kreuz nicht mache, würde gleich ohne Bezahlung davongejagt. Die Arbeiter waren also gezwungen, ihr Kreuz auf das Papier zu machen.

Hinterher habe ich noch oft von dem Großgrundbesitzer geträumt; vielleicht aus Angst, weil mir sein Gesicht solche Angst eingejagt hat. Ich weiß noch, daß ich zu meiner Mutter sagte: »Ich hab von dem alten Señor Ladino geträumt«, und sie sagte: »Ach, Unsinn, das ist ein Señor, vor dem brauchst du keine Angst zu haben.«

Wir kannten nicht einmal seinen Namen. Manchmal nannte mein Vater ein paar Namen, die er von früher behalten hatte. Nach dem Putsch von 1954 wurden alle Indios der Region, des ganzen Landes gefangen und in die Kasernen gebracht. Dort gab man ihnen Gewehre und sagte ihnen, daß sie kämpfen müßten. Mein Vater war auch einer von denen, die gefangen worden waren, und er hatte sehr schlechte Erinnerungen an diese Zeit. Er erzählte uns, daß viele Indios dabei getötet wurden und wir nur noch am Leben seien, weil wir uns rechtzeitig versteckt hätten. Er erzählte uns immer von dem alten Präsidenten, aber die anderen, die danach kamen, kannten wir nicht. Wir kannten weder ihre Namen, noch wußten wir, wie sie waren.

Den Großgrundbesitzer haben wir dann noch einmal gesehen. Er kam mit seiner Frau und einem seiner Söhne, die beide fast genauso dick waren wie er. Sie gratulierten uns und sagten, unser Präsident hätte gewonnen. Meine Eltern lachten, weil sie »unser Präsident« sagten, denn für uns war er ja gar nicht unser Präsident, sondern der Präsident der Ladinos. Ich habe mich immer gefragt, wie ein Präsident wohl aussehen möge. Ich stellte ihn mir noch größer vor als den Großgrundbesitzer. Der war nämlich sehr groß, und bei uns im Dorf gibt es gar keine großen Menschen. Ich dachte mir also, daß der Präsident noch größer sein müsse als der Großgrundbesitzer.

Als ich schon älter war, habe ich diesen Großgrundbesitzer besser kennengelernt, weil er meine Eltern gefragt hatte, ob sie mich nicht zu ihm geben wollten. Das war, als sie mich in die Hauptstadt brachten.

5 Die Arbeit auf dem Altiplano

Erste Reise in die Hauptstadt

»Als ich zum erstenmal in die Hauptstadt kam, war sie für mich wie ein Monstrum, wie eine andere Welt.«

Rigoberta Menchú

Zum erstenmal erwachsen fühlte ich mich mit sieben Jahren, als ich mich im Urwald verlaufen hatte. Die letzte Reise von der Küste zum Altiplano hatten wir schlecht überstanden, und meine Brüder und ich waren krank geworden. Das Geld ging uns aus, und mein Vater sagte: »Wenn wir mit den kranken Kindern jetzt wieder zur Finca fahren, dann werden wir unsere Kinder auf der Finca begraben.« Also sagte mein Vater, daß uns nichts anderes übrigblieb, als in die Wälder zu gehen und Weidenruten zu schneiden. Jeden freien Tag machten wir uns auf die Suche nach Weiden. Wenn die Felder eine Woche allein gelassen werden konnten, nahm mein Vater uns mit in den Busch: alle Mann zum Weidenrutenschneiden! Mein Vater, meine beiden älteren Brüder und ich sammelten in einer Woche einen Zentner Weidenruten. Die Zweige werden langgezogen, dann werden sie auf einen Haufen gelegt, einer schält sie ab, und andere rollen sie zusammen. Dann müssen sie trocknen. Wir waren sehr tief in den Urwald eingedrungen, und wer da nicht die Orientierung behält, ist leicht verloren. Wir hatten einen Hund bei uns, weil dieser Hund Tiere aufspüren konnte und außerdem immer den Weg zurück fand.

Dieses Mal waren wir schon länger als eine Woche unterwegs und hatten nichts mehr zu essen. Der arme Hund hatte wohl großen Hunger, und eines Nachts lief er nach Hause zurück. Als wir es

35

bemerkten, war er schon über alle Berge. Wir hatten nicht die geringste Ahnung, wo wir waren. Ich glaube, das war im Juni oder Juli; es regnete, und die Wolken hingen dunkel und tief, und wir hatten absolut keine Ahnung, wo wir waren. Mein Vater war äußerst besorgt, weil wir leicht von wilden Tieren gefressen werden konnten, wenn wir noch länger durch den Urwald irrten. Wie sollten wir aber den Weg zurück finden? Wir gingen einfach los – immer weiter, immer weiter, immer weiter. Wir wußten nicht, ob wir hinaus oder immer tiefer in den Busch hinein gingen. Wir hörten weder Tiergebrüll noch Hundegebell, was auf eine Ansiedlung hingedeutet hätte. Hundegebell kann man sehr weit hören, aber da war nichts.

Wenn man durch den Busch geht, schlägt der erste den Weg frei, und die anderen folgen in einer Reihe hinterdrein. Ich war die Kleinste, und meine Brüder waren vor Hunger und Erschöpfung so übellaunig, daß sie sich nicht um mich kümmerten, und so blieb ich immer weiter zurück, immer weiter zurück. Als ich anfing zu rufen, war ich schon soweit zurückgeblieben, daß sie mich nicht mehr hörten. Klar, ich brauchte nur ihrer Spur zu folgen, aber es kommt ein Augenblick, da erkennt man den Weg nicht mehr. Sieben Stunden irrte ich weinend und rufend umher, und niemand hörte mich. Das war das erste Mal, daß ich mich etwas wie ein erwachsener Mensch fühlte und mir klar wurde, daß ich besonnener und so wie meine Brüder werden müsse.

Mein Vater war den Weg zurückgegangen, um mich zu suchen, und hatte den Weg auch verloren. Er weinte fast, als er mich fand. Meine Brüder schimpften mit mir: »Alles deine Schuld, nicht mal richtig laufen kannst du ...« Ich glaube, wir sind dann noch drei Tage lang weitergegangen, ohne was zu essen. Wir schnitten uns Bojones ab; das sind Gurkenkrautpflanzen, deren weichen Teil man auslutschen kann. Da wir aber auch die Weidenbündel noch zu tragen hatten, wurden wir bald schwächer und schwächer. Irgendwann kam uns dann unser Hund entgegengelaufen. Vielleicht hatte er gerochen, daß wir uns dem Dorf näherten. Er war ganz aufgeregt vor Freude, der Ärmste, und wir hätten ihn umbringen können, so wütend waren wir auf ihn. Meine Mutter und die Nachbarn hatten sich schon große Sorgen gemacht, weil sie nicht wußten, wo sie uns suchen sollten.

Einen Teil der Weidenruten hatten wir zurücklassen müssen, aber die restlichen wurden getrocknet und zubereitet, und mein Vater fuhr dann mit etwas geliehenem Geld in die Hauptstadt, um sie dort zu verkaufen. Fünfzig Quetzales zahlte man damals für einen Zentner Weidenruten. Fünfzig Quetzales für die einwöchige Arbeit einer ganzen Familie! Die Kosten für die Fahrt von unserem Dorf zur nächsten Stadt und von dort zur Hauptstadt und wieder zurück mußten davon noch abgezogen werden.

Ich war das Lieblingskind meines Vaters, und daher durfte ich mit ihm in die Hauptstadt fahren. Es war das erste Mal, daß ich vorne in einer Camioneta mit Fenstern saß. Ich war nur die geschlossenen Lastwagen gewohnt, auf denen wir wie Tiere zusammengepfercht waren. Und diese Camioneta hatte Fenster! Ich mochte gar nicht einsteigen, aber mein Vater sagte: »Hab keine Angst, ich halte dich fest.« Er versprach mir ein Bonbon, damit ich einstieg. Dann fuhren wir los. Den ganzen Weg von Uspantán bis zur Hauptstadt habe ich kaum geschlafen, weil ich immer in die Landschaft hinausgesehen habe. All die Dörfer und die Häuser, die so ganz anders waren als unsere Hütte in den Bergen, haben mich stark beeindruckt. Ich war sehr glücklich, aber gleichzeitig hatte ich auch Angst. Denn vorn in der Camioneta hatte ich oft das Gefühl, daß wir gleich abstürzen würden.

Als wir in die Hauptstadt kamen, dachte ich, die Autos dort wären Tiere. Es ging mir nicht in den Kopf, daß das alles Autos sein sollten. Mein Vater erklärte mir, daß das Autos seien, genau wie die großen Lastwagen, nur viel kleiner und für Leute, die nicht viel zu transportieren hätten. »Die Lastwagen, auf denen wir zu den Fincas fahren«, sagte er, »sind für die Indios, und diese ganz kleinen Autos sind nur für die Reichen, die nichts transportieren müssen; die haben die Autos nur für sich selbst.«

Als ich die vielen Autos sah, dachte ich, daß sie doch zusammenstoßen müßten, aber sie stießen dann doch nie zusammen. Wenn ein Auto anhielt, mußten alle anderen auch anhalten. Ich war sehr beeindruckt, und später zu Hause konnte ich meinen Geschwistern erzählen, wie Autos waren ... wie sie alle durch die Stadt fuhren, ohne daß sie zusammenstießen und jemand starb, und tausend Dinge mehr. Mein Vater sagte: »Wenn du einmal groß bist, wirst du auch reisen und viel herumkommen. Da machst du es so wie ich.«

In der Hauptstadt ging mein Vater zu einem Señor, dem er immer die Weidenruten verkaufte. Dieser Señor war Tischler. Ein alter Mann. In Guatemala wird bei der Möbelherstellung immer noch viel mit Weidengeflecht gearbeitet, und es sind hauptsächlich die Tischler – besonders die Tischler aus Antigua –, die unsere Weidenruten für ihre Flechtarbeit verwenden.

Dieser Señor sagte nun zu meinem Vater, daß er kein Geld habe und unsere Weidenruten nicht kaufen könne. Damals konnte ich noch nicht verstehen, was mein Vater mit dem Mann besprach, und ich ärgerte mich schrecklich, weil mein Vater all die Arbeit und die Ausgaben gehabt hatte, um die Weidenruten in der Hauptstadt verkaufen zu können, und jetzt wollten sie sie nicht, und ich konnte nichts von alldem verstehen, was sie sprachen.

Für uns aus dem Hochland ist die Hauptstadt wie eine andere Welt, in der wir uns nicht auskennen, und deshalb mußte mein Vater die Weidenruten bei dem Señor lassen, der den halben Preis dafür bezahlte. Fünfundzwanzig Quetzales für die ganze Arbeit, die wir damit gehabt hatten! Als wir wieder zurückkamen, war von dem Geld so gut wie nichts mehr übrig, und meine Mutter ärgerte sich fast zu Tode darüber, daß alle Mühe vergeblich gewesen war. Um meine Brüder und mich tat es ihr besonders leid, weil wir tagelang naß und hungrig durch den Busch gelaufen waren, um die Weidenruten zusammenzusuchen. Es half alles nichts; wir mußten wieder zur Küste hinunter, um etwas Geld zu verdienen. Manchmal verdienten wir noch ein paar zusätzliche Centavos durch den Verkauf von Pilzen und Kräutern im nächsten Dorf, aber unsere eigentliche Arbeit im Hochland war das Sammeln von Weidenruten.

Nach dem Verkauf in der Hauptstadt mußte mein Vater noch zu einem Büro des INTA (Instituto Nacional de Transformación Agraria – Nationales Institut für landwirtschaftliche Umgestaltung). Mein Vater ist zweiundzwanzig Jahre lang immer wieder auf den Büros der Transformación Agraria gewesen. Wenn es Probleme bei der Landverteilung gibt, wenn Land verkauft werden soll oder wenn die Regierung Campesinos umsiedeln will – immer muß man zum Transformación Agraria. Man wird dahin zitiert, und wer nicht kommt, muß eine Strafe bezahlen. Mein Vater sagte, es gäbe ein Gefängnis für die Armen; wer nicht im Büro erschiene, würde ins Gefängnis gesteckt. Ich wußte damals nicht einmal, was ein Gefängnis ist. Er sagte, man müsse höflich und respektvoll zu den Herren dort sein. »Wenn wir dort sind«, sagte mein Vater, »verhalte dich ruhig und sprich nicht.« Ich sah, wie er seinen Sombrero abnahm und sich fast bis zum Boden verbeugte vor einem Señor, der an einem großen Tisch saß und auf einer Maschine schrieb. Von dieser Maschine habe ich noch oft geträumt. Wie war es möglich, daß da ein Papier herauskam, auf dem Geschriebenes stand? Ich dachte, die Señores in diesem Büro müßten sehr bedeutsame Leute sein, weil mein Vater vor ihnen den Hut gezogen und sich so tief verbeugt hatte.

Ein bleibender Eindruck von diesem Besuch mit meinem Vater in der Hauptstadt war, daß wir immer sehr hungrig waren. Er sagte: »Wir müssen noch zu dieser und dann zu jener Stelle gehen, und danach können wir etwas essen.« Ich hatte aber großen Hunger und fragte ihn, ob er nicht hungrig sei, und er sagte: »Ja, aber zuerst müssen wir noch ein paar Dinge erledigen.« Mein Vater kaufte mir dann für fünf Centavos ein Eis - Schnee sagte man dazu -, damit ich etwas zu lutschen hatte. Noch nie im Leben hatte ich ein Eis gegessen, und ich probierte es, und es schmeckte wundervoll.

Wir blieben drei Tage in der Hauptstadt. Mein Vater hatte dort einen Freund, der früher auch ein Indio aus unserer Gegend gewesen war - einer unserer Nachbarn. Nach und nach war er aber Händler geworden und in die Hauptstadt gezogen. Er hatte ein kleines Haus im Randgebiet der Stadt, ein sehr kleines Häuschen, eine kleine Hütte aus Karton. Bei ihm wohnten wir, und es machte mich ganz traurig, als seine Kinder, mit denen ich früher auf den Feldern und am Fluß gespielt hattte, anfingen zu weinen und mich fragten, wie es den Tieren gehe, wie der Fluß jetzt aussehe und wie es um die Felder stehe. Sie wären so gerne wieder ins Hochland zurückgegangen. Ihre Eltern hatten fast nichts zu essen, und von dem wenigen, was sie hatten, konnten sie uns natürlich nichts abgeben.

Danach fuhren wir wieder zurück. Ich wäre gerne jedesmal wieder mitgefahren, wenn mein Vater in die Hauptstadt mußte. Es gab so viele Dinge, die mich interessierten, aber auch vieles, was mir Angst machte. Ich glaubte, wenn ich allein in die Hauptstadt müßte, würde ich sterben. Für mich war die Stadt ein Monstrum,

39

eine andere Welt. All die Häuser und die vielen Menschen ... das war für mich das Land der Ladinos. Wir Indios waren anders.

Später machte ich die Fahrt noch viele Male; da war mir die Stadt dann nicht mehr so fremd.

6 Mit acht Jahren Lohnarbeit auf der Finca

»In dieser Zeit ist mein Bewußtsein erwacht.«

Rigoberta Menchú

Schon mit fünf Jahren mußte ich auf den Fincas bei der Arbeit helfen. Ich kümmerte mich um mein Brüderchen, damit meine Mutter ihr Arbeitspensum schaffen konnte. Mein Brüderchen war damals vielleicht zwei Jahre alt und bekam noch die Brust, weil wir Indios unseren Kindern möglichst lange die Brust geben, um Essen zu sparen. Meine Mutter mußte daher oft ihre Arbeit unterbrechen, um mein Brüderchen zu stillen. Ich machte in der Zeit ihre Arbeit und hütete hinterher das Kind, damit ihr keine Zeit verlorenging. Meine Arbeit wurde aber nicht bezahlt, sondern war die Ergänzung zur Arbeit meiner Mutter. Diese Arbeit bestand in der Zubereitung der Mahlzeiten für vierzig Arbeiter. Sie mahlte die Maiskörner, knetete den Teig, formte die Tortillas und kochte Frijoles, schwarze Bohnen. Für vierzig Mann ist das schwierig, weil der Teig, der morgens zubereitet wird, auch morgens gegessen werden muß, da er ziemlich schnell schlecht wird. Meine Mutter war bei den Arbeitern sehr beliebt, weil sie ihnen immer frische Tortillas servierte.

Wir selbst bekamen unser Essen von einer anderen Señora, und manchmal waren unsere Tortillas schlecht oder ganz trocken, und die Bohnen sprangen uns vom Löffel. Denn die Señora wußte auch nie genau, für wie viele Personen sie kochen mußte, da die Aufseher die Gruppen jeden Tag neu einteilten. Meine Mutter legte großen Wert darauf, den Arbeitern frisches Essen zu geben, weil sie nach der Arbeit immer sehr erschöpft waren. Oft hatte sie schon um drei Uhr morgens das Essen bereitet, da die Arbeiter ja sehr früh ihr Tagewerk beginnen. Um elf hatte sie schon wieder das Mittagessen fertig, und um sieben Uhr abends teilte sie das Abendessen aus. In den Zwischenzeiten arbeitete sie als Kaffee-pflückerin, um noch etwas hinzuzuverdienen.

Ich fühlte mich sehr nutzlos, weil ich nichts für meine Mutter tun konnte, als nur mein Brüderchen zu hüten. In dieser Zeit ist mein Bewußtsein erwacht. Ich wollte richtig arbeiten und auch Geld verdienen, um ihr eine größere Hilfe zu sein. Meine Mutter war sehr tapfer und arbeitete ununterbrochen, aber manchmal wurden wir krank, und dann mußte fast das ganze Geld für Medikamente ausgegeben werden.

Einmal, nachdem wir fünf Monate auf der Finca gearbeitet hatten und ins Hochland zurückfuhren, wurde ich so krank, daß ich fast gestorben wäre. Ich war gerade sechs Jahre alt. Der Klimawechsel war zuviel für mich gewesen, und meine Mutter hatte große Angst, daß ich sterben würde. Danach tat ich alles, um nicht mehr krank zu werden, und obwohl ich häufig Kopfschmerzen hatte, sagte ich nie etwas davon.

Mit acht Jahren verdiente ich mein erstes Geld auf der Finca. Ich hatte täglich fünfunddreißig Pfund Kaffee zu pflücken und bekam dafür zwanzig Centavos. Wenn ich die Menge nicht schaffte, mußte ich am nächsten Tag für dieselben zwanzig Centavos weiterarbeiten. Wenn man einmal sein Tagessoll nicht schaffte, blieb man unweigerlich mit seiner Arbeit zurück, immer mehr zurück, bis man zum Schluß vielleicht zwei ganze Tage unentgeltlich nacharbeiten mußte, um das Gesamtsoll zu erfüllen.

Meine Brüder hatten ihre Arbeit so gegen sieben oder acht Uhr abends beendet und boten sich an, mir zu helfen. Ich sagte, daß ich selbst damit fertigwerden müsse, denn wie sollte ich es sonst jemals lernen. An manchen Tagen schaffte ich kaum achtundzwanzig Pfund. Besonders wenn es so heiß war. Da bekam ich Kopfschmerzen und war oft so erschöpft, daß ich mich unter einen Kaffeestrauch legte und schlief, und da fanden mich dann meine Brüder.

Zum Verrichten unserer Bedürfnisse mußten wir uns in kleinen Gruppen abwechseln. Es gab keine Klos oder Latrinen auf der

Finca, und so gingen die Leute in den Wald. Es gab eine Stelle, wo das Strauchwerk sehr dicht war. Dorthin gingen alle; das war unser Klo. Damals arbeiteten vierhundert Leute auf der Finca, und immer wenn eine Gruppe zurückkam, ging die nächste. Immer alle ins gleiche Gebüsch. Es wimmelte dort von Fliegen.

In unserer Baracke gab es nur einen Bottich mit Wasser, und der reichte nicht einmal zum Händewaschen für alle. Weiter weg gab es Brunnen, aus denen das Wasser für die Bewässerung der Plantagen kam. Zu diesen Brunnen mußten wir laufen, um uns Wasser in Flaschen abzufüllen, damit wir bei der Arbeit auf dem Feld etwas zu trinken hatten.

Die Kaffeebohnen werden von den Sträuchern gepflückt, aber manchmal, wenn sie schon sehr reif sind und von selbst von den Sträuchern fallen, müssen sie aufgesammelt werden. Das ist schwieriger als pflücken. Bei der Arbeit mußte man sehr behutsam sein, damit kein Strauch beschädigt wurde. Die Aufseher beobachteten uns scharf, und jeder kleine Schaden wurde Bohne für Bohne vom Lohn abgezogen. So lernten wir schon als Kind, besonders achtsam und vorsichtig zu sein: Kaffeepflücken war wie das Behandeln einer Verletzung.

Baumwolle zu pflücken war noch schwieriger. Besonders die Nachernte der Baumwollreste, die in den Zweigen hängengeblieben waren. Das war eine sehr beschwerliche Arbeit, die nicht besser bezahlt wurde als die reguläre Arbeit.

Zwei Jahre lang arbeitete ich für zwanzig Centavos, obwohl ich oft mehr als fünfunddreißig Pfund pflückte. Ich schaffte immer mehr und steigerte mich um ein, zwei, drei Pfund. Als ich siebzig Pfund pro Tag schaffte, zahlten sie mir dafür fünfunddreißig Centavos. Ich war stolz, daß ich jetzt merklich zum Lebensunterhalt der Familie beisteuern konnte, und fühlte mich wie ein erwachsener Mensch. Ich plagte mich jeden Tag aufs neue, um meinen Eltern das Leben ein wenig zu erleichtern.

Aber die Arbeit auf den Fincas war nicht nur hart, die Arbeiter wurden auch betrogen. Es gibt ein Büro auf der Finca, in dem die Menge, die jeder Arbeiter tagsüber geerntet hat, gewogen und notiert wird. Meine Brüder – gescheit wie sie waren – hatten einmal herausgefunden, daß alle Gewichte gefälscht waren. Sie zeigten viel weniger an, als tatsächlich gepflückt worden war. Das passiert überall. Die Señores, die unsere Arbeit kontrollieren, bereichern sich an uns. Vom ersten Tag an, wenn die Agenten in die Dörfer kommen und die Leute anheuern, werden wir wie Vieh behandelt. Auf den Lastwagen oder auf der Finca – jede Kleinigkeit, jede Handreichung muß bezahlt werden. Bis zum letzten Tag, wenn die Rechnung in der Cantina beglichen wird, bestehlen sie die Arbeiter.

Nach den ersten drei Monaten meiner neuen Arbeit war ich wieder krank geworden, und da es ohnehin an der Zeit war, unsere kleine Pflanzung im Hochland zu bestellen, fuhren wir nach Hause. Das war im März. Zu Hause in den Bergen war das Leben viel froher, obwohl es ein hartes Leben war. Es regnete viel, und wir waren fast immer durchnäßt. Der Wind kam von allen Seiten in die Hütte, die Tiere kamen von allen Seiten in die Hütte, und wir hatten nichts, um uns warm anzuziehen.

Im Mai fuhren wir wieder hinunter auf die Fincas. Mein Vater arbeitete auf einer Zuckerrohrplantage, meine Brüder auf einer Baumwollplantage und meine Mutter und ich auf einer Kaffeeplantage. Wenn mein Vater in der Nähe arbeitete, kam er abends zu uns; aber wenn er auf einer Finca arbeitete, die weit entfernt war, sahen wir uns manchmal drei Monate lang nicht.

Nach der Arbeit waren meine Eltern immer sehr erschöpft. Besonders mein Vater. Er hatte dann oft keine Lust, mit uns zu sprechen. Meine Mutter auch nicht. Obwohl meine Eltern sich nie stritten, mußten wir sie dann doch in Ruhe lassen und sehr gewissenhaft unsere Arbeiten verrichten, damit sich mein Vater und meine Mutter etwas erholen konnten. Besonders bei dem Lärm der Leute, wenn man mit Hunderten fremder Menschen zusammenlebte. Unter ihnen gab es einige, die schreckliche Dinge erlebt hatten und ziemlich heruntergekommen waren – Frauen, die sich prostituierten.

Das Leben unter so vielen Fremden ist schwierig, und die Mütter können nicht immer auf ihre Kinder aufpassen. Sie sind so erschöpft, daß sie einfach nicht mehr können. Das ist sehr bezeichnend für die Situation der Frau in Guatemala. Die meisten Frauen, die zur Kaffee- oder Baumwollernte an die Küste fahren, bringen ihre neun oder zehn Kinder mit auf die Fincas. Von diesen neun, zehn oder mehr Kindern sind vielleicht drei oder vier gesund und haben etwas Widerstandskraft. Die meisten haben aber vor Hunger aufgedunsene Bäuche, und die Mutter muß immer damit

44

rechnen, daß vier oder fünf ihrer Kinder jederzeit sterben können. Angesichts solch einer Situation lehnt sich der Mensch auf oder sucht zu vergessen, weil es keinen Ausweg gibt. Frauen sind in dieser Lage oft viel tapferer als Männer. Viele Männer – besonders die, die beim Militär waren – nutzen die Hoffnungslosigkeit der Mädchen aus, die keine Eltern mehr haben und auf den Fincas arbeiten müssen, um nicht zu verhungern. So kommt es, daß einige sich prostituieren.

In den Indio-Dörfern gibt es keine Prostitution, weil unsere Kultur sie nicht kennt. Wenn eine Frau im Dorf sich nicht mehr so kleidet wie unsere Vorfahren, ist das für alle ein Zeichen verlorener Würde.

7 Der Tod des kleinen Bruders

Verständigungsschwierigkeiten unter den Indios aufgrund der Sprachenvielfalt

Mehr über das Leben auf den Fincas

».. . denn diejenigen, die mit dem Mais Handel treiben, nehmen der Erde alle Gebeine; es sind ja die Gebeine der Väter, die den Mais nähren. Und nun schreit die Erde nach Gebeinen und die zartesten, die Knochen der kleinen Kinder, häufen sich über ihr und unter ihrer schwarzen Kruste, um sie zu ernähren.«
Miguel Angel Asturias,
»Die Maismenschen«

Wir waren gerade zwei Wochen auf der Finca, als mein kleiner Bruder an Unterernährung starb. Meine Mutter mußte der Arbeit ein paar Tage fernbleiben, um ihn zu begraben. Zwei meiner Brüder sind auf der Finca gestorben. Felipe, den Ältesten, habe ich nicht gekannt. Er starb, als sie vom Flugzeug aus die Kaffeeplantage besprühten, während die Leute noch bei der Arbeit waren. Er hat das Pflanzenmittel nicht vertragen und ist an dem Gift gestorben.

Ich war acht Jahre alt, als mein Bruder Nicolás starb, und ich habe ihn sterben sehen. Er war der Jüngste von uns und gerade zwei Jahre alt geworden. Er weinte und weinte und weinte, und meine Mutter wußte nicht, was sie tun sollte. Er hatte einen ganz geschwollenen Bauch, weil er so unterernährt war. Schon seit dem ersten Tag auf der Finca ging es ihm sehr schlecht. Meine Mutter konnte sich auch nicht immer um ihn kümmern, weil sie sonst ihre Arbeit verloren hätte. Wir konnten die Arbeit nicht liegenlassen.

Zwei Wochen hat mein Brüderchen es ausgehalten, dann begann der Todeskampf. Wir wußten nicht, was wir mit ihm machen sollten. Außer uns arbeiteten nur noch zwei aus unserem Dorf auf der Finca und die übrigen auf verschiedenen anderen Plantagen. So fehlte uns der Zusammenhalt. Wir arbeiteten zwar in Gruppen, aber mit Leuten aus anderen Dörfern, die wir nicht verstanden, weil sie eine andere Sprache sprachen. Spanisch verstanden wir auch nicht. Wir konnten uns nicht verständigen, aber wir brauchten doch Hilfe. An wen sollten wir uns wenden? Niemand, dem wir von unserer Not berichten konnten. Dem Aufseher am wenigsten. Er hätte uns wahrscheinlich gleich davongejagt. Den Patrón kannten wir nicht einmal. Meine Mutter war wie am Boden zerstört.

Ich erinnere mich, daß wir uns mit den anderen Arbeitern nur durch Zeichen verständigten. Die meisten hatten dieselben Erfahrungen gemacht wie wir: plötzlich braucht man Hilfe, aber von den anderen kommt keine Hilfe, obwohl wir uns doch gegenseitig helfen müßten. Das ist ein großes Problem. Ich weiß noch, daß ich gerne Freundinnen gehabt hätte unter denen, mit denen wir in einer Baracke wohnten. Dreihundert, vierhundert Menschen in einer Baracke ... aber wir konnten keine Beziehungen zueinander aufnehmen. Die Baracke ist nur ein großes Dach aus Palmblättern. Sie hat keine Wände, sondern ist nach allen Seiten offen. Unter diesem Dach wohnen bis zu fünfhundert Menschen mit ihren Tieren, den Hunden und Katzen und was sie sonst noch alles aus dem Hochland mitbringen. Es gibt keine Grenzen. Man schläft irgendwo neben irgendwelchen Leuten, die man nicht kennt. So ist das an der Küste.

Wir konnten keine Beziehungen zueinander aufnehmen. Zum Teil lag das natürlich auch an der Arbeit. Morgens um drei Uhr standen wir auf. So früh ist es noch ziemlich kalt, und gegen Mittag fühlt man sich wie in einem Backofen. Nach einer Pause für das Mittagessen geht die Arbeit bis zum Abend weiter. Wir hatten also wenig Zeit, untereinander Verbindungen zu knüpfen, obwohl wir in einer großen Gemeinschaft lebten. Das war für uns das Schmerzlichste: wir waren alle Indios, alle verrichteten die gleiche Arbeit, wir lebten in einer Gemeinschaft, konnten aber nicht miteinander sprechen, weil wir verschiedenen Stämmen angehörten

47

und verschiedene Sprachen hatten. So sehr man jemanden aus einer anderen Gruppe kennenlernen wollte – es scheiterte an der Verständigung. Es war, als ob man unter Fremden lebte. Nur unsere Feste feierten wir auch auf den Fincas gemeinsam. Aber miteinander sprechen konnten wir nicht.

Mein kleiner Bruder starb bei Tagesanbruch. Wir konnten nichts tun. Die beiden aus unserem Dorf kümmerten sich um meine Mutter, wußten aber auch nicht, was mit dem Kind geschehen oder wo es begraben werden sollte. Der Aufseher kam und sagte, wir könnten es auf der Finca begraben, müßten aber dafür bezahlen. Wir hatten aber überhaupt kein Geld, und da sagte der Aufseher: »Ihr schuldet hier sowieso schon viel Geld für Medikamente und andere Dinge; nehmt also eure Leiche und verschwindet.«

Wir waren ratlos; wir konnten die Leiche ja nicht bis ins Hochland zurückbringen. Wir konnten sie auch nicht länger hier unten lassen, weil sie wegen der Hitze und der Feuchtigkeit schon anfing zu riechen und die Leute sie deswegen auch nicht mehr in der Baracke haben wollten. Meine Mutter entschloß sich, ihn auf der Finca zu begraben, selbst wenn sie dafür einen ganzen Monat ohne Bezahlung hätte arbeiten müssen.

Aus purer Freundlichkeit oder Mitleid gab uns jemand einen Pappkoffer. Wir legten mein Brüderchen hinein und begruben es. Dadurch verloren wir einen Tag bei der Arbeit. Abends kam der Aufseher und sagte: »Morgen früh verschwindet ihr hier. Ihr habt den ganzen Tag nicht gearbeitet, und deshalb bekommt ihr auch keinen Lohn. Morgen, bitte schön, will ich euch hier nicht mehr sehen.«

Meine Mutter wußte nicht mehr, was sie machen sollte. Ihr war ganz übel, weil sie auch meinen Vater nicht benachrichtigen konnte, der auf einer anderen Finca arbeitete. Ihr blieb nichts anderes übrig, als sich mit unserer Lage abzufinden und unsere Sachen zusammenzupacken. Wir wußten nicht, wie wir ins Hochland zurückkommen sollten. Normalerweise brauchen wir uns um den Transport nicht zu kümmern, da uns die Agenten holen und wieder zurückbringen. Wenn man aber von einer Finca davongejagt wird, muß man sehen, wie man zurückkommt. Wir wußten nicht einmal, wie das Dorf hieß, zu dem die Finca gehörte. Die beiden anderen aus unserem Dorf sagten dann: »Wir begleiten

euch zurück, auch wenn wir unsere Arbeit dadurch verlieren.«
Einer von ihnen lieh meiner Mutter sogar noch etwas Geld.

In unserem Dorf auf dem Altiplano angekommen, waren wir
alle sehr traurig – meine Mutter, einer meiner Brüder, der mit uns
auf der Finca gearbeitet hatte, und ich. Mein Vater und meine
anderen Brüder wußten noch nichts vom Tod des Kindes. Sie
kamen zwei Wochen später und mußten es dann erfahren – und
auch, daß wir überhaupt kein Geld mehr hatten. Von dem, was sie
verdient hatten, konnten sie dem Nachbarn das Geld zurückzahlen, das er uns geliehen hatte. Er gab uns dann noch etwas für die
Beerdigungskosten, und auch die anderen Nachbarn gaben etwas,
und so halfen uns alle im Dorf.

Seitdem hatte ich – wie soll ich sagen – einen Zorn auf das
Leben, hatte Angst vor dem Leben, weil ich mir sagte: »Solch ein
Leben wartet auch auf dich; viele Kinder, und hinterher sterben
sie.«

Es ist nicht einfach für eine Mutter, ihr Kind sterben zu sehen
und ihm nicht helfen zu können. Diese zwei Wochen auf der Finca
habe ich bis heute nicht vergessen. Es ist eine Erinnerung voller
Haß ... eine Zeit, an die ich immer noch voller Haß zurückdenke.

8 Das Leben im Hochland Feierlichkeiten zum 10. Geburtstag

>*»Wir Indios tun nichts, was gegen die Gesetze unserer Vorfahren verstößt.«*
>
> Rigoberta Menchú

Wenn wir von der Küste ins Hochland zurückkamen, begann für uns die Arbeit mit der Hacke. Seit ich neun Jahre alt war, half ich meinem Vater beim Hacken auf dem Feld. Ich arbeitete fast wie ein kleiner Mann. Ich hackte Brennholz mit der Axt oder mit der Machete und holte Wasser. In der Nähe unserer Hütte gab es kein Trinkwasser, und man mußte vier Kilometer gehen, um es heranzuschaffen. Wir waren aber zufrieden, säten unser bißchen Mais, und manchmal reichte die Ernte zum Leben.

Gleichzeitig wuchs auch viel Gemüse in unserem Garten, so daß wir dort oben manchmal ganz gut zurechtkamen, ohne zur Küste hinunter zu müssen. Ich weiß auch noch, daß meine Mutter uns oft Bohnen oder Kürbis zu essen gab – Dinge eben, die dort oben gut gediehen, weil der Boden sehr fruchtbar war. Bohnen haben wir fast nie gegessen, weil meine Mutter alle Bohnen, die sie erntete, auf den Markt brachte, um für den Erlös Seife oder ein bißchen Chili zu kaufen. Unsere Mahlzeiten bestanden fast nur aus Chili. Das lag aber in unserer Hand, denn wenn wir noch Kräuter suchen gingen, dann hatten wir mit Chili, Tortillas und Kräutern ein ganz gutes Essen.

Wir Indios benutzen meistens keine Mühlen, um unseren Mais zu mahlen. Wir benutzen auch keinen Herd, sondern rösten die Tortillas auf einem Blech – dem Comal – über offenem Feuer. Die

Maiskörner werden mit einem Steinstößel zerstampft, wie ihn unsere Vorfahren schon benutzt haben.

Wir waren vier Frauen in unserer Familie: meine ältere Schwester, meine Mutter, meine Schwägerin – die Frau meines ältesten Bruders – und ich. Jede von uns hatte ihre Aufgabe. Eine wusch und zerstampfte die Maiskörner, eine machte die Tortillas, eine holte Wasser und eine machte Feuer. Wir standen um drei Uhr morgens auf – auch die Männer, die dann ihre Hacken, Äxte und Macheten für die Arbeit schärften. Da es im Dorf keine Elektrizität gab, leuchteten wir uns mit Kiefernspänen. Das Kiefernholz ist sehr harzig und fängt gleich Feuer, wenn man ein Streichholz daran hält. Danach glüht es vor sich hin, und wenn man ein paar Kiefernspäne zusammenlegt, geben sie genügend Licht in der Hütte.

Von meinem siebten Lebensjahr an mußte ich die Hunde versorgen. Wir hatten viele Hunde, weil nachts immer die Tiere aus dem Busch kamen und die Hunde auf unsere Hühner und Schafe aufpassen mußten. Die Hunde bekamen die entkörnten Maiskolben zu fressen. Neben unserer Hütte hatten wir eine Grube, in die die abgekörnten Maiskolben hineingeworfen wurden. Mit der Zeit verfaulten sie und wurden weich, und dann wurden sie zusammen mit etwas Kalk gekocht. Der Kalk war gut für die Hunde; er machte sie stark. Manchmal, wenn die Maisernte schlecht gewesen war, aßen wir dasselbe wie die Hunde.

Wenn der Mais gewaschen und gemahlen, das Feuer entzündet und das Wasser zum Kochen aufgesetzt war, begannen wir Frauen mit dem Formen der Tortillas. Wir hatten einen großen Comal, auf dem alle Tortillas rösten konnten. Dann kamen mein Vater und meine Brüder und fingen an zu frühstücken. Manchmal gab es dazu Kaffee, manchmal nur Wasser. Meistens tranken wir Pinol; das ist gerösteter und zerstoßener Mais, der wie Kaffee aufgekocht wird. Kaffee konnten wir nur selten kaufen, weil er so teuer war. Manchmal hatten wir nicht einmal genug Geld, um Rohrzucker zu kaufen. Weißen Zucker nehmen wir nie. Kaffee oder Pinol werden nur mit Rohrzucker getrunken. Wenn wir also kein Geld für Rohrzucker hatten, gab es auch keinen Kaffee oder Pinol; dann gab es nur Wasser.

Nach dem Frühstück mit Tortillas und Chili gehen die Männer zur Arbeit. Meistens so gegen fünf oder halb sechs Uhr morgens,

51

wenn es langsam hell wird. Die Hunde gehen mit den Männern, weil sie gerne in der freien Natur herumlaufen. Daher müssen sie ihr Essen bekommen haben, bevor die Männer zur Arbeit gehen. Sie arbeiten auf den Äckern oder gehen in den Wald, um ein neues Stück Land zu roden. Ein Teil der Frauen geht mit hinaus, um zwischen dem Mais Bohnen zu säen und, wenn sie etwas herangewachsen sind, Stöckchen in die Erde zu stecken, an denen die Bohnen hochranken können, damit sie nicht die Maispflanzen behindern. So arbeiten auch die Frauen mit den Männern zusammen auf dem Feld.

Meine Schwägerin blieb meistens zu Hause, weil sie einen Säugling zu versorgen hatte. Sie kümmerte sich um die Tiere, bereitete das Mittagessen und brachte es uns hinaus aufs Feld. Alle Kräuter, die sie am Wege fand, sammelte sie und bereitete sie für die nächste Mahlzeit zu. Manchmal langweilte sie sich auch im Haus, weil das Essen ja schnell zubereitet ist, und dann blieb eine von uns zu Hause und sie ging mit hinaus aufs Feld. Sie konnte auch gut flechten und flocht Bastmatten und machte Huipiles - bestickte Blusen - und andere Dinge.

Bei uns im Dorf haben wir die Angewohnheit, immer sehr laut zu sprechen und zu rufen, weil die Hütten so weit auseinanderliegen. Die Felder liegen ziemlich dicht beieinander außerhalb des Dorfes, und wenn die Männer und Frauen morgens zur Arbeit gehen, verständigen sie sich mit lauten Rufen, damit alle es hören und sich anschließen können. Wir gehen nämlich immer in Gruppen zur Arbeit - zwanzig oder dreißig Leute mit allen ihren Hunden.

Abends gegen sechs kommen alle hungrig und durstig wieder ins Dorf zurück, und die Frauen, die zu Hause geblieben sind, müssen das Abendessen bereitet haben. Nach dem Abendessen gibt es immer noch Arbeit im Haus zu verrichten. Die Männer binden die Hunde an, und die Frauen holen Wasser und sammeln Brennholz, damit alles für den nächsten Morgen bereitet ist und man in der Früh keine Zeit verliert. Bis alles getan ist, ist es dunkel geworden. Wir sitzen dann manchmal noch zusammen und singen Lieder in unserer Sprache. Meine Brüder haben einmal sogar - ich weiß gar nicht, woher - ein Akkordeon mitgebracht. So gegen zehn, halb elf gehen wir meistens schlafen, weil alle wieder früh aufstehen müssen. Unser Haus ist nämlich sehr klein, und wenn der erste aufsteht, werden alle anderen wach und müssen auch aufstehen.

Unser Haus bestand nicht aus Brettern, sondern aus Schilfrohr – aus geraden, mit Agavenbast zusammengebundenen Schilfstangen. Schilfrohr gibt es überall, und ich glaube, daß es zu unserer Kultur gehört, die Stangen nur bei Vollmond zu schneiden, weil sie dann länger halten. Das Dach wird mit einer Art von Palmblättern gedeckt, die im Wald unter den Bäumen wachsen und die wir Pamac nennen. So ein Dach hält ungefähr zwei Jahre, dann muß es neu gemacht werden.

Die besten und elegantesten Häuser sind für uns die, die mit Zuckerrohrblättern gedeckt sind. Zuckerrohrblätter gibt es bei uns nicht, sie müssen von weither geholt werden. Es gibt sie nur auf den Fincas, und sie sind sehr teuer. Für ein Büschel muß man fünfundsiebzig Centavos bezahlen, und für ein kleines Haus braucht man mindestens fünfzig Büschel. Wir waren arm und hatten kein Geld für Zuckerrohrblätter, und so nahmen alle im Dorf immer nur Pamac.

Wenn die ganze Familie beim Bau mithilft, dauert es zwei Wochen, bis ein Haus fertig ist. Unsere Häuser sind alle sehr niedrig, weil sie sonst von Windstürmen weggeweht werden könnten. Die Stangen werden in die Erde gesteckt und mit Bast zusammengebunden. Nägel werden nicht verwendet. Im ganzen Haus gibt es keinen Nagel. Selbst die Stützbalken sind mit Bast zusammengebunden.

Das Haus ist zweistöckig, das heißt, der Raum ist in der Höhe unterteilt. Oben auf dem Tapanco – so nennen wir das – lagern die geernteten Maiskolben, und unten wohnen wir. Wenn keine Maiskolben auf dem Tapanco lagern, schlafen manche von uns auch oben. Wir haben keine Betten oder Matratzen oder so etwas. Zum Schlafen legen wir uns in unseren Kleidern auf eine Bastmatte auf die Erde. Das Haus bietet kaum Schutz gegen Wind, und es ist, als ob man unter freiem Himmel schliefe. Wir haben gelernt, die Kälte zu ertragen.

Die Paare schlafen zusammen. Es ist bei uns Indios so mit der Sexualität, daß die Familienangehörigen viele Dinge mitbekommen, weil nicht jedes Paar einen eigenen Raum hat. Oft merken sogar die Kinder etwas. Oft aber auch nicht, denn ich glaube, daß ein verheiratetes Paar nicht viel Gelegenheit hat, sein Leben zu genießen, denn wir schlafen ja immer alle zusammen in einem Raum, und wenn wir uns schlafen legen, schlafen wir gleich wie ein Stein, weil wir so müde sind. Wenn man von der Arbeit nach Hause kommt, ist man oft so müde, daß man nichts mehr wissen und nicht einmal mehr essen will. Da will man nur noch schlafen. Vielleicht nutzen die anderen diese Zeit für geschlechtliche Beziehungen; aber es ist fast kein Platz in dem einen Raum.

Meine Geschwister und ich, die wir nicht verheiratet waren, schliefen in einer Reihe nebeneinander. Meine Eltern und mein älterer Bruder mit seiner Frau schliefen in einer anderen Ecke, aber doch alle ziemlich dicht beieinander. Manchmal fahren auch nur die älteren Kinder zur Arbeit auf die Fincas, und die Eltern bleiben zu Hause und hüten die Tiere; dann können sie etwas unbesorgter sein. Aber meistens fuhren wir alle zusammen auf die Finca, und da war es noch schwieriger, weil Hunderte von Leuten zusammen mit den Tieren in einem einzigen Raum schliefen.

Als ich zehn Jahre alt wurde, wurde ich in den Kreis der Erwachsenen aufgenommen. Meine Eltern riefen mich zu sich und erklärten mir das Leben der Erwachsenen. Viel brauchten sie mir jedoch nicht zu erklären, da es dasselbe Leben war, das ich auch schon seit einiger Zeit führte. Sie sagten mir aber, daß sich doch einiges in meinem Leben ändern würde, daß die Arbeit und die tägliche Not nicht aufhören, andere Dinge jetzt aber für mich wichtig würden und daß ich auch bald fähig sein werde, Kinder zu bekommen. Eines Tages würde mir das passieren. Mama würde mir aber mit ihrem Rat immer zur Seite stehen und immer für mich da sein, wenn ich Fragen hätte oder mich einsam fühlte.

Meine jüngeren Geschwister waren bei der Feierlichkeit nicht dabei, weil nur erwachsene Familienangehörige daran teilnehmen. Meine älteren Brüder und meine Schwester – die damals so um die zwanzig war – erzählten mir von ihren Erfahrungen, die sie im Leben gemacht hatten, und mein Vater sagte, daß sie sich mit dreizehn, fünfzehn Jahren auch manchmal schlecht benommen hätten. Der Sinn sei aber, nur gute Dinge zu tun und das Leben so zu akzeptieren, wie es ist. Nicht zu versauern, aber auch keine Zerstreuungen und Auswege außerhalb der Gesetze unserer Vorfahren zu suchen. Immer Beispiel zu sein für alle anderen. Wir wissen, daß nicht nur ein einziges Auge auf uns herunterschaut, sondern daß die Augen des ganzen Dorfes auf uns ruhen. Nicht, daß wir uns einschränken müssen – wir haben sehr viel Freiheit; aber gleichzeitig müssen wir wissen, was wir dieser Freiheit schuldig sind.

So wurde ich also in die Gemeinschaft der Erwachsenen aufgenommen, und meine Eltern erinnerten mich noch einmal an die Versprechen, die sie gegeben hatten, als ich geboren wurde: daß ich ein Teil der Dorfgemeinschaft sei und immer für das Wohl der Gemeinschaft dasein müsse.

Dieses Gespräch im Kreise der Familie ist sehr wichtig. Es ist so feierlich wie ein Gebet zu Gott und so bedeutsam, weil jetzt vor aller Augen das Leben als erwachsener Mensch beginnt. Ich war jetzt kein Mädchen mehr, sondern trug die Verantwortung eines erwachsenen Menschen. Ich war eine Frau geworden.

Ich versprach meinen Eltern und meinen Geschwistern, jetzt auch für die Gemeinschaft zu arbeiten. So kam die Zeit, in der ich meinem Vater bei der Gemeindearbeit half. Mein Vater sprach immer auf Versammlungen und organisierte viele Dinge im Dorf. Bei verschiedenen Gelegenheiten betete er im Hause anderer Familien auch vor. Ich lernte langsam die Arbeit einer Katechetin und begann, im Dorf und auf den Fincas mit Kindern zu arbeiten.

9 Aussaat- und Erntezeremonien

Verwandtschaft zur Erde

12. Geburtstag

»Das Samenkorn ist etwas Reines, etwas Geheiligtes. Das Wort Samen hat für uns eine große Bedeutung.«

Rigoberta Menchú

Bei Vollendung des zwölften Lebensjahres haben wir einen anderen Brauch. Da bekommt man ein kleines Schwein, ein Schäfchen oder zwei junge Hühner geschenkt. Die Tiere sollen sich vermehren, und wie sie sich vermehren, das hängt von der Liebe ab, die man diesem Geschenk seiner Eltern entgegenbringt. Als ich zwölf Jahre alt wurde, schenkten mir meine Eltern ein kleines Schweinchen, zwei kleine Hühnchen und – weil ich Schafe so gerne mochte – ein kleines Schäfchen. Niemand außer mir darf sich um diese Tiere kümmern oder sie ohne meine Einwilligung verkaufen. Die Tiere sind so etwas wie die Grundlage einer eigenen Existenz. Ich war glücklich mit meinen Tieren. Es gab eine kleine Fiesta und ein Essen. Wir Indios essen Hühnerfleisch nur an Festtagen. Es kann über ein Jahr vergehen, ohne daß wir Fleisch essen. Wenn einmal ein Huhn geschlachtet wird, ist das ein großes Fest.

Mein Schweinchen wuchs heran, warf nach einiger Zeit fünf kleine Ferkel, und ich mußte zusätzliche Arbeiten verrichten, um genügend Futter für die Tiere zu bekommen. So gegen sechs, sieben Uhr abends kam ich von der Feldarbeit zurück, erledigte meine Arbeiten im Haus, all die Vorbereitungen für den nächsten Tag, und dann, so gegen neun, begann ich beim Licht eines Kiefernscheits zu weben. In zwei Wochen schaffte ich so drei oder vier Tejidos. Ich arbeitete manchmal bis in die Nacht, wenn alle schon schliefen, und manchmal auch auf dem Feld während der Mittagspause. Ich hing dann meine Webarbeit an einem Ast auf und arbeitete die Pause hindurch weiter. Für den Erlös meiner Webarbeiten, die ich alle zwei Wochen auf dem Markt verkaufte, kaufte ich Mais und anderes Futter für meine Schweinchen. Ich bearbeitete ein eigenes Stückchen Land und säte Mais aus, damit das große Schwein immer genügend zu fressen hatte und weitere kleine Schweinchen werfen konnte. Als die ersten sieben Monate alt waren, verkaufte ich sie, und von dem Geld konnte ich Stoff und Garn kaufen, um mir einen Huipil zu nähen. So kann man langsam immer mehr von seinen Tieren leben, und eines Tages hatte ich drei große Schweine, die fett genug waren, um sie verkaufen zu können.

Anfangs war es sehr schwierig, und ich wußte nicht, wie ich meine Tiere durchbringen sollte. Ich sammelte Pflanzen im Wald und zweigte vom Fressen der Hunde etwas ab, damit meine Schweinchen überhaupt etwas bekamen.

Durch die Geburt der ersten Jungtiere wissen die Eltern, daß das Nahual sich in ihrem Hause wohlfühlt.

Der Sonntag ist für uns Frauen der Tag, an dem wir zum Fluß hinuntergehen, um Wäsche zu waschen. Vater oder Mutter gehen sonntags manchmal zum Markt, um einzukaufen. Lebensmittel kaufen wir fast nie auf dem Markt, da wir unseren Mais, unsere Bohnen und die Kräuter des Waldes essen. Wir bauen eine Sorte kleiner Bohnen an, von denen wir einen Teil auf dem Sonntagsmarkt verkaufen, um von dem Erlös Medikamente, Seife, Salz oder etwas Chili kaufen zu können. Manchmal verkaufen wir auch nichts von unseren Böhnchen, weil die Zwischenhändler auf dem Markt alle Bohnen aufkaufen zu einem Preis, den sie selbst bestimmen. Wenn man dann etwas mehr verlangt, als sie bezahlen wollen, kaufen sie nichts, und man bleibt auf seinen Bohnen sitzen.

Von unserem Dorf läuft man fast einen ganzen Tag bis zu dem Ort, in dem der Markt ist. Da in unserem Dorf nur zwei oder drei Leute Pferde besitzen, müssen wir unsere Waren oft selbst auf dem Rücken zum Markt tragen. Ich habe manches Mal vierzig oder fünfzig Pfund Bohnen und Mais auf den Markt getragen, denn manchmal müssen wir auch von unserer Maisernte einen

Teil verkaufen, wenn besondere Dinge angeschafft werden müssen.

Es ist so Sitte in unserem Dorf, daß man am Samstagabend herumgeht und die Nachbarn fragt, ob sie am nächsten Tag zum Markt gehen. Wenn ja, bittet man sie, einem dieses oder jenes mitzubringen. Wenn meine Mutter zum Markt ging, benachrichtigte sie die Nachbarn. »Ich geh ins Dorf hinunter!« rief sie dann; und die Leute baten sie, ihnen etwas Salz oder Chili oder Seife mitzubringen. Meine Mutter merkte sich dann genau, wieviel Pfund Salz, wieviel Pfund Chili oder wie viele Stück Seife sie mitbringen sollte. Oft kam dann ein anderer Nachbar und sagte: »Hier, nimm mein Pferd.« So halfen wir uns im Dorf gegenseitig aus.

Viele von uns flochten neben ihrer Arbeit noch Bast, aus dem dann Sombreros gemacht wurden. Andere flochten Bastmatten, wieder andere machten Webarbeiten – Tejidos. All diese Dinge wurden mit zum Markt genommen und dort verkauft.

Wenn die Aussaat beginnt, gibt es im Dorf ein großes Fest. Zuerst wird die Erde gebeten, sie bebauen zu dürfen. Das ist eine Feier mit Weihrauch und Gebeten und vielen Kerzen in allen Häusern. Danach werden die Maiskörner ausgesucht, die ausgesät werden sollen. Gleich nach der Ernte werden ja die Maiskolben, die für die Aussaat des nächsten Jahres bestimmt sind, an einem besonderen Platz gelagert. Diese Kolben sind gekennzeichnet. Sie werden mit den vom Stengel gerissenen Blättern zusammengebunden und in Bündeln gelagert, während die anderen Maiskolben zu einem losen Haufen aufgeschichtet werden. Die gebündelten Saatkolben müssen so lagern, daß keine Frau über sie hinweggehen kann – zum Beispiel darüberspringt – und kein Hahn, kein Huhn, kein Hund und überhaupt kein Tier darübergehen kann. Deshalb werden die Bündel in die Astgabeln der Bäume gelegt.

Diese Maiskolben werden also entkörnt, und die kleinen Körnchen werden gleich gemahlen und zu Tortillas verarbeitet und die dicken Körner zur Aussaat beiseite gelegt auf kleine Häufchen zwischen den Kerzen der Erde, des Wassers, der Sonne, der Tiere, des Universums beziehungsweise des Menschen. In unserer Kultur betrachtet man den Menschen als das Universum, und das Samenkorn wird geachtet, weil es in die geheiligte Erde versenkt wird, in der es sich vermehren und im nächsten Jahr den Menschen wieder Nahrung geben soll. Das Samenkorn ist etwas Reines, etwas Geheiligtes. Das Wort Samen hat für uns eine große Bedeutung. Nicht das kleinste Körnchen wird verschwendet.

Der Boden ist schon bereitet, und die Aussaat beginnt. Das Saatgut wird in einer Prozession mit Kerzen auf das Feld getragen. In einer Zeremonie werden Erde, Mond und Sonne, die Tiere und das Wasser angerufen, denn alle müssen dazu beitragen, daß der Samen aufgeht und zu neuer Nahrung wird. Kürbisse, Bohnen und Kartoffeln werden zur gleichen Zeit ausgesät. Der Tag ist für das ganze Dorf ein Tag der Freude, und alle ziehen hinaus aufs Feld. Die Männer säen den Mais und die Bohnen. Beide Samen kommen in dasselbe Loch. Die Frauen kommen mit ihren Kürbiskernen und säen sie zwischen die Furchen. Andere pflanzen Kartoffeln ein, wo noch Platz ist. Meistens die Kinder; den Kindern macht es großen Spaß, Kartoffeln einzupflanzen.

Danach müssen die Felder bewacht werden, bis die ersten Blätter durch die Erde brechen. Da wir in den Bergen wohnen, kommen nachts alle möglichen Tiere. Nach der Aussaat kommen Waschbären, Beutelratten und Eichhörnchen aus dem Busch und scharren die Samenkörner aus dem Boden. Nachts wechselten wir uns daher ab und machten immer mal eine Runde um unsere Äcker, aber alle waren sehr fröhlich, und manchmal legten wir uns zum Schlafen unter die Bäume. Uns machte es auch Spaß, Fallen aufzustellen. Wo wir die Schlupflöcher der Tiere vermuteten, stellten wir Fallen auf, und wenn wir dann so ein armes Tier schreien hörten, gingen wir hin, um nachzusehen. Da unsere Eltern uns verboten hatten, Tiere zu töten, ließen wir sie dann wieder frei. Wir schimpften nur mit ihnen, und sie kamen nicht wieder. Wenn einer der Hunde ein Tier totbeißt, muß es gegessen werden. Aber normalerweise töten wir keine Tiere.

Wenn die Maisfelder gut stehen, geht es zur Küste auf die Fincas. Wenn wir dann zurückkommen, ist der Mais schon gut gewachsen und das Unkraut muß ausgerissen werden. Danach geht es wieder zurück auf die Fincas. Der Mais steht dann schon hoch, und man muß Erde um die einzelnen Stengel aufhäufen, damit sie nicht vom Wind geknickt werden. Die Frauen fahren dann meistens nicht mehr mit an die Küste, sondern bleiben im Dorf, um die Felder zu versorgen. Die Bohnen werden an Stöckchen hochgebunden, damit sie dem Mais nicht schaden, und auch die Kürbisreihen müssen instand gehalten werden.

Der Mais ist der Mittelpunkt; er ist unsere Kultur. Das Maisfeld nennen wir »La Milpa«. »El Maíz« ist das Korn. »La Mazorca« ist der Maiskolben, und »La Tuza« heißt das Blatt, das den Maiskolben umschließt. »El Xilote« ist der Kern, der übrigbleibt, wenn der Kolben entkörnt ist. Der Mais gibt uns Nahrung und Trank, aber auch der Xilote findet Verwendung, zum Beispiel, um Flaschen zu verschließen oder als Hunde- und Schweinefutter.

Wenn die jungen Maiskolben treiben, kommen wieder die Tiere, um sie zu fressen, und die Vögel kommen und picken die frischen Körner. Dann muß das Feld wieder bewacht werden. Meistens laufen die Kinder den ganzen Tag lang zwischen den Maisstauden herum und schreien so laut sie können, und alle Leute sind auf ihren Milpas und verscheuchen die Vögel mit lauten Rufen.

Mit den zarten Blättern, die die Maiskolben umschließen, werden die Tamales umwickelt. Das gibt ihnen einen guten Geschmack. Die ersten Blätter, die man zum Einwickeln der Tamales nimmt, werden nach dem Essen nicht weggeworfen, sondern gesammelt. Sie werden zusammengerollt an die Eckpfosten der Häuser gebunden, als Erinnerung an die erste Ernte, die uns das Maisfeld gebracht hat. Die Körner der jungen Maiskolben sind sehr zart und schmecken besonders gut. Wir essen sie aber nur im Notfall, denn wenn man wartet, bis sie ganz ausgereift sind, sind sie viel ergiebiger.

Der Tag, an dem die Ernte beginnt, ist für uns ein großer Festtag. Das ganze Dorf geht auf die Felder und erntet, was die Erde uns gegeben hat. Die Männer brechen den Mais und pflücken die Kolben, und die Frauen ernten die Bohnen und Kürbisse. Wir danken der Erde, daß sie uns Nahrung gegeben hat, und alle sind glücklich, daß sie für eine Weile nicht mehr auf die Fincas müssen. Das Fest ist vergleichbar mit den Feierlichkeiten vor der Aussaat, bei denen wir die Erde um ihre Erlaubnis bitten, sie bebauen zu dürfen.

Jedes unserer Dörfer hat ein Gemeindehaus. Das ist ein großes Haus, in dem die Leute zusammenkommen, um ihre Feiern oder Versammlungen abzuhalten. Es hat eine Küche und einen Tapanco, auf dem die gemeinsame Ernte gelagert wird. Über dieses Gemeindehaus läuft die ganze Kommunikation des Dorfes auch außerhalb der festgelegten Feiern und Festtage. Wir kommen dort zusammen, um zu beten, oft aber auch nur, um uns zu unterhalten oder von unseren Erlebnissen zu berichten. Es dient dem Gespräch untereinander, aber ebenso dem Gebet; und die Kinder können derweil dort miteinander spielen. Diese Treffen finden einmal in der Woche statt, meistens an einem Freitag oder einem Montag.

Manche Arbeiten werden im Dorf gemeinsam verrichtet. Zum Beispiel wird das Land von allen zusammen gerodet: die Männer schlagen das Unterholz und fällen die Bäume, und die Frauen reißen das Unkraut aus. Vor der Aussaat setzt sich das ganze Dorf zusammen und bespricht, wie das Land bebaut werden soll. Ob jeder seine eigene Parzelle bestellt oder ob die Felder gemeinsam bearbeitet werden sollen. In meinem Dorf wurde zum Beispiel beschlossen, daß jeder seine eigene Parzelle haben und außerdem noch ein großes Stück Land gemeinsam bestellt werden sollte, als gemeinsame Reserve für den Notfall. So wurde es gemacht. Was im Gemeindehaus lagert, ist für den Fall, daß jemand erkrankt, oder für Familien, in denen der Mann gestorben ist.

10 Die Natur
Die Erde, Mutter des Menschen
Sonne, Kopal, Feuer und Wasser

»Achten müssen wir den einzigen Gott, das Herz des Himmels, welches die Sonne ist.«

Rigoberta Menchú

»Tojil, in der Dunkelheit, die ihm günstig gesonnen war, schlug mit einem Stein auf das Leder seiner Sandale, und sofort entsprang ihr ein Funke, ein Glanz und gleich darauf eine Flamme, und das neue Feuer erleuchtete strahlend.«

Popol Vuh

Schon vom jüngsten Kindesalter an werden wir Indios anders erzogen als die Weißen, die Ladinos. Weil wir einen direkteren Kontakt zur Natur haben, nennt man uns Polytheisten. Wir sind jedoch keine Polytheisten in dem Sinne, daß wir die Natur anbeten. Wir respektieren eine Reihe von Dingen in der Natur, die für uns sehr wichtig sind. Wenn man uns trotzdem Polytheisten nennt ... gut, es ist eben unsere Kultur.

Das Wasser zum Beispiel ist uns heilig. Schon als Kind lernen wir von unseren Eltern, daß man kein Wasser verschwenden darf, auch wenn es genügend davon gibt. Das Wasser ist etwas Reines, etwas, das dem Menschen Leben gibt. Ohne Wasser kann man nicht leben; ohne Wasser hätten auch unsere Vorfahren nicht gelebt. Und dann die Erde! Unsere Eltern sagen: »Kinder, die Erde ist die Mutter des Menschen, denn sie gibt dem Menschen seine Nahrung.« Wir Indios leben vom Mais, von den Bohnen und anderen Pflanzen, die auf unseren Feldern wachsen. Wir sind nicht gewohnt, zum Beispiel Käse oder Schinken zu essen – Dinge, die maschinell, mit Apparaten hergestellt werden. So lernen wir, die Erde als unsere Mutter anzusehen und sie zu achten. Sie darf nicht unnötig verletzt werden. Aus dieser Vorstellung heraus bitten wir sie um Erlaubnis, sie kultivieren zu dürfen. Der Weihrauch des Kopal und die Kerzen sind die traditionellen Weihegaben der Indios, mit denen wir der Erde unsere Achtung bezeugen und ihre Wohlgesonnenheit erbitten.

Kopal ist das Harz eines Baumes, das einen weihrauchartigen Duft verströmt, wenn es verbrannt wird. Es entwickelt einen vollen, wohlriechenden Rauch. Das zweite Element ist die Kerze. Die Kerzen stellen Erde, Wasser und Mais dar, die den Menschen Nahrung geben. Nach der Lehre unserer Vorfahren sind wir Indios aus Mais gemacht. Eine der Kerzen stellt den Menschen dar, den Menschen als Kind der Natur, des Universums. Alle Familienangehörigen versammeln sich um die aufgestellten Kerzen und bitten die Erde um Erlaubnis, sie bepflanzen zu dürfen oder um eine gute Ernte. Bei dieser Feier gedenken wir auch unserer Vorfahren mit den Gebeten, die sie selbst schon gesprochen haben und die aus uralten Zeiten überliefert sind. Man ruft die Nahuales, den Gott der Erde und den Gott des Wassers. Und zuletzt das Herz des Himmels, welches die Sonne ist. Die Großeltern erzählen, daß sie die Sonne bitten, ihre Kinder zu erleuchten, die die Bäume, die Tiere, das Wasser und die Menschen sind. Und daß sie ihre Feinde erleuchte. Ein Feind ist für uns zum Beispiel ein Mensch, der stiehlt oder sich der Prostitution hingibt. Ein Mensch, der in einer anderen Welt lebt, im übertragenen Sinne – aber auch ein wenig in der Wirklichkeit.

Das Bittgebet an die Erde lautet: »Mutter Erde, die du uns ernähren mußt, wir sind deine Kinder, die deiner bedürfen, und möge deine Frucht, die uns geschaffen hat, unsere Kinder und unsere Tiere ernähren ...« Unser Gebet ist genau wie das Gebet der Katholiken, wenn sie zu einem Heiligen oder einem Heiligenbild sprechen.

Unser Gebet an die Sonne lautet: »Herz des Himmels, du unser Vater gibst uns Wärme, und dein Licht leuchtet über unseren Tieren, über unserem Mais, unseren Bohnen und Pflanzen, damit sie wachsen und gedeihen und uns, deine Kinder, ernähren.«

Die Wärme der Sonne wird erwähnt, weil das Feuer für uns von großer Bedeutung ist. So wie die Wärme, die von der Sonne ausgeht, sollen unsere Kinder sein. Sie sollen leuchten wie das Licht der Sonne, aber sie sollen auch großherzig werden wie ihre Wärme, Feuer bedeutet Wärme, bedeutet Großherzigkeit und bedeutet Stärke, aus der neues Leben erwächst. Die Wärme der Sonne kann nicht verlorengehen, weil sie überall ist. So trägt die Sonne alle Elemente des Lebens in sich. Sie übermittelt unsere Gebete dem einen Gott, dessen Kinder wir alle sind. Und als Kinder dieses einen Gottes versprechen wir, seine Gebote zu achten und das Leben der Bäume zu schützen, der Vögel, der Kühe, der Pferde, der Hunde und Katzen – das Leben aller Tiere. Vor allem aber das Leben des Menschen zu schützen und nichts Böses zu tun, solange das Licht der Sonne auf ihre Kinder fällt.

Nach diesen Feierlichkeiten kommt das ganze Dorf zusammen, und es werden ein paar Hühner oder ein Schaf geschlachtet. Meistens ein Schaf, denn Schafe sind für uns geweihte Tiere, stille Tiere, heilige Tiere; Tiere, die keinem anderen Tier ein Leid tun. Und sie sind die klügsten Tiere, die es gibt – wie die Vögel.

Am Ende der Zeremonie werden also Tiere geschlachtet, und wir kommen zusammen, um zu essen.

11 Erziehung, Überlieferungen, Hochzeitsfeierlichkeiten

> *»Meine Kinder: wo immer ihr seid, vernachlässigt nicht das Handwerk, das Ixpiyacoc euch lehrte, denn es ist das Handwerk, das aus der Tradition eurer Väter stammt. Wenn ihr es vergäßet, wäre es wie ein Verrat an eurem Geschlecht.«*
>
> Popol Vuh

> *»Die magischen Geheimnisse ihrer Väter wurden ihnen von Stimmen enthüllt, die über den Weg des Schweigens kamen und der Nacht.«*
>
> Popol Vuh

Als die Zeit der Kindheit vorbei war und ich erwachsen wurde, erzählte mir meine Mutter, wie es ist, wenn man Kinder bekommt. Sie sagte, eine Frau sei dazu bestimmt, Mutter zu sein, und erklärte mir, was es mit der Jugend auf sich hat. In dieser Zeit würden viele Wünsche in mir geweckt werden, aber ich könne nicht alles haben, und bestimmt würde ich schon bald heiraten. Ich müsse lernen, unabhängig zu sein und nicht mehr von den Eltern abhängig. Es gäbe viele Dinge zu lernen, die mir im Leben nützlich sein würden, und sie gewährten mir alle Freiheit, mein Leben zu gestalten, wie ich es wolle. Erstes Gebot müsse jedoch sein, nicht gegen die Überlieferungen unserer Vorfahren zu verstoßen. Ich dürfe nie meine Würde aufgeben, meine Würde als Frau und als Indígena. Als Beispiel führte sie die Ladinos an, die sich nach ihren Worten schminkten und auf offener Straße küßten und alles. Das sei entwürdigend und eine Schande im Angesicht unserer Vorfahren, und so etwas dürfe ich nicht tun.

Wenn ich einen Freund hätte, könnte er mich im Hause meiner Eltern besuchen, aber unter Wahrung einer Reihe von Regeln gemäß unseren Bräuchen. Meine Eltern erzählten mir all diese

Dinge, damit sich mir die Türen des Lebens öffneten und ich von Dingen erführe, die ich noch nicht kannte.

Da die Kinder meistens im selben Raum schlafen wie die Eltern, merken sie, wenn ihre Eltern zusammen sind. Trotzdem hat man keine genaue Vorstellung. Die Eltern sagen, man muß sich erst entwickeln, und wenn dann die Zeit reif ist ... aber mehr nicht. Man kennt meistens nicht einmal alle Teile seines eigenen Körpers. Und man weiß auch nicht, wie das ist, wenn man Kinder bekommt. Ich halte es für ziemlich problematisch, von so vielen Dingen des Lebens nichts zu wissen.

Meine Mutter erklärte mir, daß, wenn ein Mädchen seine Regel bekommt, es zur Frau wird und Kinder haben kann. Sie gab mir Verhaltensmaßregeln für die Zeit meiner Jugend, denn wir Indios tun nichts, was nicht mit den Überlieferungen unserer Vorfahren zu vereinbaren ist. Wenn uns zum Beispiel ein Junge auf der Straße anspricht, können wir ihn zurechtweisen oder einfach nicht beachten. Aber sich auf der Straße zu küssen oder Dinge heimlich zu tun, ist nach unserer Überlieferung eine Schande.

Daß Paare keine Kinder haben, kommt selten vor. Oft hängt das von den Kräutern der Hebammen ab, mit denen schon viele Menschen geheilt worden sind. Ich habe einen verheirateten Vetter, der keine Kinder hat. Die Leute im Dorf geben ihm alle Zuwendung, aber der Mann wird mit diesem Zustand nicht fertig und ergibt sich dem Laster, fängt an zu trinken. Weil er keine Kinder hat, verschließt er sich, und seine Frau wird streitsüchtig. So nimmt das Verständnis der Leute und ihre Zuwendung zu diesem Paar immer mehr ab. Die meisten Konflikte provozieren sie selbst, obwohl es manchmal Frauen gibt, die Frauen nicht mögen, die keine Kinder haben, und Männer, die Männer nicht mögen, die keine Kinder haben. Das ist aber keine allgemeine Ablehnung der Huecos, wie wir die Homosexuellen nennen. Wir Indios machen keinen Unterschied zwischen einem Homosexuellen und einem, der nicht homosexuell ist. Das passiert erst, wenn einer sein Dorf verläßt und anderswohin geht. Die Ablehnung der Homosexuellen ist bei uns nicht so verbreitet wie bei den Ladinos, die die Homosexuellen nicht ausstehen können. Das Gute bei uns ist, daß wir alles als einen Teil der Natur betrachten. Ein verkrüppeltes Tier, zum Beispiel, ist ein Teil der Natur, und bei einer schlechten Ernte sagen wir: »Man soll nicht mehr erwarten, als die Natur uns gibt.« Mehr zu erwarten, ist ein Phänomen, das mit den Ladinos, mit den Fremden gekommen ist ...

Wenn zum Beispiel Frauen für einige Zeit aus dem Dorf weggehen, um anderswo zu leben, kommen sie danach zurück und sind infiziert von all dem Schmutz, dem sie außerhalb ihrer Dorfgemeinschaft ausgesetzt waren. Sie haben dann die Möglichkeit, alle Kräuter auszuprobieren, die es gibt: Heilkräuter zum Beispiel, damit sie Kinder kriegen können. Es gibt auch andere Kräuter, die man zu einer bestimmten Zeit nimmt, um Kinder zu kriegen, und zu anderen Zeiten, um keine Kinder zu kriegen. Unsere Gesellschaft ist aber schon so verdorben, daß sie jetzt angefangen haben, Pillen und Apparate dafür zu nehmen. In Guatemala gab es einen großen Skandal, weil das Guatemaltekische Institut für Sozialversicherung Leute sterilisierte, ohne ihnen ein Wort zu sagen, um auf diese Weise das Bevölkerungswachstum zu vermindern.

Kräuter zu nehmen, um keine Kinder zu kriegen, ist für uns so, als ob wir unsere eigenen Kinder töteten. Es verletzt das Gesetz unserer Vorfahren, alles zu lieben, was die Natur uns gibt. Wenn eines unserer Kinder vor der Geburt oder zwei Monate danach stirbt, ist das nicht mehr unsere Schuld.

Eine unverheiratete Frau von dreiundzwanzig – so wie ich – wird im Dorf oft mißtrauisch angesehen, wenn sie fort war und man nicht weiß, wo sie war und wie sie gelebt hat. Die Frau verliert dann ihr Ansehen im Dorf und den Kontakt zu den Nachbarn, die ja normalerweise jeden ihrer Schritte überwachen. Daher können Eltern gewöhnlich auch sicher sein, daß ihre Tochter bis zur Hochzeit Jungfrau ist.

Bis zur Hochzeit gilt es in der Regel, vier Rituale zu vollziehen. Das erste heißt: »Türen öffnen« – »abrir puertas«. Es ist eine sehr ausführliche Zeremonie, sie beinhaltet aber keinerlei Verpflichtung. Dann folgt das Versprechen vor den Eltern, wenn das Mädchen den Antrag des jungen Mannes angenommen hat. Das ist ein sehr bedeutsamer Akt. Das dritte Ritual ist das Versprechen der Brautleute untereinander, und das vierte ist schon die Hochzeit selbst: »la despedida« – »der Abschied«. Das ist die Reihenfolge, die eingehalten werden muß.

Zuerst spricht der Junge mit seinen Eltern und sagt ihnen, daß er diese oder jene Frau heiraten möchte. Die Eltern erklären ihm dann, was das Heiratsversprechen bedeutet: daß er Kinder haben wird, für ihren Unterhalt aufkommen muß und daß er keinen Tag bereuen darf. Sie erklären ihm, welche Verantwortung er als Vater haben wird. Danach geht er mit seinen Eltern und dem Dorfsprecher zu den Eltern des Mädchens. Es beginnt die erste Zeremonie des Türöffnens: Zuerst tritt der gewählte Sprecher des Dorfes ein, hinter ihm die Eltern des Jungen und dann der junge Mann selbst. Gewöhnlich wird morgens früh gegen vier um die Hand des Mädchens angehalten, weil die meisten Indios ab fünf Uhr schon nicht mehr im Haus sind. Sie gehen früh zur Arbeit, und damit aus dem Akt keine Belästigung wird, kommt man zeitig. Wenn die Hunde zu bellen anfangen, geht man wieder.

Meistens wird der Vater des Mädchens den Antrag von vornherein ablehnen. Wir Indios heiraten sehr jung. Vierzehnjährige Mädchen geben oft schon ihr Eheversprechen, und Fünfzehnjährige erwarten ihr erstes Kind. So widersetzen sich die Eltern des Mädchens und sagen: »Nein, unsere Tochter ist noch ein Kind, viel zu jung, außerdem ein sehr braves Mädchen, das viel gelernt hat, dessen seid versichert.« Und die Besucher bitten und bitten und bitten. Der Vater bleibt aber fest und öffnet die Tür nicht. Die Besucher gehen dann wieder. Da sie aber großen Wert darauf legen, daß ihr Sohn das Mädchen heiratet, kommen sie wieder. Das wiederholt sich mindestens dreimal. Beim zweiten und dritten Mal werden Geschenke mitgebracht. Ein bißchen Schnaps oder ein paar Zigaretten. Die Eltern berichten von den Vorzügen und Schwächen ihrer Kinder, damit einer den anderen besser kennenlernt. Schließlich wird der Antrag angenommen. Von diesem Zeitpunkt an darf der Junge ohne seine Eltern in das Haus des Mädchens gehen. Er darf natürlich nicht an irgendeinem Tag kommen, sondern der wird vorher genau festgelegt. Meistens wird es der Sonntag sein, weil da nicht beide Eltern des Mädchens auf dem Feld sind, sondern einer der beiden immer zu Hause ist. Der Junge wird immer ein kleines Geschenk mitbringen, ein paar Kekse oder Zigaretten für den Vater des Mädchens. Die Brautleute sprechen jetzt zum erstenmal miteinander. Daß sie sich vorher auf der Straße schon einmal angesprochen oder gar die Freundschaft auf der Straße geschlossen hätten, ist völlig undenkbar. Deshalb ist das Mädchen im Dorf auch gut angesehen. Die Leute mögen es, weil man weiß, daß es nie mit einem jungen

Mann auf der Straße gesprochen hat und mit reinen Händen – wie wir bei uns sagen – in die Ehe geht.

Wenn ihr der Bräutigam nicht gefällt, kann sie es jetzt noch sagen, obwohl ihre Eltern ihm die Tür geöffnet haben. Wenn sie den Jungen nicht mag, arbeitet sie weiter wie bisher, hat nie Zeit für ihn, spricht nicht mit ihm und gibt dadurch zu verstehen, daß sie ihn nicht mag. Man wartet dann noch zwei Wochen, und wenn das Mädchen seine Meinung nicht ändert, sagt man den Eltern des Jungen, daß es nicht an der Familie gelegen habe, sondern an dem Mädchen, und daß der junge Mann doch bitte nicht mehr kommen möge. So etwas passiert oft.

In der zweiten Phase wird im Hause des Mädchens ein Fest gefeiert, bei dem auch die Großeltern, die Onkel und Tanten und die älteren Geschwister anwesend sind. Es ist ein Fest ähnlich dem nach der Geburt eines Kindes, und auch die aufbewahrten Kerzenreste von der Geburtsfeier der Braut werden in derselben Ecke aufgestellt wie damals. Dann muß die Großmutter der Braut ein Geschenk machen. Großmütter verwahren ja immer den Silberschmuck, der noch von ihren Großmüttern stammt, und so bekommt das Mädchen ein Halskettchen oder ähnliches als Erinnerung an unsere Vorfahren und als Mahnung, die Tradition fortzusetzen.

Im Hause des zukünftigen Ehemannes findet ein ähnliches Fest statt, und die Geschenke, die er zu seiner Geburt bekommen hat, werden jetzt als Geschenk in das Haus der Braut gebracht. Außerdem bringen seine Eltern noch ein lebendes und ein geschlachtetes, schon ausgenommenes und gebratenes Schaf mit. Weiterhin wird eine große Menge Maisteig zu großen Tamales verarbeitet und in das Haus der Brauteltern gebracht. Fünfundsiebzig große Tamales werden gemacht, die die fünfundsiebzig indianischen Feiertage des Jahres darstellen. Von diesen Tamales kann die Familie der Braut gut eine ganze Woche lang leben.

Mit den Tamales, dem lebenden und dem geschlachteten Schaf und einem Topf voll Fleischsuppe von dem geschlachteten Schaf kommt eine ziemliche Last zusammen, die ein Mensch allein natürlich nicht tragen kann. Allein für die fünfundsiebzig Tamales werden vier Träger benötigt. Meistens tragen die Brüder oder Vettern des Bräutigams diese Sachen zum Haus der Braut. Nur ausgewählte, im Dorf angesehene junge Männer werden als Träger bestimmt, die auf dem Fest gleichzeitig als Bedienung arbeiten und Gläser herumreichen und Zigaretten verteilen.

Die Abordnung der Familie des Bräutigams betritt das Haus der Braut in einer Reihe hintereinander. Zuerst der Sprecher des Dorfes mit seiner Frau, dann die Eltern des Jungen. Wenn es dasselbe Haus ist, in dem die Braut auch geboren wurde, sind die Kerzenreste in derselben Ecke aufgestellt, in der die Tauffeier des Mädchens stattgefunden hat. An dieser Stelle knien alle Angehörigen des Jungen wortlos und ohne Gruß nieder. Diese Zeremonie gehört noch nicht zur Hochzeitsfeier selbst.

Die Türen des Hauses stehen offen, und alle treten ein und knien nieder. Dann betreten die Eltern der Braut den Raum. Das ist der Moment, in dem die Mutter des Mädchens eine wichtige Rolle spielt, denn sie muß als erste zu den Besuchern gehen und ihnen die Hand reichen, damit sie sich erheben. Das ist Aufgabe der Mutter, weil sie dem Mädchen das Leben geschenkt hat und gleichzeitig das Vorbild ist, dem die Braut nacheifern soll. Sie geht also zuerst zur Mutter des Jungen, reicht ihr die Hand und begrüßt sie. Danach geht sie zu den anderen, reicht ihnen die Hand und begrüßt sie. Danach sagt der Vater der Braut, wohin sich alle setzen sollen, denn man setzt sich nicht – alle durcheinander – irgendwo hin. Das erste Glas ist von besonderer Bedeutung. Zuerst bekommen die Ältesten ein Gläschen Schnaps eingeschenkt, dann alle anderen. Wir nehmen bei solchen Anlässen meistens selbstgebrannten Schnaps. Es gibt einen Schnaps, der heimlich gebrannt wird und der von der guatemaltekischen Regierung verboten ist, weil er so billig ist, daß er die Preise in den Cantinas verderben würde. Nur wir Indios machen ihn und trinken ihn auf unseren Festen. Es ist ein sehr starker und billiger Schnaps, der in den Bergen in ausgehöhlten Baumstämmen oder in Tonkrügen hergestellt wird. Er wird aus fermentiertem Mais oder aus Futtermehl gebrannt. Man kann ihn auch aus Reis oder Zuckerrohr machen, das Ergebnis ist immer das gleiche: ein starker, billiger Schnaps.

Der Bräutigam ist der einzige, der sich nicht erhoben hat. Die Braut kommt jetzt herein und kniet in einiger Entfernung von ihrem Verlobten nieder. So bleiben sie etwa zwanzig Minuten. In dieser Zeit erzählen die Großeltern aus ihrem Leben. Das ist ein Teil der Zeremonie. Sie erzählen, wie schwer sie es gehabt haben, wieviel Leid sie erdulden mußten, aber auch, welche Freuden sie genossen haben. Ihre Erzählungen sind so etwas wie ein Panorama des Lebens.

Danach sprechen die Brautleute ein Gebet. Es geht ungefähr so: »Mutter Erde, die du uns Nahrung gibst, wir sind Maismenschen, weil wir aus dem gelben und weißen Mais gemacht sind. Unsere Kinder werden auf dir wandeln, und du, die du unser aller Mutter bist, gibst ihnen immerwährende Hoffnung. Herz des Himmels, unser einziger Vater, du gibst uns dein Licht, deine Wärme und deine Hoffnung. Bestrafe unsere Feinde; bestrafe alle, die uns den Glauben unserer Väter nehmen wollen. Wir sind arme und einfache Menschen, aber wir werden dich nie verlieren.«

Sie erneuern ihr indianisches Gelübde, erinnern an das Schicksal unserer Vorfahren und sagen: »Unseren Vätern wurde Gewalt angetan durch die Weißen, die Sünder, die Mörder. Unsere Väter waren ohne Schuld, doch die Weißen nahmen ihnen alles und ließen sie vor Hunger sterben. Wir wollen töten, wollen ein Ende machen mit dem schlechten Beispiel, das sie uns gegeben haben. Denn wäre das alles nicht geschehen, wären wir alle vereint, wären wir alle gleich, unsere Kinder müßten nicht hungern, und wir müßten uns nicht auf unfruchtbarer Erde quälen.« – Eine Rückbesinnung auf die Geschichte und etwas Bewußtseinsbildung ...

Danach geben sie das Versprechen: »Wir werden Vater und Mutter sein; wir werden uns bemühen, die Rechte unseres Volkes bis zum Letzten zu verteidigen, und wir versprechen, daß unsere Väter in unseren Kindern weiterleben werden und daß weder ein reicher Ladino noch ein weißer Finquero je unsere Kinder wird brechen können.«

Nach diesem Versprechen erheben sich die beiden. Die Großmutter des Mädchens und der Großvater des Jungen reichen den beiden die Hand, damit sie sich erheben. Die Brautleute entschuldigen sich dann in aller Form bei den Eltern und den Paten für alles, was sie im Leben falsch gemacht haben. Hierauf küssen sie allen Anwesenden die Hände.

Danach sprechen die Großeltern. Sie sagen: »Unsere Vorfahren waren keine Sünder; sie konnten nicht töten. Heute wissen die Menschen nicht mehr, das Leben der Menschen zu achten. Heute sehen wir unsere Kinder und unsere jüngeren Geschwister sterben. Vor langer Zeit starben keine jungen Menschen. Unsere Vorfahren haben uns berichtet, daß die ältesten von ihnen hundertfünfundzwanzig Jahre alt wurden, und heute sterben wir mit vierzig und schon mit dreißig Jahren. Ihr seid dazu bestimmt, euch Gedanken darüber zu machen, warum das so ist. Das Gesetz unserer Väter, alles Lebende zu respektieren, existiert nicht mehr. Sie weinen und sind verzweifelt darüber. Viele von uns haben schon zu töten gelernt. Schuld haben die Weißen ...« Und so laden sie die Schuld auf die Weißen, die kamen, um uns das Töten zu lehren, uns, die wir nicht töten konnten und bis heute noch nicht töten können und denen wir nicht zulassen dürfen, daß sie es uns lehren. Das hört sich sehr schön an, denn für die Großeltern ist es eine Gelegenheit, sich alles von der Seele zu reden.

Anfangs sind nur die Erwachsenen bei den Feierlichkeiten dabei, aber wenn die Rede der Großeltern beginnt, kommen auch die Kinder dazu. Während des ersten Teils der Zeremonie warten wir Kinder draußen, und dann, nach dem Gebet der Brautleute, rufen sie uns herein. Unsere Hütte ist kaum groß genug für alle.

Nach der Rede der Großeltern werden Zigaretten verteilt, und die Schnapsgläser gehen herum. Zum ersten Glas wird wie bei einem Gebet gesagt, daß dies der geheiligte Wein unserer Vorfahren sei, die noch nicht daran gehindert wurden, ihren eigenen Wein anzubauen und sich ihr eigenes Getränk zu machen. Daß die Welt heute anders sei und man uns heute daran hindere, unser eigenes Getränk zu machen. Dadurch wird es zu einem heiligen Getränk, sagen sie. Dann kommt das zweite Glas und wieder ein Gebet. Es besagt, daß wir dieses Getränk verteidigen werden. Wenn auch heimlich, so brauen wir es doch und werden es auch weiterhin brauen. Unsere Kinder werden es brauen und alle Generationen, die noch kommen. Mit dem dritten Glas erklären sich der Junge und das Mädchen als Brautleute. Nach dem vierten Glas haben wieder die Großeltern das Wort. Danach sprechen die beiden Dorfsprecher, die den Brautleuten auch eine Reihe von Ratschlägen geben: daß sie für unsere Vorfahren Kinder kriegen müßten, daß das erste Kind den Namen der Eltern des Jungen und danach den Namen der Eltern des Mädchens tragen müsse, damit unser Samen weiterhin aufgehe und nicht ausgelöscht werde. Und so hält jeder eine kleine Rede: die Eltern, die Onkel und Tanten, die Jungen, die die Gläser herumreichen, und auch wir Kinder dürfen etwas sagen. Aber wir sagen fast nie etwas, weil wir gewohnt sind, sehr viel Achtung vor den Erwachsenen zu haben, und mit jedem Wort, das man sagte, könnte man ja eine Respektlosigkeit begehen.

Den ganzen Tag sitzt man so zusammen und spricht und kommt immer wieder auf dasselbe Thema, daß unsere Väter so und so waren und die Weißen dieses und jenes getan haben und die Weißen an allem die Schuld haben. Und sie sagen: »Wir hatten einen König, und dieser König verteilte alles, was es gab, an alle Menschen. Der Kakao ist schon nicht mehr von uns. Er ist von den Weißen und gehört den Reichen. Und der Tabak. Wir können keinen Tabak anbauen. Früher gab es genügend Tabak für unser ganzes Volk. Früher waren wir nicht zersplittert in Dörfer und Sprachen. Jeder verstand jeden. Und wer trägt die Schuld? Die Weißen, die hierhergekommen sind. Man darf den Weißen nicht trauen – die Weißen sind Diebe.«

Die Alten beschwören uns eindringlich, nie die Geheimnisse unserer Vorfahren preiszugeben. Früher gab es keine Medikamente, keine Tabletten. Unsere Medizin waren die Pflanzen. Unser König hatte viele Pflanzen gesät, und unsere Kinder müssen daher alle Pflanzen kennen. Früher taten uns die Tiere nichts, und sogar das ist anders geworden.

Der letzte Teil der Feier ist etwas traurig, weil die Alten sich besorgt fragen, wie es wohl weitergehen wird. Die Kinder leben nicht mehr so lange wie früher. Viele fahren heute schon in Autos. Früher war unser Guatemala anders. Alle Menschen gingen zu Fuß, aber allen ging es gut.

Der ganze Tag vergeht mit Reden, und jeder sagt seine Meinung. Es wird kein Schnaps mehr ausgeschenkt, und niemand betrinkt sich. Dann wird gegessen; die Brüder und Freunde des Bräutigams teilen die Speisen aus. Bis nachmittags um vier sitzt man fröhlich beisammen und ißt und schwatzt. Danach verabschieden sich die Besucher und gehen nach Hause.

Nach Beendigung dieses zweiten Teils der Hochzeitsfeierlichkeiten gingen wir hinunter auf die Fincas. Wir verbrachten vier Monate an der Küste, und nach fünf Monaten wurde die Zeremonie mit der dritten Phase fortgesetzt. Wieder gab es zu essen und zu trinken. Das junge Paar sah sich nach viermonatiger Abwesenheit zum erstenmal wieder.

Meine Schwester war eine sehr reife Frau. Bei uns wird man schon als Kind erwachsen. Es gibt keine Jugend. Meine Schwester

73

hatte ihren Verlobten vier Monate nicht gesehen, aber sie wußte, daß das an den Umständen lag. Das war kein Problem. Als sie wieder von der Küste zurück waren, besuchte er sie. Es war die Zeit, in der dringend der Mais geerntet werden mußte, da es viel regnete und er sonst verfault wäre. Der Junge muß mindestens ein Vierteljahr lang für die Eltern des Mädchens arbeiten. Er ist während dieser Zeit ein Mitglied ihrer Familie. Danach geht er wieder zu seiner Familie zurück.

Beim dritten Ritual geben sich die Brautleute das Versprechen. Das ist fast dieselbe Geschichte wie bei den Katholiken, die sich in der Kirche das Eheversprechen geben. Nur bei uns geben sie das Versprechen nicht vor Gott, sondern vor den Eltern und Großeltern. Das Mädchen sagt: »Ich werde eine Mutter sein, und ich werde viel leiden. Meine Kinder werden auch viel zu leiden haben, und viele meiner Kinder werden wohl sterben, noch bevor sie herangewachsen sind, denn das ist nun einmal unsere Lage, in die uns die Weißen gebracht haben. Es fällt mir schwer, hinzunehmen, daß meine Kinder sterben werden, aber ich werde es durchstehen, denn unsere Vorfahren haben das alles ertragen, ohne aufzugeben, und wir werden auch nicht aufgeben.«

Danach sagt der Junge: »Ich werde ein verantwortungsbewußter Vater sein. Unsere Kinder werden sterben, noch bevor sie erwachsen sind, aber damit müssen wir Indios leben.« Und beide versprechen: »Wir wollen zwei oder drei Samen hinterlassen, die das Erbe unserer Väter fortführen sollen. Selbst wenn unsere Kinder vorzeitig sterben, werden doch immer einige übrigbleiben und weiterleben. Für sie wollen wir ab jetzt Vater und Mutter sein.«

Das zweite Ritual diente der Erinnerung an unsere alten Sitten, an unsere überlieferte Kultur. Dieses dritte Ritual soll unter anderem auf die Vermischung hinweisen, der das junge Paar ausgesetzt sein wird. Deswegen gibt es diesmal Mineralwasser und Limonade in Kisten, weißes Brot, gekauften Schnaps und gekaufte Kerzen – all diese Dinge, die der Indio sonst mit Empörung zurückweist. Es gibt Schokolade und Kaffee. Die Alten zeigen den Kindern zum Beispiel eine Coca Cola und sagen: »Gebt unseren Nachkommen niemals dieses Dreckszeug zu trinken, denn damit wird unsere Kultur zerstört. Das alles sind Dinge, die von Maschinen gemacht sind, und unsere Väter benutzten nie Maschinen. Diese Fincas haben die Schuld daran, daß unsere Söhne so jung sterben.

All diese Nahrung ist Nahrung der Weißen, und die Weißen fühlen sich reich dadurch.«

Dann sprechen sie vom Brot, das für den Indio eine große Bedeutung hat, weil unsere Vorfahren früher Weizen anbauten. Aber dann kamen die Spanier und vermischten das Weizenmehl mit Eiern. Jetzt ist es vermischt und nicht mehr das, was unsere Väter aßen. Es ist jetzt Nahrung der Weißen, und die Weißen sind wie ihre Nahrung: vermischt. Das Blut unserer tapfersten Vorfahren vermischte sich mit dem Blut der Weißen. Sie preßten unserem Zuckerrohr mit ihren Maschinen den Saft heraus und machten Zucker daraus. Nein – wir dürfen unsere Sitten nicht mit denen der Weißen vermischen!

Die Verwandten sprechen danach von der katholischen Religion. Sie zeigen zum Beispiel ein Heiligenbild vom Heiligen Judas oder vom Heiligen Augustin und sagen: »Dieses sind Heilige, aber es sind nicht die einzigen Heiligen. Da ist noch der Gott des Himmels und der Gott der Erde. Die Heiligen sind dazu da, um durch sie zum einzigen Gott zu sprechen.«

Der Señor Dorfsprecher und seine Frau gratulieren dann dem jungen Paar, wünschen ihm, daß sie gute Eltern sein werden und wohlgeratene Kinder bekommen, die die Natur achten und hoffentlich ein menschenwürdiges Leben führen können. Sie sprechen auch über den Einfluß der Weißen auf unsere Kultur: »Zum Beispiel die Maismühle. In unserem Dorf gibt es keine Mühle, obwohl die Ladinos uns gerne eine hingestellt hätten, um damit den Mais des ganzen Dorfes zu mahlen. Aber wir haben nein gesagt, denn nach und nach kommen sie mit immer mehr Maschinen und dann gehört ihnen bald alles.« Und meine Großmutter sagte: »Kinder, heutzutage muß man sogar zum Heiraten schon so ein Drecksding von Papier unterschreiben. Uns Indios erzählen sie etwas von Bürgermeistern und Archiven und Papieren. Das gab es früher alles nicht. Früher heirateten wir gemäß unserer Sitten und Gebräuche, und es gab keinen Grund, ein Papier zu unterschreiben. Nach den Gesetzen unserer Vorfahren gehörten Mann und Frau zusammen. Wenn die Frau aber von ihrem Mann schlecht behandelt wurde, durfte sie ihn verlassen. Aber heute darf sie das nicht mehr, nur weil sie ein Papier unterschrieben hat. Die Gesetze der Kirche sind wie die Gesetze der Ladinos. Der Indio fühlt sich verantwortlich für jedes Mitglied seiner Gemeinschaft. Will sich jetzt aber eine Frau von ihrem Mann trennen, weil er sie schlecht behandelt, können wir nichts mehr tun, weil das Gesetz es verbietet. Für den Indio ist es schwer, sich damit abzufinden.«

Danach spricht man im Kreise der Familie über die Zukunft der Braut: ob sie mit ihrem Mann in ein eigenes Haus ziehen oder bei den Schwiegereltern leben wird und solche Dinge. Da wir gewohnt sind, in der Dorfgemeinschaft wie in einer großen Familie zu leben, ist es für uns Indios immer etwas traurig, wenn sich ein Paar entschließt, allein zu wohnen. Aber die Verantwortung der Eltern hört jetzt auf, und die jungen Leute gründen eine eigene Familie. Die jüngeren und älteren Geschwister danken ihrer Schwester für alles, was sie für sie getan hat, und die Mutter zeigt ihr die Hochzeitsgeschenke, die für sie gemacht worden sind: ein gewebter Schal vielleicht oder Schlaf- und Sitzmatten aus Bast. Einer ihrer Brüder oder Schwestern überreicht ihr ein Blumengebinde mit den Worten: »Diese Blumen überreiche ich dir zum Abschied im Namen aller deiner Geschwister.«

Da wir Indios inmitten der Natur leben, haben wir nie gepflückte Blumen in unseren Häusern. Wir pflanzen auch keine Blumen im Garten, und mein Vater erklärte uns einmal: »Da wir mitten unter den Pflanzen und Bäumen der Natur leben, brauchen wir uns keine Blumen ins Haus zu stellen, weil alle Pflanzen dort wachsen, wo die Natur es will.«

Der Abschied von meiner Schwester fiel uns allen besonders schwer, weil sie mit ihrem Mann in sein Dorf ziehen wollte, wo man eine andere Sprache sprach und andere Bräuche hatte.

Früher fand der letzte Teil der Hochzeit – der Abschied – immer vierzig Tage nach Beendigung des dritten Rituals statt. Heute feiert man den Abschied, wann es die Zeit erlaubt. Eigentlich sind es zwei Feiern: eine nach dem Vorbild unserer Überlieferungen und danach eine in der Kirche und vor dem Standesamt. Heutzutage gehen schon viele Brautpaare zur Kirche und zum Standesamt.

Zur Feier bei den Brauteltern wird das ganze Haus geschmückt und hergerichtet. Das machen alles die Leute aus dem Dorf. Die Familie der Braut sorgt nur für die Getränke. Sie macht zwei Sorten Schnaps: einen starken und einen weichen süßen, der wie Wein schmeckt.

Die Nachbarn bringen Brennholz, Maisteig, Fleisch ... alles, was man für ein Fest braucht. Sie wissen, es ist das letzte Fest, das sie dem Mädchen ausrichten, und alle beteiligen sich daran. Ähnlich wie bei der Geburt eines Kindes bringen sie kleine Geschenke: Deckchen, Tonkrüge und so weiter. Wenn die Feier zum Beispiel um zehn Uhr beginnen soll, sind alle schon um fünf Uhr früh auf den Beinen, damit um zehn alles gerichtet ist. Das Brennholz, zum Beispiel, muß am selben Tag gehackt worden sein und darf nicht vom Vortage stammen.

Es wird ein großes Fest, an dem das ganze Dorf teilhat und auch die Familie und die Paten des Bräutigams. Dann kommt der Abschied. Wir Indios küssen uns nicht zum Abschied, sondern die Braut kniet zum Zeichen der Demut nieder und küßt die Hände der Eltern, der Großeltern, der Geschwister, ihrer Onkel und Tanten und ihrer Paten und der gewählten Sprecher des Dorfes. Danach küßt sie die Hände der Eltern des Jungen – ihrer zukünftigen Schwiegereltern. Braut und Bräutigam sind jetzt ein verheiratetes Paar.

Die Eltern des Mädchens sagen zu den Eltern des Jungen: »In zwei Wochen wollen wir unsere Tochter hier wiedersehen.« Und wenn das Mädchen aus der Tür des Hauses tritt, darf es nicht mehr zurückschauen, und erst zwei Wochen später wird sie das Haus und ihre Eltern wiedersehen. Es bedeutet, daß sie jetzt ein selbständiger Mensch ist, das Leben allein meistern und immer vorwärtsgehen muß. Ihr Nest, das Haus, in dem sie geboren wurde, ist jetzt nicht mehr ihr Haus, und das Leben als Kind ihrer Familie ist endgültig vorbei.

Oft haben wir gar nicht genügend Zeit, uns an alle Bräuche unserer Vorfahren zu halten. Wenn es die Zeit aber erlaubt, begleiten die Eltern oder Großeltern das Mädchen zum Haus der Eltern des Jungen. Im Falle meiner Schwester hatten meine Eltern keine Zeit, aber da sie die Dorfsprecher waren, schickten sie die Paten und meinen ältesten Bruder mit zum Haus der Schwiegereltern. Dort wurden sie auch vom ganzen Dorf erwartet und mit Blumen empfangen. Meine Schwester bekam dort ihren Steinstößel, mit dem sie in Zukunft ihren Mais stampfen sollte, und einen großen Topf aus Ton, in dem die Maiskörner gewaschen werden. Danach wurde dem jungen Paar sein Platz in der Hütte zugewiesen. In den vier Ecken waren die Taufkerzen des Jungen aufgestellt worden,

77

und meine Schwester mußte die vier Eckpfosten des Hauses einritzen. Dann wurde Kopal verbrannt, und auch die vier Eckpfosten des Hauses wurden angebrannt, als Empfangszeremonie für die Braut. Auf diese Weise bittet man das Haus um Erlaubnis, eine weitere Person unter seinem Dach zu beherbergen.

Es kann vorkommen, daß sich das Paar nicht gut versteht und nicht mehr glücklich ist. Wichtig ist dann, daß die Probleme gemeinsam besprochen werden. In einem solchen Fall kommt der Señor Dorfsprecher oder die Señora Dorfsprecherin und spricht mit den beiden wie mit den eigenen Kindern. Auch die Paten, die die meiste Verantwortung für das junge Paar haben, werden hinzugezogen. Findet man aber keinen Ausweg, dann stehen die Eltern des Mädchens zu ihrer Tochter, und sie kann zu ihnen zurückkehren. Auch die Leute aus dem Dorf respektieren die Entscheidung und unterstützen die Frau. Wenn sie geht, kommt das ganze Dorf zusammen, um sie zu verabschieden. Die Leute bekunden ihr Mitgefühl und sagen: »Du weißt, wir sind immer für dich da. Du mußt dein eigenes Leben leben, aber wenn es einmal nicht mehr weitergeht, werden wir dir helfen.« Eine Indiofrau hat die Unterstützung des ganzen Dorfes, wenn sie immer nach den Gesetzen der Vorfahren gelebt hat. Wenn sie die Gesetze mißachtet, dann haben die Leute im Dorf zwar auch ein Herz, aber sie sehen sie mit anderen Augen. Wie sie angesehen ist, das hängt dann viel von der Persönlichkeit der Frau ab.

Es ist schon passiert, daß ein Mädchen keine Lust und keine Geduld hatte, alle Bräuche und Rituale zu vollziehen, und der Junge sie einfach so mit zu sich nach Hause genommen hat. Da ist die Gefahr für das junge Paar groß, daß sie sich nicht verstehen, weil ihnen der moralische Rückhalt fehlt. Die Eltern weisen ihre Tochter zurück, und auch die Eltern des Jungen lehnen ihren Sohn ab, weil er sich nicht an die Gesetze gehalten hat.

Daß der Mann betrunken nach Hause kommt und seine Frau schlägt, kommt bei uns Indios auch manchmal vor. Wie die Frau sich dann verhält, das hängt davon ab, wie sehr sie ihren Mann liebt; und wenn sie ihn als den Vater all ihrer Kinder betrachtet, wird sie sich nicht so sehr beklagen, wie sie es eigentlich müßte, weil sie ja auch noch den moralischen Rückhalt hat ...

Im Falle meiner Schwester ging die Ehe nicht so gut, weil sie sich nicht an die fremde Sprache und die fremden Sitten des Dorfes ihres Mannes gewöhnen konnte. Sie konnte dort einfach nicht leben. Das Problem wurde zwischen den Eltern ihres Mannes, meinen Eltern und dem Sprecher des Dorfes besprochen. Sie kamen überein, daß meine Schwester in unser Dorf zurückkehren solle. Sie kam natürlich nicht in unser Haus zurück, weil unsere Familie schon sehr groß war, da meine Schwägerinnen ja auch im Haus wohnten. Das ganze Dorf half meiner Schwester, und nach zwei Wochen war ihre eigene kleine Hütte fertig. Darin wohnte sie mit ihrem Kind, und auch meine Eltern sagten, daß sie ihr eigenes Leben führen müsse. Sie wurde von der Dorfgemeinschaft unterstützt und erhielt Mais und Bohnen aus den Kollektivbeständen. Ob die Frau anfängt, auf eigene Rechnung zu arbeiten, oder ob sie für das Kollektiv arbeitet, ob sie verheiratet ist oder geschieden – wenn sie sich an die Regeln des Zusammenlebens in der Dorfgemeinschaft hält, braucht sie sich keine Sorgen zu machen, denn die Nachbarn oder die Gemeinschaft werden ihr immer helfen.

12 Leben in der Dorfgemeinschaft

»Ich bin eine Katechetin, die mit beiden Füßen auf der Erde steht, und keine, die nur an das Reich Gottes denkt.«
Rigoberta Menchú

Bei uns im Hochland gab es damals schon die katholische Religion. Die Priester suchten sich Leute aus, die Katecheten werden wollten. Ich war ab meinem zwölften Lebensjahr Katechetin. Der Priester kam alle drei Monate in unsere Gegend. Er brachte Schriften mit, um uns den katholischen Glauben zu erklären. Wir lernten aber auch viel aus eigener Initiative, weil mein Vater sehr christlich war.

Die katholische Religion anzunehmen, war für uns keine Bedingung, der wir unsere Kultur opferten, sondern einfach ein weiteres Mittel, um unsere religiösen Gefühle auszudrücken. Es hätte auch ein Baum sein können. Ein Baum als Wesen, als Teil der Natur; und über das Bild des Baumes sprechen wir mit dem einen Gott, dem alleinigen Vater. So sehen wir Indios die Religion.

Der katholische Glaube ist wie ein zusätzliches Element, das man in die schon existierenden Bräuche einfügen kann. Klar, dadurch wird uns noch einmal bestätigt, daß es nur einen Gott gibt, den alleinigen Vater; aber das hat nur etwas mit dort oben zu tun. Hier auf der Erde müssen wir weiterhin unsere eigenen Bräuche achten, die Elemente der Natur. Die Katholiken haben oft die gleichen Bilder wie wir, nur daß wir nichts Geschriebenes haben. Wir glauben zum Beispiel an unsere Vorväter, die gute Menschen waren, weil sie die Gesetze achteten. Die Bibel erzählt auch von Vorvätern oder Urvätern. Also nehmen wir die biblischen Urväter zu den unsrigen und behalten unsere eigene Kultur bei. In der Bibel ist auch oft von Königen die Rede und von Anführern, die Christus geschlagen haben. Das beziehen wir auf unseren König Tecún Umán, der von den Spaniern geschlagen und verfolgt wurde. So haben wir alles in Übereinstimmung gebracht und konnten die katholische Religion annehmen und Christenpflicht mit unserer Kultur vereinbaren.

Für uns Katecheten bedeutete das doppelte Arbeit, weil wir die christliche Lehre und die Gebete lernen mußten. Bei unseren Feiern beten wir auch, das ist ganz ähnlich, aber die neuen Gebete mußten wir auswendig lernen, ohne sie zu verstehen, weil sie nicht in unserer Sprache geschrieben waren. Oft sprechen wir die katholischen Gebete zwar mit aller Inbrunst, aber nicht, weil wir sie verstehen, sondern weil man es so machen soll.

Anfangs waren die Gebete nicht einmal in Spanisch geschrieben, sondern in Latein oder so etwas. Da die Priester unsere Sprache nicht sprechen, müssen wir die Lieder und Gebete auswendig lernen, ohne genau zu verstehen, was sie bedeuten. Wir haben das aber akzeptiert als einen zusätzlichen Weg, uns auszudrücken.

Bevor mein Vater heiratete und Kinder hatte, war er Küster in einer Kirche gewesen und kannte daher den katholischen Glauben sehr gut. Er lehrte uns, daß es einen Gott gebe und daß wir die Heiligenverehrung als ein Mittel sehen müßten, um mit diesem Gott zu sprechen.

Wir Indios drücken sehr viel durch Farben und Zeichen aus, zum Beispiel auf unseren Huipiles, den bestickten Blusen, die ein Abbild unserer alten Kultur sind. Es ist das gleiche wie ein Heiligenbild bei den Katholiken. Wir fühlen uns sehr als Katholiken, weil wir katholisch glauben, aber gleichzeitig fühlen wir uns sehr als Indios und sind stolz auf unsere Vorfahren.

Anfangs war die katholische Religion für mich etwas, das ich nicht verstand, aber ich war bereit, dazuzulernen. Und so begann ich später, den Glauben in unserer Gemeinde zu verbreiten. Hauptsächlich arbeitete ich mit den Kindern. Der Priester kam und zelebrierte die Messe, stellte Gruppen von Katecheten zusammen und ließ uns Schriften da, die wir oft nicht lesen konnten, weil viele von uns überhaupt nicht lesen und schreiben konnten. Meine Brüder lernten damals Lesen und Schreiben bei ihren Vettern, die sechs Jahre zur Grundschule gegangen waren. Meine Brüder waren jung und hatten viele Freunde, und zusammen mit diesen Freunden lernten sie lesen und schreiben.

In meinem Fall ... wie alle meine Freundinnen war ich Analphabetin. Wenn wir Mädchen zusammen waren, sprachen wir nie von Vergnügungen und solchen Dingen, sondern immer nur von unserer Arbeit und so. Besonders, wenn wir Tiere hatten. Dann drehte sich alles um unsere Tiere, und wir träumten davon, was wir alles mit ihnen anfangen wollten. Solche Dinge eben. Wir sprachen nie davon, irgendwohin zum Tanzen zu gehen oder so. Die Jungen wohl. Da zeigte einer dem andern, was er schon konnte, und jede freie Minute nutzten sie aus, um irgendein Spiel zu spielen.

Wir Indios haben da ein Spiel mit einer Centavo-Münze, das ist so ein Sport. Man legt die Münze auf einen Untergrund aus Metall und läßt eine andere Münze darauffallen. Das Ziel ist, die Münze so zu treffen, daß sie hochspringt und auf die andere Seite fällt. Wer das schafft, hat gewonnen und bekommt die Münze oder irgend etwas anderes. Mit der Zeit erlangt man eine gewisse Fertigkeit in diesem Spiel.

Indiojungen sind in ihrer freien Zeit immer mit einer Clique von Freunden zusammen, streifen durch die Wälder, erzählen sich viel oder sitzen irgendwo im Dorf und machen solche Spiele. Für uns Mädchen gibt es so etwas meistens nicht, denn keine Mutter würde ihre Tochter ohne Aufsicht irgendwo spielen lassen. Ein Mädchen hat vor allem zu lernen, die vielen kleinen Hausarbeiten zu machen. Es gibt keine Frau, die nicht immer irgend etwas im Haus zu tun hätte. Für uns hieß Spielen hauptsächlich, Webarbeiten – Tejidos – und solche Dinge zu machen. Das konnten wir aber auch in Gruppen und außerhalb des Hauses tun. Es gab da einen wunderschönen schattigen Platz unter Bäumen, wo wir uns zu siebt oder acht immer trafen, unsere Tejidos aufhängten, erzählten und dabei webten. Oder wenn wir Wasser holen gingen, dann riefen wir uns immer zu: »Wir gehen Wasser holen, wer geht mit?« Und dann gingen wir in einer Reihe hintereinander, mit den Tonkrügen auf dem Kopf, und unterhielten uns dabei. Manchmal mußten wir sehr weit laufen, um das Wasser heranzuschaffen; dann machten wir auf dem Rückweg zwischendurch ein paar Pausen, setzten die schweren Tonkrüge ab und ruhten uns ein Weilchen aus.

Alle Arbeiten außerhalb des Hauses machten wir meistens gemeinsam in kleinen Gruppen. Zum Beispiel, wenn wir in den Wald gingen, um Blätter zum Einwickeln der Tamales zu schneiden. Dann trafen wir uns an einem Nachmittag und gingen in die Wälder. Mir machte es immer großen Spaß, auf Bäume zu klettern. Natürlich nur, wenn meine Mutter mich nicht sehen konnte. Mütter betrachten es nämlich als höchst ungehörig, wenn Mädchen auf Bäume klettern, und wenn sie uns dabei erwischen, gibt es ein großes Geschrei, und sie schimpfen uns aus. Aber wenn wir Mädchen unter uns waren, kletterten wir immer auf die Bäume und sangen und riefen uns zu und waren glücklich.

Für uns waren das die einzigen Vergnügungen, denn selbst auf unseren Dorffesten weicht kein Mädchen auch nur einen Schritt von der Seite der Mutter. Obwohl wir in unserem eigenen Dorf sind und alle Menschen kennen, müssen wir immer bei der Mutter bleiben – das ist, um die Würde des heranwachsenden Mädchens zu wahren. Unsere Eltern sagen nämlich, wenn sich ein Mädchen von seinen Eltern entfernt, lernt sie nur Schlechtes und wird zu einem Straßenmädchen.

Männer haben meistens mehr Freiheiten. Ich weiß nicht, ob das etwas mit Machismo zu tun hat ... es liegt wohl eher an der Natur des Mannes, denn ihm könnte nie das passieren, was einer Frau passieren kann, wenn sie mit einem Mann zusammen ist. Die Jungen haben daher etwas mehr Freiheiten als wir Mädchen, aber sie sind ihren Eltern auch sehr gehorsam. Wenn zum Beispiel ein Vater seinem Sohn sagt, um die oder die Zeit bist du wieder zu Hause, dann ist er um die Zeit auch wieder zu Hause. Sie können zwar allein und unbewacht mit ihren Freunden spielen, aber wenn sie vierzehn oder fünfzehn sind, müssen sie soviel arbeiten, daß zum Spielen oder Spazierengehen keine Zeit mehr bleibt. Spazierengehen heißt für uns Indios praktisch nur, hinausgehen zum Brennholz sammeln oder zu sonst einer Arbeit außerhalb des Dorfes. Die Jungen tun sich da, wie die Mädchen, in Gruppen zusammen, wenn sie in den Busch gehen, um Brennholz zu schlagen. Jungen wie Mädchen bleiben aber immer unter sich. Uns Mädchen ist es verboten, mit Jungen – ob Vettern oder Nachbarjungen – zusammen etwas zu machen, weil Jungen oft sehr grob sind und unflätige Reden führen. Die Jungen mögen auch nicht, daß Mädchen bei ihnen sind; in diesem Sinne verläuft unser Leben sehr voneinander getrennt. Natürlich kommt es vor, daß wir Mädchen über die Jungen sprechen und die Jungen über die Mädchen.

Zu Hause habe ich mich immer viel mit meinem Vater unterhalten. Da waren zwar auch noch meine Brüder und alle, aber – ich weiß nicht, mein Vater mochte mich am liebsten, und ich hatte meinen Vater sehr, sehr gern. Manchmal forderte er mich auf, auf den Dorfversammlungen zu sprechen. Nicht, um mich hervorzuheben, weil ich Katechetin war, sondern damit ich mich mehr an den Dingen der Gemeinschaft beteilige. Die Eltern sind immer sehr darauf bedacht, daß alle sich am Leben der Dorfgemeinschaft beteiligen. Aber es gibt da zwei Ebenen. Wenn die Erwachsenen etwas Wichtiges zu besprechen haben, haben die Kinder nichts dabei zu suchen. Wir Indios haben nämlich viele Geheimnisse, und es gibt Dinge, die Kinder noch nicht zu wissen brauchen. Nicht, daß sie sie nicht wissen dürfen, sondern sie brauchen sie noch nicht ... Wenn es erforderlich ist, erfahren sie davon, wenn nicht, wissen die Kinder die Geheimnisse der Erwachsenen zu respektieren. Wenn ein Nachbar kommt und mit meinen Eltern sprechen will, sagen sie zum Beispiel zu mir: »Geh und hol Brennholz.« Dann weiß ich, daß sie mich nicht bei dem Gespräch dabei haben wollen.

Meine Eltern legten sehr viel Wert darauf, daß wir uns um die Belange der Gemeinschaft kümmerten, und deshalb begann ich, als Katechetin zu arbeiten. Die meisten Leute in meinem Dorf – das muß ich sagen – sind katholisch, sehr katholisch. Wir haben Rosenkränze und Andachtsbüchlein und alles. Ich war nicht die einzige Katechetin. Meine Brüder auch und alle Jungen und Mädchen, die in dem Alter waren, in dem man Gemeinschaftsaufgaben im Dorf übernehmen muß. Wir organisierten uns, und jedesmal, wenn wir zusammenkamen, machten wir eine Kollekte. Jeder gab einen Centavo oder zwei, und nach einiger Zeit konnten wir einen kleinen Laden aufmachen, in dem es Salz gab und andere Dinge, die man im Dorf gebrauchen konnte. Das war eine Initiative unseres Dorfes, die vom Priester unterstützt wurde, denn der Priester sagt uns immer, daß wir alles gemeinsam machen und zusammenhalten müssen. Und wir halten zusammen!

Ich begann in dieser Zeit meine tägliche Arbeit eine Stunde früher, damit ich eine Stunde eher aufhören konnte. Anstatt um sechs begann ich schon um fünf Uhr früh mit meiner Arbeit, und wenn die anderen nachmittags um fünf von der Arbeit kamen, hatte ich schon alles vorbereitet, um mit den Leuten zu beten.

Unser Dorf liegt sehr schön, denn man kann sich mit lauten Rufen im ganzen Dorf verständigen und alle zum Gebet rufen. Manchmal rief man mich auch in ein Haus, um zu einem bestimmten Anlaß mit der Familie den Rosenkranz zu beten, aber meistens beteten wir zu bestimmten Zeiten im Gemeindehaus. Unsere kulturellen Versammlungen als Indios hatten wir freitags und unsere Versammlungen als Katholiken montags. Wer also den Rosenkranz beten wollte, kam montags, und wer keine katholische Feier wollte, ging freitags. Das wurde nicht durcheinandergebracht.

Damals lernte ich auch, die alten Instrumente unserer Vorfahren – Tún, Sijolaj und Chirimía – zu spielen: eine kleine Baumtrommel, eine Tonflöte und die indianische Klarinette. Ich übte zusammen mit meinen Brüdern, und dann beteten wir mit den Leuten katholisch und spielten dazu auf den Instrumenten.

Wir kannten ein paar katholische Lieder, die mein Vater uns beigebracht hatte, und die sangen wir an den Montagen. Die Montage waren für katholische Versammlungen vorgesehen. Sie begannen um vier Uhr nachmittags, und dann machten wir alles, was in der Bibel vorgeschrieben war.

Wenn jemand krank wird, versuchen wir ihn mit unserer alten indianischen Medizin zu heilen, beten aber auch einen Rosenkranz für den Kranken. Alle beten gemeinsam für den Kranken und hoffen, daß es ihm hilft. Ob Freitag oder Montag, es gibt immer etwas für die Gemeinschaft zu tun. Außer diesen beiden Tagen gibt es nämlich noch eine Zusammenkunft, an der alle Männer und Frauen des Dorfes teilnehmen und in der es um unser Land geht. Das begann, als sie anfingen, uns das Land wegzunehmen. Jeden Donnerstag versammelt sich das ganze Dorf, um zu beraten, wer mit meinem Vater, der damals Dorfsprecher war, in die Hauptstadt fahren soll und wie man die Fahrt am besten organisiert.

Das heißt, wir müssen Zeit aufbringen für alle die vielen verschiedenen Belange der Dorfgemeinschaft, müssen Zeit aufbrin-

85

gen für unsere indianischen Zeremonien, müssen Zeit aufbringen für die katholische Religion, die wir auch angenommen haben. Das alles macht uns das Leben nicht leichter. Aber alle sind dazu bereit, und niemand sagt nein, weil der größte Teil unseres Volkes nicht atheistisch ist, denn wir Indios leben ja nicht in der Nähe der Ladinos.

13 Tod der Freundin auf der Finca

»Ich habe meine Mutter immer nur weinen sehen. Ich hatte Angst vor dem Leben und fragte mich, was wohl sein würde, wenn ich erst einmal älter wäre.«

Rigoberta Menchú

Wir gingen diesmal in einer Gruppe von vielleicht zehn Freunden und Nachbarn und deren Kindern auf dieselbe Finca zum Arbeiten. Wir waren alle sehr fröhlich. Ich war mit einer Freundin, die wie ich Katechetin war, zur Baumwollernte eingeteilt. Sie hieß Maria, und wir waren immer zusammen. Sie starb auf dieser Finca an dem Pflanzengift, das ausgesprüht wurde, als wir auf der Plantage arbeiteten. Wir mußten sie dort begraben und beschlossen daraufhin, zwei Tage nicht zu arbeiten. Das war nicht so sehr ein Streik, sondern eine Zeit der Trauer. Unser Aufseher war nicht so verbrecherisch wie die übrigen, und er warf uns nicht hinaus und zog uns die beiden Tage auch nicht vom Lohn ab.

Mein Schmerz war groß, denn Maria war meine Freundin gewesen. Ich hätte am liebsten alles niedergebrannt, damit niemand mehr zum Arbeiten auf diese Finca käme. Ich haßte die Menschen, die das Pflanzengift versprüht hatten. Warum spritzten sie Gift, wenn noch Menschen auf dem Feld waren?

Als wir nach Hause zurückkamen, ging es mir sehr schlecht. Meine Eltern waren nicht mit auf der Finca gewesen, und als ich meiner Mutter vom Tod meiner Freundin berichtete, weinte sie. Ich sagte: »Ach, Mama, ich will nicht mehr leben. Warum hat man mich nicht schon als Kind getötet? Wie sollen wir nur weiterleben?« Meine Mutter schimpfte mit mir und sagte, ich solle nicht

87

solche Geschichten erzählen. Aber für mich waren das keine Geschichten. Mir war es sehr ernst damit. Ich suchte danach näheren Kontakt zu den Priestern, weil ich sie für gute Menschen hielt. Aber ich sprach kein Spanisch und konnte ihnen nicht sagen, was mich bedrückte.

In meinem Dorf arbeiteten Männer und Frauen und Jungen und Mädchen als Katecheten. Meine Mutter war Sprecherin der Frauen, mein jüngerer Bruder, der später umgebracht wurde, organisierte die Jugendlichen, und ich arbeitete mit den Kindern, denn ich mochte Kinder sehr gern. Zu dieser Zeit arbeiteten die Jugendlichen – Mädchen und Jungen – schon zusammen. Wir besorgten uns Bibeltexte, und mit Hilfe meiner Brüder, die schon lesen konnten, lasen wir diese Texte und sprachen danach über die Rolle der Christen. Das vereinte uns und machte uns unsere gemeinsamen Probleme bewußter.

Irgendwie war ich aber unglücklich in dieser Zeit, denn ich fragte mich, wie das Leben für mich aussehen sollte, wenn ich einmal erwachsen wäre. Ich habe meine Mutter immer nur weinen sehen. Meistens weinte sie, wenn wir es nicht sahen, um uns ihre Not zu verbergen. Aber ich sah immer – im Haus und bei der Arbeit –, daß sie geweint hatte. Ich hatte Angst vor dem Leben und fragte mich, was wohl sein würde, wenn ich erst älter wäre. Ich dachte an meine Freundin Maria, die mir viel aus ihrem Leben erzählt hatte. Sie hatte mir gesagt, daß sie niemals heiraten werde, weil das bedeute, Kinder zu haben und mitansehen zu müssen, wie diese Kinder an Hunger und Krankheit sterben. Ich habe sehr viel über diese Worte nachgedacht. Ich wurde vor lauter Nachdenken fast verrückt. Ich dachte, ich könne so nicht weiterleben, ich müsse endlich erwachsen werden – wenn ich erwachsen wäre, hätte ich aber noch mehr Verantwortung zu tragen . . . Ich hatte Angst.

In dieser Zeit entschloß ich mich, auch nie zu heiraten, wie meine Freundin sich entschlossen hatte. Nur um nicht all dieses Leid durchmachen zu müssen. Mir gingen viele Gedanken durch den Kopf. Was sollte ich tun? Ich wollte auf dem Altiplano arbeiten, auch wenn ich Hunger leiden müßte. Aber zurück auf die Fincas wollte ich nicht mehr. Ich haßte die Fincas, weil meine Brüder und meine Freundin dort unten gestorben waren. Ich sah meine

Mutter, wie sie Tag und Nacht arbeitete, schwitzte und arbeitete und nie aufhörte zu arbeiten, ohne einen Tag zu bereuen. Oft hatten wir nichts, und meine Mutter sagte: »Ich weiß nicht, wie es weitergehen soll, wir haben nicht einen Centavo mehr im Haus.« Wenn ich daran dachte, überkam mich ein furchtbarer Zorn, und ich fragte mich: »Was im Leben können wir denn noch tun?« Ich sah für mich keinen Ausweg.

Ich hätte gerne lesen und schreiben und Spanisch gelernt und sagte zu meinem Vater: »Ich will lesen und schreiben lernen. Vielleicht ist das Leben anders, wenn man lesen und schreiben kann.« Und mein Vater antwortete: »Ich habe nicht die Mittel dazu. Ich kenne keine Schulen und habe auch kein Geld, um dich auf eine Schule zu schicken. Wenn, dann mußt du es allein schaffen.« Ich bat ihn, mit dem Priester zu sprechen, vielleicht könnte ich ein Stipendium bekommen. Aber da sagte er: »Damit bin ich überhaupt nicht einverstanden, denn das heißt, daß du unser Dorf verlassen willst. Du willst fort und dir etwas suchen, das dir besser gefällt als das Leben hier. Du versuchst, unsere Gemeinsamkeiten zu vergessen. Wenn du das willst, dann geh gleich. Wenn du unser Dorf verläßt, kannst du von mir keine Hilfe mehr erwarten.«

Mein Vater mißtraute Schulen und all dem. Als Beispiel führte er meine Neffen an, die lesen und schreiben gelernt hatten und für die Arbeit in der Dorfgemeinschaft nicht mehr taugten. »Wer lesen und schreiben kann, entfernt sich von den übrigen und fühlt sich anders«, erklärte er mir. Ich ließ aber nicht nach und sagte immer wieder: »Ich will lernen.«

Als wir das nächste Mal auf die Fincas fuhren, fragte einer der Grundbesitzer meinen Vater, ob ich nicht als Dienstmädchen bei ihm arbeiten könne. Mein Vater sagte: »Nein, das ist nicht gut. Sie werden dich schlechter behandeln, als wir das jemals könnten. Ich ertrage den Gedanken nicht, daß es meiner Tochter anderswo schlecht ergeht. Besser bleiben wir zusammen und leiden gemeinsam.«

Da ich aber noch zweifelte und einen Ausweg suchte, bot mir der Großgrundbesitzer zwanzig Quetzales monatlich, wenn ich bei ihm als Dienstmädchen arbeite. Ich sagte dann: »Nein, besser nicht.« Meine ältere Schwester hatte dasselbe Problem wie ich, und sie entschied sich dafür. Sie sagte: »Ich gehe.« Mein Vater sagte zu ihr: »Aber Mädchen, du bist verloren, wenn du gehst. Wir wissen ja nicht einmal, wohin sie dich bringen.« Er hatte nie daran gedacht, daß seine Töchter eines Tages als Dienstmädchen in der Hauptstadt arbeiten könnten, und er hatte Angst, daß wir all das vergäßen, was sie uns als Kinder gelehrt hatten.

Meine Schwester ging fort, und ich blieb noch bei meinen Eltern auf der Finca. Nach einem Monat besuchte mein Vater sie in der Hauptstadt, und als er zurückkam, sagte er: »Deiner Schwester geht es gut, aber trotzdem, sie leidet sehr. Die Arbeit dort ist ganz anders als unsere Arbeit hier, und man behandelt sie wie Dreck im Hause der Reichen.« Ich sagte ihm, es sei egal, wie man sie behandle, sie könne dort jedenfalls Spanisch lernen, lesen lernen ... das war das, was ich auch wollte.

Meine Schwester hielt es aber nicht mehr lange aus und kam zu uns zurück. Sie sagte: »Für nichts auf der Welt werde ich ein zweites Mal für einen Reichen arbeiten. Die Reichen sind schlechte Menschen, das habe ich gelernt.« Ich fragte sie, ob die Arbeit etwa schwerer sei als unsere Arbeit. Sich das vorzustellen wäre ja unmöglich ...

Ich sah nicht mehr ein, wofür wir uns immer so abarbeiten mußten, und entschloß mich, in die Hauptstadt zu gehen. Ich war damals nicht ganz dreizehn Jahre alt.

14 Dienstmädchen in der Hauptstadt

>*»Ich kannte keinen Ungehorsam, und meine Herrschaften nutzten das aus. All meine Unwissenheit und Bescheidenheit nutzten sie aus.«*
>
> *Rigoberta Menchú*

Wir verließen die Finca, und all die Bewacher dem Großgrundbesitzer hinterher. Und sie waren bewaffnet. Hatte ich eine Angst! Aber ich sagte mir: »Ich muß tapfer sein, sie können mir nichts tun.« Mein Vater sagte zum Abschied: »Ich weiß nicht, Mädchen, wenn dir was passiert ... du bist eine reife Frau.« Wir kamen zur Hauptstadt, und ich weiß noch, daß ich das alte und schmutzige Zeug von der Arbeit auf der Finca anhatte. Außer einer dünnen Baumwolldecke hatte ich sonst nichts mitgenommen. Schuhe hatte ich keine. Ich wußte gar nicht, wie sich Schuhe an den Füßen anfühlten.

Die Señora des Großgrundbesitzers war zu Hause, und es gab noch ein anderes Dienstmädchen, das für die Küche zuständig war. Sie war auch eine Indígena, trug aber Ladino-Kleidung und sprach Spanisch. Ich stand da und wußte nicht, was ich sagen sollte. Ich sprach kein Spanisch, aber ein paar Worte verstand ich, weil uns die Aufseher auf den Fincas immer auf spanisch angebrüllt hatten.

Die Señora rief das Mädchen und sagte: »Nimm die Kleine hier und zeige ihr das Zimmer hinten im Hof.« Das Mädchen sah mich teilnahmslos an und sagte: »Komm mit!« Sie zeigte mir das Zimmer. Es war ein Raum, in dem Kisten und Plastiksäcke aufgestapelt waren und Abfall herumlag. Es gab ein kleines Bett, das Mäd-

91

chen legte eine Bastmatte darauf und gab mir eine Jacke. Ich hatte nämlich nichts, womit ich mich hätte zudecken können.

Später rief mich die Señora. Ich bekam ein paar Frijoles und alte Tortillas zu essen. Sie hatten auch einen Hund im Haus; einen dicken, aber sehr schönen, weißen Hund. Als das Mädchen ihm sein Futter hinstellte, sah ich Fleischstücke und Reis . . . was die Herrschaften so aßen. Und mir gaben sie alte Frijoles und zähe Tortillas. Das hat mir sehr weh getan, daß ich nicht einmal so gutes Essen verdiente wie der Hund. Ich neidete dem Hund sein Essen nicht, weil ich von zu Hause aus ja gewohnt war, nur Tortillas mit Chili oder Salz zu essen und Wasser zu trinken. Aber ich fühlte mich sehr minderwertig, weniger wert als das Tier im Haus.

Das Mädchen sagte mir dann: »Geh jetzt schlafen, morgen mußt du mit der Arbeit anfangen.« Ich erinnere mich, daß ich mich in der ersten Nacht sehr unsicher fühlte. Genauso mußte sich meine Schwester gefühlt haben. Von zu Hause war ich gewohnt, um drei Uhr früh aufzustehen, aber hier standen sie erst um sieben oder acht Uhr auf. Und ich lag ab drei Uhr morgens wach in meinem Bett.

Später lernte ich das andere Mädchen besser kennen. Ihr Bett war etwas bequemer als meines, weil sie Ladino-Kleidung trug und Spanisch sprach. Sie aß, was von den Herrschaften übrigblieb. Wenn nichts übrigblieb, aß sie auch alte Frijoles und zähe Tortillas oder irgendwelche Reste aus dem Kühlschrank. Später, als wir uns besser kannten, gab sie mir immer etwas ab.

Ich dachte: »Mein Gott, die Eltern arbeiten jetzt auf dem Feld, und du hier!« Aber ich dachte immer: »Du mußt lernen und dann nach Hause zurückkehren.« Daran dachte ich immer, um drei Uhr morgens, um fünf, um sechs. Um sieben stand das Mädchen auf und sagte: »Komm her, du wäscht jetzt das Geschirr ab.« Ich ging, so wie ich war, mit ihr in die Küche, da kam die Señora und schrie: »Himmel, bring das Mädchen hier heraus! Wie kannst du sie nur mit in die Küche nehmen; siehst du nicht, wie dreckig sie ist?« Dann gab sie mir einen Besen und sagte: »Hier, nimm den Besen und fege den Patio. Danach gießt du die Blumen, und dann kommst du wieder her und wäschst die Wäsche dort. Aber wasche sie sauber, sonst setze ich dich auf die Straße.«

Klar, ich war ja hier in der Hauptstadt und kannte nichts und niemand. Ich war zwar mit meinem Vater hier gewesen, aber immer nur an einer Stelle und in verschiedenen Büros. Ich hätte mich nie zurechtgefunden in der Stadt und konnte nicht einmal die Straßennamen lesen. Ich mußte also tun, was die Señora mir sagte. So gegen elf hatten sie gegessen und riefen mich zu sich. »Hast du was gegessen?« – »Nein.« Dann gaben sie mir von dem, was übriggeblieben war. Ich hatte lange nichts gegessen und starb fast vor Hunger. Von zu Hause war ich gewohnt, nicht genug zu essen zu haben, aber man hatte doch regelmäßig seine Tortillas – wenn auch nur mit Salz.

So gegen halb zwölf rief mich die Señora zu sich und nahm mich mit in ihr Zimmer. Sie sagte: »Ich gebe dir für zwei Monate Vorschuß auf deinen Lohn. Davon kaufst du dir einen Huipil, ein neues Kleid und ein Paar Schuhe. So, wie du jetzt herumläufst, muß ich mich ja schämen, wenn Gäste ins Haus kommen. Unsere Gäste sind alle bedeutende Persönlichkeiten, und so kannst du dich nicht sehen lassen. Ich werde die Sachen für dich kaufen; du bleibst im Haus, denn so wie du aussiehst, müßte ich mich schämen, wenn ich dich mitnähme zum Markt.«

Da ich kein Spanisch sprach, konnte ich nichts antworten, konnte nicht protestieren und konnte nicht sagen, wie mir zumute war. Im Geiste verfluchte ich die Señora und wünschte sie in die Berge, damit sie einmal so arbeite, wie meine Mutter ihr Leben lang arbeitete. Aber wahrscheinlich hätte sie das gar nicht gekonnt.

Als sie vom Markt zurückkam, hatte sie acht Ellen vom billigsten Stoff gekauft, und auch der Huipil war vom Billigsten. Sie hatte vielleicht zweieinhalb oder drei Quetzales für ihn bezahlt, und für den Stoff fünfzehn oder vielleicht nur zwölf. Diesen Stoff trug ich die ganze Zeit, während ich in der Hauptstadt arbeitete. Einen anderen hat sie mir nie gekauft. Sie sagte: »Schuhe habe ich dir nicht gekauft, weil das Geld für zwei Monate dazu nicht mehr reichte.«

Ich teilte den Stoff in zwei Hälften und nähte mir daraus zwei Kleider – eines zum Wechseln. Das andere Mädchen hatte etwas Vertrauen zu mir gefaßt und fragte: »Kannst du nähen?«

Ich sagte: »Ja.«

»Kannst du Blusen nähen?«

»Ja«, sagte ich.

»Hier«, sagte sie, »ich habe noch ein Stück Stoff und ein bißchen Garn, daraus kannst du dir eine Bluse nähen.«

Sie schenkte mir den Stoff, und ich machte mich gleich an die
Arbeit. Die Señora sagte zu mir: »Los, zieh dich um, und dann
machst du mein Bett.« Vorher sollte ich aber noch baden. Danach
machte ich ihr Bett. Die Señora sah sich das an und sagte: »Mach
das Bett noch einmal! Das ist nicht gut geworden.« Sie schimpfte
mit dem anderen Mädchen und sagte: »Warum hast du ihr nicht
gezeigt, wie man das macht? Ich habe keine Lust, hier einen Haufen Personal herumlaufen zu haben, das nicht mal sein Essen verdient.«

Wir machten dann zusammen das Bett. Ich hatte so etwas noch
nie gemacht und wußte natürlich nicht, wie es ging. Das Mädchen
zeigte es mir und auch, wie man das Bad putzt. Ich sah zum erstem-
mal ein Badezimmer. Ich wurde ganz mutlos und dachte an die
vielen Ratschläge, die meine Eltern mir gegeben hatten. Ich lernte
dann schnell, Betten zu machen, abzuwaschen und zu bügeln.
Das Bügeln fiel mir am schwersten, weil ich noch nie in meinem
Leben ein Bügeleisen in der Hand gehalten hatte. Und die Wäsche häufte sich. Der Großgrundbesitzer hatte drei Söhne. Sie
zogen sich alle mehrmals täglich um. Ihre Kleider warfen sie einfach auf den Boden, und ich mußte sie jedesmal waschen, bügeln
und wieder an ihren Platz legen. Die Señora kontrollierte mich
ununterbrochen und behandelte mich sehr schlecht. Sie behandelte mich, als wäre ich ... ich weiß nicht ... weniger als ein Hund,
denn den Hund behandelte sie gut. Sie umarmte ihn sogar.

Sie hatten einen kleinen Garten, und in diesem Garten
pflanzte ich ein paar Blumen und Kräuter, wie ich es von zu Hause
gewohnt war. Das tröstete mich etwas. Bald kannte ich alle meine
Aufgaben und schaffte die Arbeit gut. Das fiel mir nicht schwer.
Ich arbeitete zwei Monate für die Ausgabe, die die Señora gehabt
hatte, und verdiente in der Zeit nicht einen Centavo. Ich ging auch
nie aus dem Haus, obwohl die Samstage frei waren und die Señora
mir sagte: »Du kannst heute gehen. Los, geh, ich hab's satt,
dauernd Dienstboten hier herumlungern zu haben!« Da sollte
man nicht wütend werden. Die ganze Zeit arbeitete man und tat
alles, was einem gesagt wurde; man arbeitete für die reiche Alte
mehr, als man für die eigenen Eltern gearbeitet hatte, und dann

94

sagte sie samstags: »Verschwindet hier, ich kann keine Dienstboten mehr sehen!«

Das war die Gefahr der Veränderung, der Indios in der Hauptstadt ausgesetzt sind. Sie schickten uns samstags auf die Straße, und sonntags abends mußten wir wieder zurück sein. Das war fast so, als ob sie uns in die Prostitution trieben, denn wir kannten nichts und hatten keinen Platz zum Schlafen. Das andere Mädchen war, Gott sei Dank, nicht dumm. Sie hatte ein paar Freundinnen in der Stadt, und bei ihnen konnten wir schlafen. Wenn ich allein gewesen wäre, hätte ich nicht gewußt, wohin ich gehen sollte, und ich konnte auch noch nicht genug Spanisch sprechen, um der Señora zu sagen, daß sie mich nicht hinausschicken sollte. Sonntags gingen wir mit den Freundinnen zum Tanzen in irgendwelche Tanzhallen, wohin die Mädchen aus der Stadt sonntags so gehen.

Die Söhne unserer Herrschaften behandelten uns auch schlecht. Der älteste war zweiundzwanzig, der zweite fünfzehn und der jüngste zwölf. Großbürgerkinder, die nicht einmal ein Taschentuch aufheben konnten. Sie warfen Geschirr nach uns und brüllten hinter uns her und quälten uns, wann immer sie konnten. Wenn die Señora auftauchte – der Teufel mag wissen, wo sie sich den halben Tag lang herumtrieb –, gab es eine weitere Schimpfkanonade: »Hier noch Staub auf dem Bett, dort noch Staub, die Bettwäsche nicht genug gelüftet, die Blumen, die Bücher . . .« Sie schimpfte den ganzen Tag lang. Entweder trieb sie uns zur Arbeit an oder lag im Bett. Abends rief sie dann, man solle ihr das Essen ans Bett bringen. Das Mädchen – weil es ihrer Meinung nach sauberer war als ich – mußte ihr dann das Essen ans Bett bringen mit einer Schale warmen Wassers, in dem sie sich die Hände wusch. Morgens riefen sie uns vom Bett aus – auch der Señor und sogar die Kinder –, daß wir ihnen die Hausschuhe bringen sollten und dieses und jenes. Wir mußten ihnen alles ans Bett bringen. Wenn beim Frühstück nicht alles so war, wie sie es wünschten, gab es sofort großes Geschrei: »Wofür bezahlen wir die eigentlich? Die können ja überhaupt nichts!« Die Señora sah morgens immer häßlich aus.

Einmal beschlossen wir, die Señora absichtlich zu ärgern. Das andere Mädchen sagte: »Wenn sie schimpfen will, soll sie ruhig schimpfen.« Wir machten dann absichtlich etwas falsch, um die

Señora zu provozieren. Als sie aufstand, fing sie an, mit uns zu schimpfen, aber wir stellten uns taub, je heftiger sie wurde. Sie sah dann ein, daß sie so nichts erreichte.

Das Mädchen schlug mir dann vor, wegzugehen und anderswo Arbeit zu suchen. Ich war sehr unentschlossen und wußte nicht, was ich tun sollte. Ich kannte die Stadt nicht, und vielleicht brächte sie mich wohin, wo es noch schlimmer war.

Ich hatte herausgefunden, daß die Señora sie so schlecht behandelte, weil sie nicht die Geliebte ihrer Söhne sein wollte. Später erzählte sie mir: »Die Alte will, daß ich ihre Söhne einweise. Sie sagt, ihre Söhne sollen den Sexualakt lernen; denn wenn sie ihn nicht als Kind lernen, fällt es ihnen schwer, wenn sie erwachsen sind. Sie wollte mir etwas mehr bezahlen, wenn ich alle ihre Söhne darin unterweisen würde.«

Vielleicht drängte die Señora deshalb so darauf, daß ich mich sauber hielt, weil sie hoffte, daß ich eines Tages ihre Söhne unterweisen würde. Denn obwohl sie mich schlecht behandelte und immer mit mir schimpfte, warf sie mich nie direkt hinaus.

Nach zwei Monaten besuchte mich mein Vater. Ich hatte immer gebetet, daß er nicht kommen möge, denn ich konnte mir vorstellen, wie die Señora ihn behandeln würde. Und ich hätte es nicht ertragen, wenn die Alte meinen Vater schlecht behandelt hätte. Er kam nicht, weil er Zeit hatte, mich zu besuchen, sondern weil er keinen Centavo mehr hatte und nicht wußte, wie er wieder nach Hause kommen sollte. Er war wegen Landangelegenheiten in der Hauptstadt. Man hatte ihn nach Quetzaltenango geschickt und dann nach Quiché und dann wieder in die Hauptstadt. Dabei hatte er alles Geld ausgegeben, das er für die Reise hatte, und besaß jetzt nicht einen Centavo mehr.

Als er an die Tür klopfte, öffnete das Mädchen und gab der Señora Bescheid: »Der Vater von Rigoberta ist draußen.«

»Aha«, sagte die Señora und ging zu ihm hinaus. Mein Vater sah natürlich sehr arm aus und schmutzig von der langen Reise. Die Señora sah ihn nur an und kam zurück und sagte zu mir: »Geh zu deinem Vater vor die Tür, aber laß ihn bitte nicht herein.« So mußte ich auf der Straße mit meinem Vater sprechen.

Mein Vater verstand das alles sehr gut, weil man uns in der Stadt immer so behandelte. Er sagte zu mir: »Mädchen, ich brauche etwas Geld. Ich habe nichts mehr zu essen und weiß nicht, wie ich nach Hause kommen soll.« Und ich hatte noch nicht einmal ganz die zwei Monate herum, für die die Señora den Vorschuß ausgegeben hatte. Ich sagte zu meinem Vater: »Die Señora hat mir neue Sachen gekauft und mir dafür zwei Monatslöhne berechnet. Ich habe bis jetzt noch keinen einzigen Centavo verdient.« Da begann mein Vater zu weinen und sagte: »Das ist doch nicht möglich!« Ich sagte: »Ja, alles, was ich anhabe, hat mir die Señora gekauft.«

Ich ging dann zu dem anderen Mädchen und sagte ihr, daß mein Vater keinen Centavo in der Tasche habe und Geld für die Rückfahrt brauche und daß ich die Señora nicht um Geld bitten könne, weil ich noch nicht genügend Spanisch spräche. Ich verständigte mich mit dem Mädchen hauptsächlich durch Zeichen, und sie sprach für mich mit der Señora. Sie war mutig und konnte sich durchsetzen. Sie hatte einen großen Haß auf die Señora. Die Señora fing aber an und sagte, wir wollten uns nur an ihr bereichern, wir würden nur ihr Geld fressen und nicht so arbeiten, wie sie es wolle. Ja, so wären die Dienstmädchen heute, so wären sie alle. Zu Hause nichts zu essen, und dann kämen sie zu ihr, um ihre Sachen wegzuessen. Sie nahm einen Zehn-Quetzal-Schein aus ihrer Handtasche und warf ihn mir ins Gesicht. Ich mußte den Schein annehmen.

Ich sagte zu meinem Vater: »Ich glaube, ich muß jetzt noch einen Monat länger ohne Bezahlung arbeiten, aber das hier ist alles, was ich dir geben kann.«

Mein Vater machte sich dann mit zehn Quetzales auf den Heimweg. Selbst das andere Mädchen war tief betroffen und riet mir öfter, dieses und jenes nicht zu tun; wenn die Señora mich ausschimpfte, würde sie mir beistehen.

Ich glaube, ich arbeitete vier Monate ohne Bezahlung. Danach gab mir die Señora zwanzig Quetzales, und ich war glücklich und verwahrte sie für meine Eltern. Die Señora sagte mir aber: »Du mußt dir dafür Schuhe kaufen; ich kann es nicht mehr mitansehen, daß man in meinem Haus ohne Schuhe herumläuft.« Ich sagte mir aber: »Nein, wenn sie will, daß ich Schuhe trage, soll sie mir welche kaufen.«

Dann kam Weihnachten, und das andere Mädchen arbeitete immer noch mit mir im Hause der Herrschaften. Es waren wirkliche Herrschaften, die wir immer mit »Sie« anreden mußten, weil

sie so respektable Leute waren. Einmal – mein Spanisch war noch
nicht so gut, und ich sprach erst wenige Worte – habe ich die
Señora vielleicht mit »du« angeredet. Sie hätte mich beinahe
geschlagen und schrie: »Du kannst du zu deiner Mutter sagen.
Mich hast du zu respektieren!« Das war nicht schwer zu verstehen,
und ich war ja auch gewohnt, daß sie mich so behandelte. Manchmal hätte ich darüber lachen können, aber als Mensch ist man
doch verletzt.

Mit meinem Spanisch war ich sehr zufrieden, weil ich schon
fast alles verstand. Da mir aber niemand die Wörter einzeln beibrachte, lernte ich nur, was ich hörte. Ich kannte die wichtigsten
Wörter, die ich für meine Arbeit brauchte, aber ich konnte noch
kein Gespräch führen oder antworten oder mich über irgend etwas
beschweren.

Ich arbeitete jetzt seit fünf oder sechs Monaten im Haus. Die
Señora sprach kaum noch mit mir, und da ich meine Pflichten
kannte, brauchte ich auch nicht mit ihr zu sprechen. Ab und zu
sprach ich mit dem anderen Mädchen, aber da jede von uns ihre
Arbeit hatte, fanden wir nicht viel Zeit dazu.

Eines Tages verbot mir die Señora, mit dem anderen Mädchen
zu sprechen, sonst würde sie mich hinauswerfen. Ich erzählte dem
Mädchen heimlich davon, und sie sagte: »Natürlich, sie will nicht,
daß wir widersprechen und unsere Meinung sagen. Aber sei nicht
dumm, laß dir nichts erzählen.«

Nach acht Monaten kam Weihnachten, und es gab viel Arbeit.
Die Señora sagte, wir müßten zweihundert Tamales backen, weil
viele Gäste kämen und sie sich verpflichtet habe, für die Tamales
zu sorgen. Da sagte das andere Mädchen, wenn sie Tamales wolle,
solle sie selbst ihre Tamales machen, wir würden keinen Finger
rühren.

Ich bekam fast einen Schock, weil die Señora mir seit zwei
Monaten kein Geld mehr gegeben hatte und imstande war, mich
ohne Bezahlung hinauszuwerfen. Ich sagte zu dem Mädchen:
»Und wenn sie uns hinauswirft, ohne mir mein Geld zu geben?«
Sie sagte: »Wenn sie dir dein Geld nicht gibt, dann verschwinden
wir hier und nehmen ihren Schmuck mit. Keine Sorge, verlaß dich
nur auf mich.«

Das war am 23. Dezember, und ich wußte nicht, ob wir tun sollten, was die Señora verlangte, oder nicht. Da kam der Señor und

gab uns ein paar Ohrringe für fünf Centavos. Das war unser Weihnachtsgeschenk: ein paar Kinderohrringe. Er sagte, wir müßten die Tamales machen, weil viele Herrschaften zu Besuch kämen. Er war nicht so hart mit uns und merkte oft nicht, wie schlecht seine Frau uns behandelte.

Dann sollten wir vier Truthähne schlachten. Wir schlachteten sie, und das andere Mädchen sagte: »Wir rupfen sie noch, nehmen sie aber nicht aus. Wenn sie dann anfangen zu stinken, soll die Señora sehen, was sie damit macht. Wir bitten sie um zwei freie Tage, und wenn sie sie uns nicht gibt, verschwinden wir und gehen über die Weihnachtstage anderswohin.«

Mir war das sehr peinlich, denn zu der Zeit konnte ich noch nicht ungehorsam sein. Meine Eltern hatten mich zum Gehorsam erzogen, und die Herrschaften nutzten das aus. All meine Unwissenheit und Bescheidenheit nutzten sie aus, und ich machte alle Arbeiten, die sie mir auftrugen, gehorsam und gewissenhaft.

Die Señora merkte, daß das Mädchen etwas im Schilde führte, und warf sie hinaus. Einen Tag vor Weihnachten warf sie sie hinaus. Das tat sie zu einem Teil auch, damit ich bleiben mußte, denn allein hätte ich nicht gewußt, wohin ich gehen sollte. Sie warf das Mädchen also aus dem Haus und sagte ihr, sie solle sich ja nicht mehr in der Nähe blicken lassen, denn sie wäre imstande, auf sie zu schießen und ihr ein paar Kugeln zu verpassen. Das Mädchen sagte: »Dasselbe kann ich auch tun. Glauben Sie nur nicht, ich könnte das nicht auch!« Es gab einen Riesenkrach zwischen den beiden, und das Mädchen sagte zu mir: »Eines Tages pumpe ich die Alte voll Blei. Eines Tages komme ich zurück, und dann soll sie mal sehen, was es heißt, sich mit mir anzulegen.« Dann ging sie fort, und ich stand mit der ganzen Arbeit allein da. Die Señora arbeitete allerdings auch ein bißchen, weil die versprochenen zweihundert Tamales fertig werden mußten. Aber die Arbeit war nicht zu schaffen. Die schmutzige Wäsche lag überall herum, und das ganze Haus war dreckig. Es war ein großes Haus mit vielen Zimmern. Ein einziges Chaos.

Am 25. Dezember fingen sie an zu trinken. Sie tranken und tranken und hörten gar nicht mehr auf zu trinken. Sie besoffen sich. Nach Mitternacht zwangen sie mich, hinauszugehen und in irgendeiner Cantina Schnaps zu kaufen. Ich entfernte mich natürlich nicht sehr weit vom Haus, weil sie ohnehin alle betrunken

99

waren und weil ich Angst hatte, mich zu verlaufen. Ich lief durch die Straßen und dachte an meine Familie. Im Hochland hätten wir vielleicht ein ärmliches Weihnachtsfest verbracht, weil wir nichts hatten, aber ich hätte nicht das durchmachen müssen, was ich hier im Hause der reichen Ladinos durchmachte.

Nach einer Weile kehrte ich zurück und sagte, daß ich keinen Schnaps hätte auftreiben können, weil alle Läden geschlossen waren. Sie sagten: »Wahrscheinlich hast du dich herumgetrieben und überhaupt nicht gesucht.« Und dann sprachen sie, betrunken wie sie waren, von den Indios. Sie sagten: »Die Indios sind alle Faulenzer. Sie mögen nicht arbeiten, deswegen sind sie auch so arm. Sie arbeiten nicht und haben nur Scheiße im Kopf.« Ich räumte im Nebenzimmer auf und mußte mir das alles anhören. Dann kam die Señora heraus und sagte: »Hier hast du einen von den Tamales, die ich gemacht habe.« Ich war so voller Zorn, daß ich den Tamal im Herd liegen ließ und ihn nicht einmal ansah.

Dann kamen die ganzen Gäste und benutzten alles Geschirr, das es gab. Das beste Geschirr des Hauses rissen sie aus den Schränken, machten es dreckig und ließen es stehen. Ich verbrachte zwei Tage lang nur mit Abwaschen.

Alle Gäste hatten Geschenke mitgebracht. Teure Geschenke. Große Schachteln und Pakete ... und auch die Señores hatten für jeden ihrer Freunde ein teures Geschenk. Alle waren glücklich. Ich war traurig, weil das andere Mädchen nicht mehr bei mir war. Zusammen hätten wir vielleicht einen Ausweg gefunden, hätten die Arbeit vielleicht gekündigt und wären gegangen.

Die Señora kam und sagte: »Alle Tamales sind weg. Ich kaufe dir morgen einen neuen.« Und dann nahm sie den, den sie mir geschenkt hatte, und gab ihn einem Freund, der später gekommen war. Ich sagte nichts, aber ich hielt es kaum noch aus. Nicht weil ich den Tamal gern gegessen hätte, aber sie hatte ihn mir gegeben, wie um zu sagen: hier, das ist noch für dich übriggeblieben. Und dann nahm sie ihn mir wieder weg, weil noch ein Gast gekommen war. Das verletzte mich sehr. Ich dachte: »Jetzt ist mir alles egal, ich schließe mich in meinem Zimmer ein; sollen sie sehen, wie sie das Durcheinander im Haus wieder in Ordnung bringen.« Schon hörte ich die Señora rufen: »Rigoberta, räum das Geschirr weg!« Aber ich stellte mich schlafend und blieb in meinem Zimmer. Ich verglich unser einfaches Leben im Hochland mit dem Durcheinander der Ladinos und dachte: »Nicht einen Scheißdreck können diese Leute allein machen; obwohl wir arm sind, sind wir glücklicher als diese Menschen.«

Am 26. Dezember blieben die Señores den ganzen Tag im Bett. Wer sollte das Geschirr wegräumen? Wer sollte das Haus putzen? An wem würde die ganze Arbeit hängenbleiben? An mir. Wenn ich es nicht tat, würde mich die Alte womöglich hinauswerfen. Ich stand früh auf, sammelte das Geschirr ein und räumte den Abfall weg, den sie überall auf den Boden geworfen hatten. Das dauerte den ganzen Vormittag. Ich wußte nicht, womit ich beginnen sollte. Da kam die Señora aus ihrem Zimmer und fragte, ob das Essen schon fertig sei.

»Ich weiß nicht, was ich kochen soll«, sagte ich, »ich weiß überhaupt nichts.«

»Ach«, sagte sie, »du bist nicht besser als die Cande.« Candelaria hieß das andere Mädchen. »Cande konnte wenigstens halbwegs selbständig arbeiten, aber du bist nur hier, um dich satt zu essen. Los, geh zum Markt und kauf ein!«

Ich sagte: »Perdón, Señora, aber ich weiß nicht, wo der Markt ist.« Solche einfachen Antworten konnte ich schon geben, aber vieles konnte ich noch nicht auf spanisch sagen.

»Ah, diese Indios«, schrie die Señora, »du Mißgeburt weißt überhaupt nichts, du hast nur Scheiße im Kopf!«

Die Señora wurde immer sehr grob, wenn sie wütend war. Ich hörte gar nicht hin und arbeitete weiter, obwohl sie den ganzen Tag nicht aufhörte, mich auszuschimpfen. Sie rief eine Nachbarin zu sich und schimpfte weiter über mich, daß ich nichts tauge und mich auf ihre Kosten vollfresse und solche Dinge. Dann mußte die Nachbarin zum Markt gehen und für die Herrschaften einkaufen. Danach kochten sie, aber ich half ihnen nicht dabei und bekam auch nichts zu essen. Ich hatte seit zwei oder drei Tagen nichts mehr gegessen. Obwohl wir Hunderte von Tamales gemacht hatten, hatte ich nicht einen einzigen abbekommen.

Diesen Teil meines Lebens werde ich wohl nie vergessen. Von der ganzen Arbeit über Weihnachten fühlte ich mich zwei Wochen später noch krank. Ich dachte: »Du mußt hier raus, du mußt wieder zurück zu deinen Eltern.«

Ende Dezember gab mir die Señora den Lohn für zwei Monate. Vierzig Quetzales und der kleine Rest von dem, was sie mir früher gegeben hatte. Damit konnte ich gut zu meinen Eltern zurückkehren. Es war nicht sehr viel, aber es würde ihnen weiterhelfen.

Ich sagte zur Señora: »Ich gehe zu meinen Eltern zurück.«

Sie rief: »Nein, das ist doch unmöglich! Wir haben dich doch sehr gern hier. Du mußt bleiben. Wenn du willst, bezahle ich dir einen Quetzal mehr im Monat!«

»Nein«, sagte ich, »ich gehe. Ich gehe zurück zu meinen Eltern.«

An diesem Tag besuchte mich einer meiner Brüder und sagte zu mir: »Papa ist im Gefängnis.«

15 Der Kampf um das Land

> *»Sammelt euer Korn und einen Vorrat junger Triebe, denn Trockenheit und Hunger kündigen sich an. Schärft eure Waffen, denn in den Bergen lauernde Feinde werden sich schon bald voller Habsucht auf die Weite und den Reichtum eures Landes stürzen.«*
>
> *Popol Vuh*

Es war das erste Mal, daß mein Vater im Gefängnis war. Mein Bruder sagte zu mir: »Wir wissen nicht, was wir für Papa tun können; die Rechtsanwälte sagen, daß er für achtzehn Jahre ins Gefängnis muß. Wir brauchen jetzt Geld, um Anwälte für ihn zu finden.«

Die armen Leute in Guatemala, das heißt die Indios, können nicht für ihre Rechte eintreten, weil sie kein Spanisch sprechen. Als sie meinen Vater ins Gefängnis brachten, hatten die Großgrundbesitzer dem zuständigen Richter eine große Menge Geld gegeben – dem Richter von Quiché, denn es gibt ja eine ganze Reihe von Amtspersonen. Da ist zuerst einmal der Militärbevollmächtigte, der in einer der Gemeinden oder im nächsten größeren Dorf wohnt. Dieser Bevollmächtigte versucht, uns seine Gesetze aufzuzwingen. Dann ist da der Bürgermeister – wir nennen ihn Alcalde. Er ist schon der Zweig der Behörden, der Recht spricht, wenn ihrer Meinung nach jemand gegen die Gesetze verstoßen hat. Dann kommen die Gouverneure, die die ganze Region regieren. Jedes Departamento hat einen Gouverneur. Dann gibt es noch die Abgeordneten, die weiß der Teufel was machen.

Um mit dem Militärbevollmächtigten sprechen zu können, muß man ihm zuerst eine Mordida geben. Mordida nennen wir in Guatemala einen Geldbetrag, den man bezahlt, damit einem geholfen wird. Um mit dem Alcalde sprechen zu können, muß man Bürgen beibringen, Papiere unterschreiben und ihm auch eine Mordida bezahlen, damit man in einer Sache sein Recht bekommt. Wenn man mit dem Gouverneur sprechen will, braucht man nicht nur Bürgen aus seinem Dorf und einen ziemlichen Geldbetrag, sondern auch noch Anwälte als Vermittler. Der Gouverneur ist nämlich ein Ladino. Der Gouverneur spricht nicht die Sprache des Volkes. Und der Gouverneur glaubt nur, was Rechtsanwälte ihm sagen. Einen Indio erkennt er nicht an. Der Bürgermeister ist auch ein Ladino. Ein Ladino des Dorfes. Der Militärbevollmächtigte ist auch ein Ladino. Aber nicht immer, denn es gibt auch viele Militärbevollmächtigte, die Indios sind; Indios, die beim Militär waren, die in Kasernen gelebt haben und dann irgendwann als verdorbene, verbrecherische Menschen zurückkommen.

Mein Vater kämpfte zweiundzwanzig Jahre lang einen heroischen Kampf gegen die Großgrundbesitzer, die uns von unserem Land vertreiben wollten. Als das Land nach vielen Jahren die ersten Ernten abwarf und unsere Felder immer größer wurden, kamen die Großgrundbesitzer: die Familie Brol. Im Hochland erzählt man sich, daß ihr verbrecherischer Ruhm noch größer war als der der Familien Martínez und García. Bevor die Brols kamen, hatten Martínez und García zusammen eine Finca. Die Brols waren eine große Familie, mehrere Brüder. Fünf Brüder waren es, und sie wohnten auf einer Finca, die sie sich aufbauen konnten, weil sie die Indios von dort vertrieben. Das ist unser Fall. Wir wohnten in einem kleinen Dorf und bauten Mais, Bohnen, Kartoffeln und alle Sorten von Gemüse an. Dann kamen die Garcías, die Großgrundbesitzer, und fingen an, unser Land zu vermessen. Sie kamen mit Inspektoren, Ingenieuren und ich weiß nicht was für Leuten, Leute, die ihren Worten nach von der Regierung kamen. Von der Regierung, das heißt in Guatemala, daß wir nichts gegen sie machen können. Sie kamen also, um unser Land zu vermessen.

Mein Vater sammelte alle Unterschriften des Dorfes, Versammlungen wurden abgehalten, und mein Vater fuhr sofort in die Hauptstadt. Er ging zum INTA. Die Großgrundbesitzer hatten sich mit den Regierungsleuten verbündet, um den Campesinos das Land wegzunehmen, und mein Vater protestierte dagegen, daß man uns auf diese Weise um unser Land brachte. Die Herren vom INTA ließen sich dann von den Großgrundbesitzern Geld geben und ließen sie weiterhin das Land vermessen. Uns Campesinos gaben sie gleichzeitig ein Papier, wir bräuchten das Land nicht zu verlassen, sagten sie. Sie spielten ein doppeltes Spiel.

Mein Vater war damals so ... ich kann nicht sagen, dumm, denn wirklich dumm sind nur die Diebe, die uns unser Land stehlen. Sie sagten meinem Vater, er solle ein Papier unterzeichnen, und er wußte nicht, was dieses Papier besagte. Mein Vater hatte nämlich nie Lesen und Schreiben gelernt. Auf dem Papier stand jedenfalls wieder einmal, daß die Campesinos sich einverstanden erklärten, das Land zu verlassen. Und da der gewählte Sprecher des Dorfes das Papier unterzeichnet hatte, hatten die Großgrundbesitzer uns in der Hand.

Mein Vater protestierte aufs neue, diesmal mit Hilfe von Anwälten. Wir fütterten die Leute vom INTA, und wir fütterten die Anwälte. Viele Anwälte wollten uns helfen und boten uns alle möglichen Arten von Hilfe an. Sie sagten: »Wir machen die Sache für euch.« Die Campesinos glaubten ihnen, und hinterher sahen sie, das sie bestohlen wurden und sogar für eine Unterschrift noch bezahlen mußten. Sie gingen zu einem anderen Anwalt: das gleiche; zu einem weiteren: das gleiche. Daraufhin kümmerte sich mein Vater nur noch um die Belange des Dorfes. Man sagte ihm: »Holt Ingenieure und vermeßt euer Land, dann wird es euch gehören. Keine Sorge, baut an, was ihr wollt, rodet, soviel ihr könnt, denn das Land gehört euch.«

Voller Hoffnung kam mein Vater zurück und berief Versammlungen ein. Aber – wir waren alle schon froh, und die Campesinos arbeiteten wieder auf ihren Feldern – da kamen die Großgrundbesitzer erneut mit ihren Ingenieuren. Unser bißchen Land ist, glaube ich, wohl zwanzigmal vermessen worden. Es kamen aber auch Ingenieure, die auf unserer Seite waren, und das ist etwas, was mir nicht in den Kopf will und meinen Haß auf diese Leute noch nährt: Mein Vater, meine Mutter, das ganze Dorf, wir alle waren traurig, denn die Ingenieure waren Ladinos. Sie waren unser Essen – Tortillas mit Salz – nicht gewohnt, und wenn wir ihnen keine guten Speisen vorsetzten, wären sie imstande gewesen, sich auf die Seite der Großgrundbesitzer zu schlagen. Jetzt also auch noch die Sorge, sie gut verpflegen zu müssen. Jeder im Dorf opferte eines seiner Tiere. Die besten und fettesten Hühner für die Inspektoren. Nie im Leben haben wir im Dorf auch nur ein

Fläschchen Öl gekauft: als diese Señores kamen, mußten wir für sie Öl, Reis, Eier und Fleisch kaufen. Kaffee und Zucker, weil sie kein Panela mochten. Das ganze Dorf tat sich zusammen, jeder gab seinen Teil dazu, seine zehn Centavitos.

Zehn Centavos zu verdienen ist für uns nicht leicht. Sie kosten viel Schweiß. Jeder gab etwas, und dann wurde gekauft, was die Señores brauchten. Schlimmer noch, wenn sie eine ganze Woche im Dorf blieben. Wenn sie gingen, gab es ein großes Aufatmen und mehr Armut als vorher. Wir aßen nie Fleisch. Die Herren wohl. Sie notierten sich in aller Ruhe ihre Zahlen, gingen auf die Felder, und jemand aus dem Dorf mußte sie begleiten. Niemand im Dorf hat Zeit für so etwas. Mein Vater war der gewählte Sprecher und nahm sich die Zeit aus Liebe zur Dorfgemeinschaft, obwohl wir zu Hause oft nichts zu essen hatten. Meine Mutter war auch Dorfsprecherin und fühlte sich für die Versorgung der Ingenieure verantwortlich. Sie sagte immer: »Arbeitet, Kinder, ich muß diese Señores verpflegen.« Sie machte ihnen sogar extra kleine Tortillas, weil sie unsere großen nicht gewohnt waren. Weder mein Vater noch meine Mutter konnten in dieser Zeit arbeiten gehen, und die Leute im Dorf halfen uns, so gut sie konnten.

Mein Vater mußte wieder zum INTA. Manchmal mußte er nach Quetzaltenango, nach Huehuetenango, nach Quiché und in die Hauptstadt fahren, nur um ein Papier zu unterzeichnen. Man muß sich einmal eine solche Reise vorstellen, die Fahrtkosten, das Essen und alles, was noch dazu kommt. Außerdem mußte er noch den Rechtsanwalt bezahlen, der sich mit den Papieren befaßte.

Die Regierung sagt: »Das Land gehört dem Staat. Dieses Land gehört mir, und ich gebe es euch, damit ihr es bebaut.« Und wenn unser Land dann die ersten Erträge abwirft, kommen die Großgrundbesitzer. Sie sind aber nicht allein, sondern stehen mit den Behörden in Verbindung, um ihre Machenschaften abwickeln zu können. So erging es uns mit den Familien Martínez, García und schließlich auch Brol. Es hieß, entweder wir blieben als Knechte, oder wir müßten unser Land verlassen. Eine andere Möglichkeit gab es nicht.

Angesichts dieser Situation fuhr mein Vater herum, fuhr im ganzen Land herum und suchte Rat. Wir wußten nicht, daß eine Amtsperson zu fragen, dasselbe war, wie einen Großgrundbesitzer zu fragen. Es war dasselbe. Mein Vater gab aber keine Ruhe und wandte sich an andere Stellen um Hilfe. Zum Beispiel an die Arbeitergewerkschaft. Er wandte sich an sie, weil wir jeden Moment vertrieben werden konnten.

Das erste Mal vertrieben sie uns, wenn ich mich nicht irre, 1967. Sie vertrieben uns aus unseren Häusern und aus dem Dorf. Die Leute rafften ihre Sachen zusammen ... ihr Geschirr. Wir Indios haben ja nur Tongeschirr. Wie die Wilden kamen die Leibwächter der Garcías ins Dorf. Es waren auch Indios. Soldaten der Finca. Sie holten alle aus ihren Häusern. Zuerst holten sie die Leute heraus. Alle. Sie fragten gar nicht um Erlaubnis, eintreten zu dürfen. Dann gingen sie wieder hinein und holten die Sachen der Indios heraus. Ich weiß noch, daß meine Mutter damals ihre silbernen Halsketten im Haus aufbewahrte, Erinnerungsstücke ihrer Großeltern. Nichts davon tauchte je wieder auf. Sie stahlen alles. Dann unser Geschirr, unser irdenes Geschirr. Sie warfen es hinaus, und es flog durch die Luft, und – ach Gott – als es zu Boden fiel, zerbarst alles. Alle unsere Töpfe, Teller und Krüge. Sie warfen alles hinaus und es zerbarst. Das war der Haß der Großgrundbesitzer auf die Campesinos, weil wir unser Land nicht hergeben wollten. Die Maiskolben, die wir auf dem Tapanco liegen hatten, warfen sie auch nach draußen. Ich erinnere mich, daß es heftig regnete. Wir hatten nichts, um uns unterzustellen. Wir hatten nur diese Plastikplanen, die wir Indios uns bei Regen umhängen. Eine kleine Laubhütte für alle zu bauen, hätte mindestens zwei Tage gedauert. Während der ersten Nacht, die wir draußen verbrachten, goß es in Strömen. Wir wurden zwar von oben nicht naß, aber unter unseren Füßen floß das Wasser über die Erde. In diesem Moment verhärtete sich mein Haß auf diese Leute. Deswegen nannten wir die Ladinos doch Diebe, Lügner und Verbrecher. Was unsere Eltern immer schon gesagt hatten. Hier erfuhren wir es am eigenen Leibe.

Wir verbrachten mehr als vierzig Tage unter freiem Himmel, ohne in unsere Häuser zurückkehren zu können. Wir hielten Versammlungen ab und sagten: »Wenn so etwas noch einmal passiert, werden wir verhungern.« Wir hatten keine Töpfe mehr, um den Mais zu kochen. Wir hatten keine Mahlsteine mehr. Die hatten sie in den Busch geworfen. Jeder versuchte zu retten, was halbwegs heil geblieben war. Dann versammelten wir uns, und mein Vater sagte: »Wenn sie uns töten wollen, sollen sie uns töten, aber wir gehen jetzt in unsere Häuser zurück.« Für die Leute war mein Vater wie ihr eigener Vater, und so gingen alle zurück ins Dorf. Nicht weit entfernt gab es ein anderes Dorf, und die Leute aus diesem Dorf halfen uns. Sie brachten uns Töpfe und Teller, damit wir unseren Mais kochen und essen konnten.

Sie hatten unsere Tiere getötet. Viele unserer Hunde. Für uns Indios ist das dasselbe, als ob Menschen getötet worden wären. Wir waren tief verletzt, weil sie unsere Tiere getötet hatten. Wir wohnten wieder im Dorf, und wieder kamen die Großgrundbesitzer, um kollektive Verhandlungen zu führen, wie sie das nannten. Sie sagten, wir sollten uns damit zufriedengeben, Knechte zu sein, denn das Land gehöre ihnen. Wir könnten in unseren Hütten wohnen bleiben, nur daß das Land uns nicht mehr gehöre. Mein Vater sagte, wir seien die ersten Familien hier gewesen, die das Land urbar gemacht hätten, und niemand könne uns vortäuschen, daß das Land den Großgrundbesitzern gehöre. Wenn sie die Herren über alles Land sein wollten, sollten sie in die Berge gehen und den Wald roden. Es gibt Land genug, aber nicht mehr viel nutzbares Land. Hätte unser Dorf allein gestanden, wären wir jetz alle Knechte, und unser Land wäre eine große Finca. Mein Vater sagte aber: »Das kommt nicht in Frage! Selbst wenn sie uns umbringen: wir machen weiter.«

Damals hatten wir natürlich noch keine politischen Vorstellungen vom gemeinsamen Vorgehen und wie mit anderen Dörfern zusammen für unser Land zu kämpfen. Das war mehr auf der individuellen Ebene eines jeden Dorfes.

Wir lehnten also den Vorschlag der Großgrundbesitzer ab. Ein oder zwei Monate ließen sie uns in Frieden. Dann kam ein weiterer Überfall. Sie zerschlugen alles, was uns die Leute aus dem Nachbardorf geschenkt hatten. Wir hielten das nicht mehr aus, was sie mit uns machten, und wollten unser Dorf verlassen und auf die Fincas an der Küste gehen. Aber wir konnten icht immer auf einer Finca leben. Was sollten wir dort tun? Also beschlossen wir, zusammenzuhalten und zu bleiben.

Wir liebten unser Land. Aber seit diese Leute uns unser Land wegnehmen wollten, lebten wir in großer Angst. Mein Großvater weinte bitterlich und sagte, früher hätte das Land nicht nur einem allein gehört. Das Land gehörte allen. Es gab genügend Land für alle. Mein Großvater sagte: »Wenn diese Menschen fähig sind, unsere Tiere zu töten, dann müssen wir eben diese Menschen töten.« Das war der Vorschlag meines Großvaters. Er war sehr angesehen wegen seines hohen Alters.

Uns taten unsere Tiere leid, weil sie unseretwegen Hunger litten. Wenn sie in die Nähe der Felder kamen, wurden sie getötet, denn die Felder wurden von den Leibwächtern der Garcías bewacht. Die schlimmsten von ihnen waren Honorio García und Angel Martínez. Wir blieben dieses Mal ungefähr zwei Wochen im Busch, und unsere Großeltern rieten uns, unsere Häuser anzuzünden und aus der Gegend zu verschwinden. Aber wohin? Wir wußten nicht, was besser war: auf die Fincas an der Küste zu gehen oder Knechte dieser Großgrundbesitzer zu werden. Wir berieten uns untereinander, kamen aber zu keinem Ergebnis. In dieser Zeit konnten wir schon nicht mehr unsere kulturellen Feste feiern und unseren Bräuchen nachgehen. Da entschloß sich mein Vater, etwas zu unternehmen, und sagte: »Wenn sie mich töten wollen, nur weil ich mich für dieses Land einsetze, das uns zusteht, gut, dann sollen sie mich töten.«

Für uns war es schrecklich, uns ein Leben ohne Vater vorzustellen, oder, daß er von den Leibwächtern erschossen würde. Meine Mutter war oft sehr verängstigt und bat meinen Vater, sein Leben nicht aufs Spiel zu setzen. Mein Vater fuhr im ganzen Land herum. Er war fast nie mehr zu Hause. Er hörte nicht mehr auf uns und sprach nicht mehr mit uns. Er kam, versammelte das Dorf, sprach mit den Leuten, und manchmal kam er an einem Tag und verschwand am nächsten. Wir verloren langsam den Kontakt zu meinem Vater. Als er damit anfing, sich so für unser Land einzusetzen, erhielt er Morddrohungen. Da sagte er zu uns: »Die besten Beschützer des Menschen sind die Tiere. Unsere Hunde müssen lernen, uns zu beschützen.« Wir hatten gute Hunde, sehr tapfere Hunde. Wir versuchten, ihnen beizubringen, die Männer zu beißen, wenn sie in unser Dorf kämen – manchmal mitten in der Nacht.

Es war eine Zeit, in der wir nicht mehr auf Fincas gehen konnten, denn wenn wir gegangen wären, hätten unsere Häuser vielleicht nicht mehr gestanden, wenn wir zurückgekommen wären. Das Dorf beschloß, Pflanzen und Kräuter zu essen, aber nicht mehr auf die Fincas zu gehen. Oder immer nur ein Teil der Bewohner. Die anderen blieben im Dorf und bewachten die Häuser. So

109

organisierten wir uns langsam, und immer, wenn die Großgrundbesitzer kamen, hatten sie es mit uns allen zu tun: Entweder vertrieben sie uns alle, oder sie töteten uns alle, oder sie ließen uns in
Frieden. Wir brachten den Kindern bei, aufzupassen und
Bescheid zu geben, wenn die Großgrundbesitzer kamen. So verging eine lange Zeit – unter solchen Spannungen.

Ich ging weiterhin auf die Fincas, zusammen mit meinen Brüdern. Meine Mutter blieb zu Hause. Mein Vater ging fast nie mit
auf die Fincas, weil die Großgrundbesitzer seine Abwesenheit
nutzten, um ins Dorf zu kommen. Sie versuchten es jetzt auf
andere Weise. Wir hatten viel Mais, und wir hatten Bohnen, die
wir auf dem Markt in der Stadt verkauften. Der Weg in die Stadt
war lang, und wir mußten unsere Produkte selbst dorthin tragen.
Also richteten die Großgrundbesitzer einen Platz ein, der näher
lag und an dem sie uns unsere Waren abkauften. Um leichter mit
uns fertig zu werden und in den Besitz unseres Landes zu gelangen, versuchten sie, uns von der Stadt fernzuhalten. Dann kam das
INTA und sagte uns, das Problem sei gelöst: »Ihr bekommt einen
Besitztitel, den müßt ihr unterschreiben, damit das Land euch
gehört. Niemand wird euch dann mehr belästigen. Ihr könnt
anbauen und noch mehr Land urbar machen. Das ist der Vorschlag der Regierung.«

Wir unterzeichneten. Ich weiß noch, daß sogar Kinder das
Papier unterzeichneten. Wir konnten nicht mit Bleistift oder
Kugelschreiber unterschreiben. Wir unterzeichneten mit Tinte,
drückten unsere Fingerabdrücke auf ein Papier. Mein Vater bestand darauf, daß das Papier vorgelesen werde, obwohl wir nicht
alles verstehen konnten, aber einen Teil hätten wir verstanden. Sie
wollten es aber nicht vorlesen. Sie sagten, daß dieses Papier ganz
sicher sei. »Es ist der Besitztitel für euer Land«, sagten die Inspektoren vom INTA. Wir unterzeichneten das Papier.

Sie ließen uns danach zwei Jahre in Frieden, um uns zu beruhi-
gen. Da wir nicht mehr regelmäßig auf die Fincas gingen, inten-
sivierten wir den Anbau auf unseren Feldern. Wir machten große
Stücke Land urbar, rodeten den Urwald. Wir hatten einen Traum:
in fünf oder acht Jahren würde unser Land neue Ernten bringen.

Zwei oder zweieinhalb Jahre später sahen wir wieder Ingenieure bei uns, die, sich laut zubrüllend, das Land vermaßen und
die Leibwächter aller Großgrundbesitzer bei sich hatten. Nicht nur

110

die Garcías, auch die Familien Martínez und Brol beteiligten sich jetzt an der Vermessung unseres Landes. Die Angelegenheit war jetzt noch komplizierter, denn sie hatten das Papier dabei, das wir unterschrieben hatten, und es besagte, daß wir nur für zwei Jahre das Land bebauen und abernten dürften. Danach müßten wir es verlassen und anderswohin gehen. Das stimmte nicht, denn wir hatten ja gar nicht gewußt, was wir da unterschrieben hatten. Mein Vater sagte: »Das ist ungerecht, man hat uns hintergangen.« Und er begann, sich jetzt um intensivere Beziehungen zu den Gewerkschaften zu kümmern. Wir waren Campesinos, sie sollten uns auch helfen. Sie haben ihm dort auch sehr weitergeholfen, die Gewerkschaften. Sie sagten: »Wir werden dagegen protestieren, daß man euch euer Land wegnimmt.«

Mein Vater war soviel unterwegs, zu den Gewerkschaften, zum INTA, zu den Anwälten, daß er fast verrückt davon wurde. Er sagte zu uns: »Kinder, ihr müßt immer wissen, wo ich mich gerade aufhalte, denn wenn sie mich umbringen, werden sie das ganze Dorf von hier vertreiben.« Gesagt, getan. Einer meiner älteren Brüder begleitete meinen Vater von da an auf allen Reisen, lernte Spanisch, und sie fuhren von einem Ort zum anderen. Das ganze Dorf beteiligte sich an den Kosten für diese Reisen. Da mein Vater aber trotzdem oft keinen einzigen Centavo in der Tasche hatte, mußte meine Mutter ein paar Tiere verkaufen. Aber unser Land verließen wir nicht.

Meine Mutter dachte hauptsächlich nur an uns. Die Kinder wurden natürlich immer größer, und was würden sie später alles durchmachen müssen. Das ganze Dorf dachte so. Da mein Vater sich mit den Gewerkschaften zusammengetan hatte und die Gewerkschaften nun auf unserer Seite waren, hatten die Großgrundbesitzer dem zuständigen Richter Geld gegeben, und mein Vater wurde verhaftet und angeklagt, die Freiheit des Landes mißbraucht zu haben. Sie sagten, er gefährde die Freiheit und die Ruhe der Guatemalteken. So kam er ins Gefängnis.

Ich hatte gerade ein Jahr als Dienstmädchen in der Hauptstadt gearbeitet. Das bißchen Geld, das ich gespart hatte, sollte eine Überraschung für meine Mutter sein, damit sie zwei Monate nicht mehr auf der Finca arbeiten mußte. Aber mein Bruder sagte: »Wir brauchen Geld und wissen nicht, woher es kommen soll.« Da entschloß ich mich, wieder auf den Fincas zu arbeiten.

Von meinem gesparten Geld und dem Lohn meiner Brüder mußten wir Bürgen bezahlen, Anwälte bezahlen, Dokumente bezahlen, Sekretäre bezahlen. Wir mußten eine ganze Reihe von Dingen bezahlen, um von den Behörden überhaupt angehört zu werden. Da wir kein Spanisch sprachen, mußten wir uns einen Dolmetscher suchen, der die Erklärungen meiner Mutter übersetzte. Die Großgrundbesitzer gaben dem Dolmetscher sofort Geld, damit er nicht das sagte, was wir sagten. Der Dolmetscher verkaufte sich an die Großgrundbesitzer und sagte ganz andere Dinge als wir in unseren Erklärungen. Sie spannen große Intrigen gegen uns. Der Anwalt hatte leichtes Spiel, denn wir selbst, sagte der Dolmetscher, hätten zugegeben, daß das Land den Großgrundbesitzern gehöre, und sie hätten uns bezahlt, um es urbar zu machen.

Das stimmte nicht, und wir fürchteten, daß sie meinen Vater ins Regionalgefängnis bringen würden. Solange er im Dorfgefängnis saß, war der Fall nicht so schlimm, aber wenn sie ihn ins Regionalgefängnis nach Quiché brachten, hatten wir kaum noch Möglichkeiten, ihn freizubekommen, bevor er die Zeit abgesessen hatte, zu der er verurteilt war. Und nach Auskunft der Behörden von Quetzaltenango mußte er für achtzehn Jahre ins Gefängnis. Unsere einzige Sorge war, meinen Vater herauszuholen.

Meine Mutter mußte in Santa Cruz del Quiché als Wäscherin arbeiten, um die Anwälte und Dolmetscher und alles bezahlen zu können und um den Fall meines Vaters weiter zu betreiben ... wir anderen arbeiteten auf den Fincas. In dem einen Jahr, in dem mein Vater im Gefängnis saß, kam ich nicht ein einziges Mal nach Hause. Ich blieb bei meiner Arbeit. Mein Bruder fuhr jeden Monat zurück ins Hochland und brachte meiner Mutter Geld. Sie und alle anderen aus unserem Dorf arbeiteten für meinen Vater. Ein ganzes Jahr lang liefen wir von Gericht zu Gericht, von Anwalt zu Anwalt ...

Die Großgrundbesitzer dachten, mein Vater wäre ein Häuptling oder der Chef des Dorfes, und wenn sie den Häuptling oder Chef besiegten, könnten sie das ganze Dorf besiegen. Aber sie merkten bald, daß das nicht so war. Mein Vater führte zwar die Belange des Dorfes, aber er machte nicht die Gesetze. Schließlich bekamen wir ihn mit Hilfe des ganzen Dorfes frei. Wie er sich freute, als er herauskam!

Das Schlimmste war für uns gewesen, daß wir nicht selbst hatten sprechen können. Ich sagte mir damals, daß ich jetzt Spanisch lernen müsse, damit wir keine Vermittler mehr brauchten.

Durch das INTA forderte die Regierung dann neunzehntausend Quetzales, damit wir das Land behalten könnten. Das war ein Hohn, und sie wollten uns damit sagen, daß die Campesinos nur ein Stück Dreck sind. Sie wußten, daß wir als Campesinos von neunzehntausend Quetzales nicht einmal träumen konnten, wo wir doch froh sind, hier und da einmal zehn Centavos zusammenzukommen. Und jetzt neunzehntausend, das hieß soviel wie: Verschwindet endlich!

Als ich meine Stellung in der Hauptstadt kündigte, weiß ich noch, daß ich mir vornahm, meinen Vater im Gefängnis zu besuchen, bevor ich mit der Arbeit auf der Finca begann. Ich fuhr nach Santa Cruz. Ich kannte das Gefängnis von Santa Cruz del Quiché nicht. Mein Vater war unter all den anderen Gefangenen. Die Gefangenen schlugen und bissen sich. Sie waren wie verrückt. Und mein Vater zwischen all diesen Leuten, die voller Ungeziefer waren, mit den Händen aßen und sich immerfort prügelten. Jeder von ihnen hatte Blut im Gesicht. Und ich fragte mich: »Wie ist es nur möglich, daß mein Vater hier unter diesen Menschen sein muß?« Wenn er achtzehn Jahre hier verbringen müßte, würde er auch verrückt werden.

Ich wollte, wie meine Mutter, hart arbeiten, um das Geld für die Anwälte zusammenzubekommen. Alles hing davon ab, daß mein Vater nicht in das Regionalgefängnis kam. Ich dachte: »Wenn dieses Gefängnis schon die Hölle ist, wie wird es dann erst in dem anderen sein?«

Da mein Vater ein bescheidener Mensch war, hatte er im Gefängnis bald einen Freund gefunden. Das war ein Señor, der – glaube ich – schon dreißig Jahre im Gefängnis war. Ich weiß nicht, was er verbrochen haben könnte. Dieser Señor beaufsichtigte die Arbeiten aller Gefangenen. Sie machten Beutel und Umhängetaschen, Körbe und noch viele andere Dinge. Mein Vater befreundete sich mit diesem Señor, und da bekam er etwas besseres Essen. Er machte auch Beutel und Körbe und wurde, wie die anderen Gefangenen, dafür bezahlt. So trug er selbst aus dem Gefängnis heraus zu seiner Entlassung bei. Er mußte eine Unzahl von Erklärungen abgeben. Jede Woche wurde er vor den Richter

113

gebracht, und der fragte ihn, ob er seine Meinung ändern oder eine andere Erklärung abgeben wolle. Das taten sie, um den langen Gefängnisaufenthalt zu rechtfertigen beziehungsweise um die Großgrundbesitzer zu beschwichtigen, die den Richtern immer mehr Geld bezahlten, damit sie ihn als Verbrecher verurteilten. Wir hatten nur so ein Gefühl, denn wir sahen ja weder meine Mutter noch meinen Vater, weil wir auf der Finca arbeiteten.

Wir bekamen ihn frei. Ein Jahr und zwei Monate war er im Gefängnis gewesen, und seine Feinde rasten vor Zorn, als er herauskam. Er kam heraus mit neuem Mut und mit neuer Kraft zum Kämpfen. Mein Vater sagte: »Unsere Vorfahren waren keine Feiglinge. Auch das Gefängnis frißt keine Menschen. Das Gefängnis ist eine Strafe für die Armen, aber es frißt die Menschen nicht auf. Also gehe ich wieder nach Hause zurück und kämpfe weiter.« Mein Vater ruhte nicht und hielt engen Kontakt zu den Gewerkschaften, damit sie uns halfen.

Immer wenn mein Vater sich von uns verabschiedete und das Dorf verließ, hatten wir große Angst. Er sagte zu uns: »Kinder, seid vorsichtig, denn wenn ich nicht zurückkomme, müßt ihr mit der Arbeit fortfahren. Ich mache das nicht allein, sondern ihr seid auch ein Teil des Ganzen. Wir werden nicht mehr auf die Großgrundbesitzer hereinfallen. Ich habe große Hoffnungen, und wir müssen weiterkämpfen.«

Nach seiner Entlassung fuhr er drei Monate lang wieder im Land herum. Dann entführten sie ihn, und wir dachten: Jetzt ist es aus. Die Leibwächter der Großgrundbesitzer hatten meinen Vater verschleppt. Er war auf dem Weg in die Stadt, als sie ihn ganz in der Nähe des Dorfes überfielen. Er war zusammen mit meinem Bruder unterwegs. Wir ließen ihn fast nie mehr alleine fortgehen, weil er Morddrohungen erhalten hatte. Obwohl es auf Kosten unserer Arbeit ging, war es für das Dorf auf lange Sicht doch besser, wenn immer jemand meinen Vater begleitete. So war immer jemand vom Dorf oder einer seiner Söhne bei ihm.

Mein Bruder konnte entkommen und alarmierte sofort das ganze Dorf. Weit konnten sie ihn nicht verschleppt haben, denn wir hatten schnell das ganze Gebiet umstellt. Das war das erste Mal, daß wir uns mit den Waffen unseres Volkes bewaffneten. Die Leute hatten Macheten, Knüppel, Hacken und Steine, um sich den Leibwächtern entgegenzustellen. Sie waren so wütend, daß sie fähig gewesen wären, einen totzuschlagen.

Am Nachmittag fanden wir meinen Vater allein und schlimm zugerichtet. Die Täter fanden wir nicht, aber wir wußten, daß es die Leibwächter der Großgrundbesitzer gewesen waren. Mein Vater lag auf der Erde, das Haar war ihm an einer Seite vom Kopf gerissen worden, die Haut war zerschnitten, und sie hatten ihm die Knochen zerschlagen, so daß er nicht aufstehen und nicht laufen konnte. Er konnte keinen Finger mehr rühren. Wir konnten den Anblick kaum ertragen. Mein Vater sah aus, als ob er jeden Augenblick sterben würde.

Alle halfen, eine Trage zu bauen, wie wir sie benutzen, um Kranke zu transportieren, und brachten ihn hinunter in die Stadt. Wir brachten ihn zum Centro de Salud, aber dort wollten sie ihn nicht behandeln. Die Großgrundbesitzer hatten ihnen Geld gegeben, damit sie meinen Vater nicht behandelten. Sie hatten ihnen Geld gegeben, und so fand sich kein Arzt, der meinem Vater helfen wollte. Die Ärzte waren alle Ladinos. Meine Mutter mußte die Ambulanz von Santa Cruz del Quiché rufen, und sie brachten ihn ins Krankenhaus San Juan de Dios in El Quiché.

Mein Vater kam halbtot dort an. Sie legten ihm einen Tropf und sagten, er müsse mindestens neun Monate im Krankenhaus bleiben und vielleicht könnten sie ihn in der Zeit wenigstens teilweise wiederherstellen, denn er sei schlimm zugerichtet. Sie hatten ihm viele Knochen gebrochen, und er war nicht mehr der Jüngste, so daß sie nicht so bald heilen würden. Meine Mutter, voller Verzweiflung, blieb in El Quiché, um für meinen Vater zu sorgen und für die notwendigen Medikamente zu arbeiten.

Meine Brüder sagten: »Jetzt können wir nicht mehr auf die Fincas gehen. Selbst wenn wir verhungern, wir müssen im Dorf bleiben und sehen, daß wir unser Land bestellen. Wir müssen sehen, daß wir unser Land bebauen und uns das Essen einteilen, damit wir nicht mehr auf die Fincas müssen.« Meine Mutter kam vielleicht alle zwei Wochen, blieb einen Tag und ging dann wieder zurück. Zu der Zeit hatten wir schon unser kleines Schwesterchen, und wir kümmerten uns um es, damit meine Mutter es nicht mitnehmen mußte. Unsere Nachbarn hatten eine Ziege, und so gaben wir ihm Ziegenmilch, weil wir im Dorf keine Kühe hatten und ihm keine Kuhmilch geben konnten. Mein Schwesterchen war damals ungefähr eineinhalb Jahre alt.

Da erreichte uns eine neue Drohung. Wir erhielten Nachricht, daß man meinen Vater aus dem Krankenhaus entführen wollte. Wir hatten alle große Angst, und das Dorf beschloß: »Wir holen ihn nach Hause, um ihn hier auszukurieren, damit er nicht entführt werden kann.« Wir benachrichtigten sofort meine Mutter. Einer meiner Brüder fuhr nach El Quiché und erzählte ihr von der Nachricht, die wir bekommen hatten.

Seit sechs Monaten war mein Vater jetzt im Krankenhaus San Juan de Dios, aber mit Hilfe der Priester und Ordensschwestern aus der Gegend, die uns Geld gaben und uns halfen, meinen Vater an einen geheimen Ort zu bringen, holten wir ihn aus dem Krankenhaus und brachten ihn an einen Ort, an dem ihn die Großgrundbesitzer nicht finden konnten. Da blieb er weitere fünf Monate. Dann kam er nach Hause zurück. Er hatte aber starke Schmerzen und war nicht mehr derselbe wie früher. Er konnte nicht mehr gut gehen und auch viele Dinge nicht mehr heben. Ins nächste Dorf zu gehen kostete ihn große Mühe. Sogar nachts konnte er nicht mehr schlafen, weil ihm seine Knochen schmerzten.

Der Haß auf seine Feinde war noch größer geworden, und die Feinde des Dorfes waren jetzt ganz besonders seine persönlichen Feinde. Wir alle hatten einen großen Zorn auf diese Leute. Nicht nur auf die Großgrundbesitzer, sondern auf alle Ladinos in der Gegend. Im Krankenhaus hatte mein Vater mit vielen Menschen gesprochen und festgestellt, daß es viele Gemeinsamkeiten mit anderen Indios aus anderen Regionen gab. Das gab uns einen neuen Blick für die Dinge. Wir sahen sie jetzt mit anderen Augen.

Mein Vater arbeitete weiter mit der aktiven Hilfe der Gewerkschaften. Wenn mein Vater nicht in die Hauptstadt fahren konnte, kümmerten sich die Gewerkschaften für ihn um einen Fall.

1977 kam mein Vater zum zweiten Mal ins Gefängnis. Sie ließen uns keine Ruhe. Nachdem mein Vater aus dem Krankenhaus entlassen worden war, hatten sie ihn immer wieder bedroht. Sie wußten, daß sie mit ihren Ingenieuren nicht mehr ins Dorf und in unsere Häuser kommen konnten, da das ganze Dorf jetzt zusammenhielt und Macheten und Steine zur Hand hatte. Deswegen drohten sie meinem Vater und sagten, sie würden ihm auflauern und ihn umbringen. Aber mein Vater sagte: »Das sind alles Feiglinge, die viel reden und nichts tun.« Wir hatten aber Angst um ihn, obwohl er uns immer wieder sagte, daß wir uns nicht nur auf ihn, sondern auf die Gemeinschaft des Dorfes verlassen müßten. Mein Vater sagte: »Jetzt bin ich noch euer Vater, aber hinterher wird die Dorfgemeinschaft euer aller Vater sein.« Dann ging er wieder fort. Er gab nicht auf.

In dieser Zeit lernte ich etwas Spanisch bei den Priestern und Ordensschwestern. Ich war nicht immer im Dorf, sondern reiste viel. Die Priester nahmen mich zum Beispiel mit in die Hauptstadt, damit ich die Hauptstadt etwas kennenlernen oder ein paar Tage bei den Nonnen im Kloster sein konnte. So kam ich etwas herum.

Nachdem mein Vater aus dem Krankenhaus zurück war, fuhr ich auch mit ihm. Um zu wissen, wohin er überall ging, weil wir praktisch immer mit seinem Tod rechneten. Wenn sie ihn töteten, damit wir wußten, wo er zu finden war.

So kam ich mit Hilfe des Dorfes, der Priester und anderer Freunde meines Vaters immer mehr herum. Es gab da auch ein paar Europäer, die uns halfen. Sie schickten uns Geld. Sie hatten eine Weile bei uns gearbeitet, um den Campesinos die Landwirtschaft zu zeigen. Diese Señores verstanden unsere Probleme sehr gut und halfen uns. Aber bei ihnen säte man anders, als man bei uns sät. Der Indio lehnt die chemischen Düngemittel ab, die sie bei uns einführen wollen. So fühlten sie sich nicht genügend anerkannt und gingen wieder. Aber sie blieben gute Freunde meines Vaters. Sie gingen zurück in ihr Land. Aber sie lieben Guatemala immer noch, und sie schickten Geld. Wir versuchten, das Geld für die Reisen meines Vaters aufzuheben und für Reisen, die sonst noch gemacht werden mußten. Aber damals kam das INTA und forderte jeden Monat vierzig oder fünfzig Quetzales für die Bearbeitung der Papiere und für sonstige Ausgaben. Quittungen haben sie uns nie gegeben. Wer weiß, wo das Geld geblieben ist.

Als sie meinen Vater zum zweiten Mal verhafteten, kam er als politischer Gefangener ins Gefängnis. Ich war zu Hause. Dieses Mal war sein Fall viel ernster, denn als Politischer wurde er zu lebenslänglich verurteilt. Sie sagten, er sei ein Kommunist, ein Subversiver. Wie beim ersten Mal holten sie ihn mit Kolbenstößen aus dem Haus. Die Militärbevollmächtigten selbst holten ihn und brachten ihn ins Gefängnis; gefesselt und unter Kolbenhieben. Er war ein politischer Gefangener.

Unser Dorf war dieses Mal schon sehr viel wacher. Es hatte mehr oder weniger seine Selbstverteidigung gegen die Großgrundbesitzer organisiert. Wir hatten die Unterstützung der Priester und Ordensfrauen, der Gewerkschaften, und mein Vater war nicht mehr allein. Ein ganzes Dorf stand hinter ihm. Man kannte meinen Vater auch in anderen Dörfern, und die Leute mochten ihn. Es gab großen Protest gegen seine Verhaftung. Die Gewerkschaften organisierten Bürgen und Anwälte und alles, damit mein Vater wieder frei kam.

Nach zwei Wochen kam er wieder aus dem Gefängnis. Aber bevor sie ihn gehen ließen, drohten sie wieder, ihn umzubringen, wenn er nicht mit seiner Arbeit aufhöre. Und wenn man ihn nicht töten könne, einen seiner Söhne würden sie schon erwischen. Von seiten der Behörden drohte man ihm offen, ihn umzubringen. Klar, daß sie ihm nicht sagten, daß sie ihn töten wollten, aber sie sagten, die Großgrundbesitzer würden schon dafür sorgen.

Stolz und voller Freude kam mein Vater nach Hause. Er hatte einen anderen Gefangenen kennengelernt, der ein richtiger politischer Gefangener gewesen war. Dieser Mann war ein Mensch, der für die Campesinos kämpfte. Er hatte meinem Vater im Gefängnis gesagt, daß sich alle Campesinos vereinigen müßten, daß sie eine Organisation der Campesinos gründen müßten, um ihr Land zurückzufordern. Der Mann hatte gesagt, daß das nicht nur unser Problem sei. Unsere Feinde seien nicht die Großgrundbesitzer, sondern das ganze System sei unser Feind. Dieser Señor sah die Dinge noch viel klarer als mein Vater. Und mein Vater war stolz und kam zurück und sagte: »Wir müssen die Reichen bekämpfen, denn sie sind nur durch unsere Arbeit reich geworden.« Von da an sprach mein Vater viel mit anderen Campesinos, und überall diskutierte man die Gründung des CUC (Comité de Unidad Campesina).

Es gab noch keine konkreten Pläne, aber mein Vater widmete sich jetzt ausschließlich und mit klarem Bewußtsein der Gründung des CUC. Ab 1977 arbeitete er im Untergrund. Das heißt, er versteckte sich und verließ sein Dorf, damit wir uns nicht seinetwegen die Finger verbrannten. Er verließ seine Familie und arbeitete in anderen Regionen mit den Campesinos. Manchmal kam er nach Hause, aber dann kam er über die Berge, damit die Großgrundbesitzer nicht merkten, daß er im Dorf war. Er kam nachts und verschwand nachts, und manchmal blieb er ein paar Tage, ohne aus dem Haus zu gehen. Das ganze Dorf litt mit ihm, denn alle mochten ihn wie ihren eigenen Vater.

Das alles ist wie ein Film in unserem Leben abgelaufen. Ein einziger Leidensweg. Mit anderen Compañeros zusammen dachten wir darüber nach, daß unsere Feinde nicht nur die Landbesitzer waren, die uns zur Arbeit zwangen und uns schlecht bezahlten. Sie töteten uns nicht jetzt, sondern sie brachten uns schon als Kinder um, durch Hunger, Unterernährung und Elend. Wir fingen an, darüber nachzudenken, wo die Wurzel des Übels liegt. Und die Erklärung war, daß die Wurzel unseres Elends im Besitz des Landes lag. Die besten Böden hatten nicht wir. Die hatten die Großgrundbesitzer. Immer wenn wir ein neues Stück Land urbar gemacht hatten, versuchten sie uns zu vertreiben oder das Land auf andere Weise in ihren Besitz zu bringen.

16 Zeit der Besinnung und des Lernens

»Ein dunkles Traumgesicht – dunkel, weil er es nicht wagte,
es an die Oberfläche seines Bewußtseins heraufzuholen, um
es zu untersuchen, sondern sich damit zufriedengab, es in
seiner Unklarheit zu betrachten.«

Miguel Angel Asturias,
»Die Maismenschen«

Ich möchte noch einmal sagen, daß ich nicht allein wichtig war. Ich war, wie alle meine Geschwister, nur ein Teil der Familie. Nur ein Teil der ganzen Gemeinschaft des Dorfes. Unsere Probleme besprachen wir alle gemeinsam. Am deutlichsten wurde uns unsere Armut, wenn jemand krank wurde und wir keine Medikamente kaufen konnten. Wir waren immer ärmer geworden. Und so saßen wir dann oft beisammen und schimpften auf die reichen Ladinos, die seit so vielen Jahren schon, seit so langer Zeit die Schuld haben an unserem Leid.

Während dieser Zeit in meinem Dorf entwickelte ich so etwas wie ein politisches Bewußtsein. Ich sprach mit vielen Menschen über meine Zweifel und fragte mich, wie die Welt auf der anderen Seite aussehen mag. Ich kannte die Finca, ich kannte das Hochland, und ich kannte einen Teil der Hauptstadt, aber ich wußte nichts von dem gemeinsamen Problem aller Indios in Guatemala. Ich wußte nicht, daß sie in anderen Dörfern und Regionen dieselben Schwierigkeiten mit dem Landbesitz hatten. Ich wußte nur, daß es in anderen Regionen noch andere Stämme gab, denn auf den Fincas hatte ich viele fremde Indios kennengelernt. Wir kannten aber weder die Namen ihrer Dörfer, noch wußten wir, wie sie lebten und was sie aßen, obwohl sie doch wie wir einfache Arbeiter waren.

Ich fing an, über mein bisheriges Leben nachzudenken, und kam zu dem Schluß: Ich hatte keine Kindheit, ich hatte keine Jugend, ich hatte keine Schule, ich hatte nicht genug zu essen, ich hatte nichts. Ich fragte mich, woher so etwas kam, und verglich mein Leben mit dem Leben der Kinder der Reichen, die ich kennengelernt hatte. Was sie aßen. Die Hunde. Sie erzogen sogar ihre Hunde dazu, nur ihren Herren zu gehorchen und schon die Dienstboten nicht an sich heranzulassen. Das alles ging mir durch den Kopf, und ich wußte nicht, wem ich meine Gedanken mitteilen sollte.

Ich fing an, mir Freunde in Uspantán zu suchen. Ich fragte immer: ». . . und ihr, was eßt ihr? Wie macht ihr euer Frühstück? Was eßt ihr zu Mittag? Was eßt ihr abends?« Und sie sagten: »Genau das gleiche. Morgens essen wir Tortillas mit Salz und etwas Pinol. Für mittags sucht unsere Mama auf den Feldern Gemüse, und wieder Tortillas. Abends Chili mit Tortillas. Chili mit Tortillas, und dann gehen wir schlafen.« Sie waren genau wie wir, und ich dachte viel darüber nach.

Mein politisches Denken kam nicht aus Schulen, sondern ich sah immer mehr ein, daß meine eigenen Erfahrungen für ein ganzes Volk Gültigkeit hatten. Meine Unruhe als Kind, die Angst vorm Erwachsenwerden . . . das waren nicht nur meine Probleme, sondern die Probleme aller, angesichts des bitteren Schicksals, das uns erwartete. Die Reichen beuteten die Armen aus. Wenn wir mit den Behörden sprechen wollten, in den Büros, mußten wir uns niederknien, damit sie uns überhaupt anhörten. Das gehört auch zur Diskriminierung der Indios. Sie versuchen, unsere Kultur zu unterdrücken und unsere Bräuche zu zerstören, um die Grundlagen unserer Gemeinsamkeit zu vernichten.

Das alles spitzte sich zu, als die Generäle, die Mörder, an die Macht kamen. Die jeweiligen Präsidenten kannte ich nicht, aber seit 1974, als General Kjell Laugerud an die Macht kam, kenne ich sie. Er kam in unsere Gegend und sagte: »Wir werden das Landproblem beseitigen. Das Land gehört euch. Bebaut das Land, und ich werde es unter euch verteilen.« Und wir vertrauensselig . . . Ich war bei der Ansprache Kjell Laugeruds dabei. Was er uns hinterher gab . . . Mein Vater wurde gefoltert und eingesperrt.

Langsam durchschaute ich die Machenschaften dieser Leute, und ich haßte sie. Ich sagte: »Was wissen sie vom Hunger, wenn sie

121

tagtäglich unseren Brüdern das Blut aussaugen?« Meine Brüder waren auf der Finca verhungert, und ich sagte: »Hätten sie zu essen gehabt, könnten sie heute bei uns sein, wären sie lebendig wie wir.«

Später lernte ich andere Indios kennen, Achie-Indios, die in unserer Nähe lebten. Und auch Mam-Indios. Sie sagten: »Schlimm sind nur die Reichen. Nicht alle Ladinos sind schlecht.« Ich dachte darüber nach. Sollten nicht alle Ladinos schlecht sein? Für mich waren alle Ladinos schlechte Menschen. Sie aber sagten: »Unter uns leben auch arme Ladinos. Es gibt arme und reiche Ladinos. Die reichen Ladinos sind die, die uns ausbeuten. Die armen Ladinos werden auch ausgebeutet.« So lernte ich Ausbeutung zu unterscheiden.

Ich arbeitete weiterhin auf den Fincas und war begierig, mehr zu erfahren. Auf den Fincas gab es auch arme Ladinos. Sie machten die gleiche Arbeit wie wir. Ihre Kinder hatten Hungerbäuche wie meine kleinen Geschwister, und ich sagte mir: »Es stimmt, nicht alle Ladinos sind schlecht.«

Ich versuchte, mit den armen Ladinos zu reden. Ich fing in dieser Zeit gerade an, Spanisch zu sprechen. Ich fragte einen der Ladinos: »Sie sind ein armer Ladino, nicht wahr?« Er hätte mir beinahe ins Gesicht geschlagen und sagte: »Halt den Mund, India, was weißt du denn davon?«

Ich fragte mich: »Wie sollen die armen Ladinos denn so sein wie wir, wenn dieser mich so anfährt?«

Ich wurde immer unsicherer und blieb dabei, daß alle Ladinos uns ablehnten. Ich kannte aber noch nicht die Gründe dafür und wußte nicht, daß das System es war, das uns voneinander fernzuhalten versuchte und Barrieren zwischen armen Ladinos und Indios errichtete.

Einmal war ich mit Ordensschwestern zusammen, und wir fuhren in ein Dorf in der Nähe von Uspantán. Es war ein Dorf wie unseres, nur daß dort mehr Ladinos wohnten. Eine der Nonnen fragte ein kleines Kind, ob sie arm seien, und das Kind sagte: »Wir sind arm, aber wir sind keine Indios.« Ich war tief betroffen, aber die Nonne merkte es nicht. Sie unterhielt sich weiter mit den Leuten des Dorfes. Sie war Ausländerin. Keine Guatemaltekin. Und wieder sagte ihr jemand: »Wir sind zwar arm, aber wir sind keine Indios.« Für mich war es sehr schmerzhaft, mir vorzustellen, daß

Indios weniger wert waren als Ladinos. Es gab eine tiefe Kluft zwischen Ladinos und Indios, und ich verstand nicht den Grund ...

In unserem Dorf machten wir weiter wie bisher. Ich wußte immer noch nicht genau, wer eigentlich unser wirklicher Feind war. Wir bauten unsere Sicherheitsvorkehrungen aus. Wir bauten Fallen, wie es nach den Worten unserer Großeltern unsere Vorfahren schon gemacht hatten. Sie waren ein Vermächtnis unserer Vorfahren. Wir sagten: »Wenn die Großgrundbesitzer mit ihren Soldaten kommen, werden wir sie hier töten.« Das war der Zeitpunkt, an dem wir uns entschlossen, Gewalt anzuwenden.

Ich erzählte den Kindern unseres Dorfes, daß unser Elend kein uns auferlegtes Schicksal sei, sondern uns aufgezwungen worden war. Ich erklärte ihnen, daß man sich dagegen wehren müsse, die Rechte unseres Volkes verteidigen müsse. Ich führte eine Art politische Gespräche mit den Kindern, obwohl ich mir über die politische Lage nicht ganz klar war. Aber ich brauchte keine politischen Kurse, keine Schulungen. Ich wußte genug aus eigener Erfahrung. Ich brauchte keine Bücher zu lesen, denn unsere Erfahrungen waren aus unserem Leiden geboren.

Ich hatte mein erstes Paar Schuhe mit fünfzehn Jahren bekommen, und meine Schuhe waren etwas sehr Wertvolles für mich, denn sie schützten meine Füße bei großer Hitze und auf steinigen Wegen. In dieser Zeit dachte ich soviel nach, daß ich nicht mehr schlafen konnte. Wie würde es sein, wenn alle Indios sich erhöben und den Großgrundbesitzern das Land, die Ernten und alles wegnähmen? Vielleicht würden sie uns mit ihren Gewehren töten. Ich träumte große Träume. Und, klar, meine Träume waren nicht vergebens. Sie kamen, als wir alle uns organisierten.

Kinder mußten Aufgaben von Erwachsenen übernehmen. Frauen mußten sich als Frauen in einer großen gemeinsamen Sache sehen, zusammen mit den Vätern, den Brüdern und allen anderen Bewohnern des Dorfes. Alle, alle mußten wir zusammenhalten. Wir hielten Versammlungen ab. Wir forderten eine Schule für unser Dorf. Wir sammelten Unterschriften. Ich war mittendrin. Klar, ich war so etwas wie eine Schlüsselfigur, weil ich etwas Spanisch sprach, weil die Priester mich kannten und weil die Freunde meines Vaters mich kannten. Ich bat die Leute um Hilfe und holte Unterstützung für unser Projekt, wo immer es ging.

Wir hatten einen Freund in der Stadt, der war Ladino, er gab uns etwas Geld für meinen Vater und für die Familie. Aber wir gaben das Geld für die Gemeinschaft aus. Wir waren schon gut organisiert. Es gab verschiedene Gruppen in unserem Dorf, von Kindern, von Frauen, von Jugendlichen, von Katecheten. Ich brachte den Kindern das bißchen Spanisch bei, das ich konnte. Ich konnte nicht lesen und nicht schreiben, aber ich redete mit ihnen spanisch, so wie wir uns sonst in unserer Sprache unterhielten.

Ende 1977 trat ich einer fest organisierten Gruppe von Campesinos in Huehuetenango bei. Es waren heimlich im CUC organisierte Campesinos, die auf die Fincas gingen und dort die Arbeitermassen mobilisierten. Ich hatte dieses wundervolle Gefühl noch nicht kennengelernt, mich als India, als Frau, als Campesina und als Christin an dem gemeinsamen Kampf zu beteiligen. Aber so konnte ich viel besser arbeiten. Ich kam viel herum und lernte viel dazu.

Eine Sache, zum Beispiel, darf man nicht so abschätzig sehen, denn auch die Priester haben viel Gutes für uns getan. Das darf man nicht unterbewerten, nur weil sie uns viele Dinge beibrachten, um uns einzuschläfern, um uns als Volk ruhig zu halten. Zum Beispiel sagt uns die Religion, daß Töten eine Sünde sei. Aber trotzdem ist man doch dabei, uns umzubringen. Ich war schon als Kind Katechetin gewesen und hatte jetzt viele Zweifel. Darum fragte ich die Nonnen: »Und wenn man die Reichen bekämpft, was passiert dann?« Und die Nonnen versuchten, das Thema zu umgehen. Mit Absicht oder vielleicht auch nicht mit Absicht. Jedenfalls nahm mir niemand meine Zweifel.

Für mein Dorf war ich schon eine erwachsene Frau. Ich schämte mich, meine Zweifel im Dorf zu äußern, denn viele sahen die Dinge klarer als ich, weil sie das Dorf nie verlassen und sich einen reinen Geist bewahrt hatten. Allein durch die Tatsache, daß ich in einer Camioneta in die Hauptstadt fahren konnte, erlitt ich als India eine kleine innere Veränderung. Und so sahen meine jüngeren Geschwister die Dinge manchmal klarer als ich.

17 Selbstverteidigung des Dorfes

*». . . und sie gehorchten ihrem Schicksal, das aufbewahrt lag
im Mark ihrer Knochen . . .«*

Popol Vuh

Mein Jahr als Dienstmädchen in der Hauptstadt und die langen
Aufenthalte auf den Fincas waren nicht ohne Einfluß geblieben.
Ich war ziemlich verwirrt. Für die anderen im Dorf war es einfach,
für sie gab es hier die Wirklichkeit und dort das Falsche. Ich tat
mich da etwas schwer. Was hieß für mich Ausbeutung? Warum
lehnte man uns ab? Warum mochte man die Indios nicht? Und
warum gehörte das Land früher uns? Es waren unsere Vorfahren,
die hier gelebt hatten. Und warum mögen die Fremden uns Indios
nicht? Hier lag der Grund für die Ungerechtigkeit! Eine schreckliche Unterdrückung, die durch den Katholizismus kam. Er schlä-
ferte unser Volk ein, und die anderen nutzten den Schlummer
eines ganzen Volkes aus. Schließlich sah ich klar. Das war, als ich
mit vielen anderen mit der organisierten Arbeit begann. Man
brauchte mir nicht mehr zu zeigen, wie man Leute organisierte,
denn als Katechetin wußte ich, wie man das machte. Ich für meinen Teil sah es als einen Teil des Kampfes, den Kindern beizubringen, wie sie sich verhalten sollten, wenn der Feind käme. Für mich
war es sehr wichtig gewesen, die Feinde unterscheiden zu lernen.
So war der Großgrundbesitzer ein großer, ein schwarzer Feind für
mich. Der Soldat war auch ein Feind, ein Verbrecher eben. Und
die Reichen im allgemeinen.

Wir fingen erst an, das Wort Feind zu benutzen. In unserer Kultur gab es keinen Feind, der so wie diese Menschen unterdrückte,

125

ausbeutete und ungerecht war, sondern bei uns im Dorf waren alle gleich. Einer hilft dem anderen. Das Wenige, das man hat, gehört allen. Es gibt nicht etwas Großes und etwas Geringes. Wir merkten aber, daß es in Guatemala etwas Großes gab und etwas Geringes. Das waren wir. Die Ladinos hielten sich für eine bessere Rasse. Es soll sogar eine Zeit gegeben haben, in der die Ladinos nicht glaubten, daß wir Menschen waren. Daß wir eine Tierart waren. All das wurde mir langsam klar. Und ich stürzte mich in die Arbeit und sagte mir: »Wir müssen den Feind vernichten.«

Wir begannen uns zu organisieren. Unsere Organisation hatte keinen Namen. Wir erinnerten uns der Fallen unserer Vorfahren. Es heißt, daß sie in ihren Häusern und auf den Wegen Fallen bauten, als die Eroberer kamen – die Spanier. Daß unsere Vorfahren Kämpfer waren, Menschen waren. Es war eine Lüge, was die Weißen erzählten, daß unsere Väter nicht kämpfen konnten. Sie benutzten doch Fallen. Das erzählten uns unsere Großeltern, mein Großvater vor allem, als er hörte, daß wir gegen die Großgrundbesitzer kämpfen wollten. Wenn sie uns bedrohen, warum bedrohen wir dann nicht sie? Mein Großvater half uns sehr.

Es gab ein großes Geschrei im Haus, denn alle sagten ihre Meinung, meine Brüder sagten ihre Meinung, ich sagte meine Meinung, und mein Großvater sagte: »Ja, Kinder, ihr müßt euch verteidigen. Unsere Vorfahren haben sich auch verteidigt. Es ist eine Lüge, was die Weißen erzählen, daß sie uns im Schlaf überraschten. Sie haben auch gekämpft. Und wir? Warum kämpfen wir nicht mit denselben Waffen, die der Großgrundbesitzer benutzt?« Wenn uns ein älterer Mensch so etwas sagt, dann, weil es eben die Wahrheit ist.

Der erste Schritt bei uns im Dorf war der, daß alle beschlossen, mein Vater – weil er der gewählte Sprecher war – solle wieder in der Mitte der Gemeinschaft leben. Nachdem General Kjell unser Land in kleine verstreute Parzellen aufgeteilt hatte, lebten welche hier und welche dort, und unsere Häuser lagen weit auseinander. Und so beschloß meine Familie, das Stückchen Land, das wir in der Hochebene hatten, aufzuteilen. Damit alle, die weiter in den Bergen wohnten, herunterkommen konnten, damit wir unsere Häuser schön dicht beieinander bauen und uns so leicht verständigen konnten, wenn die Großgrundbesitzer kämen. Es wurde eine Versammlung einberufen und das Problem besprochen. Unsere

Nachbarn wurden auch gebeten, ein Stückchen von ihrem Grund abzugeben, damit die anderen in unserer Nähe leben konnten. Wir nahmen uns vor, innerhalb von zwei Monaten die Häuser aller Bewohner um unser Haus herumzubauen. Es hieß: »Ihr seid bereit, eure Häuser zu verlassen, und wir geben einen Teil unseres Landes, damit wir alle zusammenwohnen können und, wenn die Großgrundbesitzer kommen, sie uns vereint finden.«

Soweit waren wir mit der Planung, als die Unterdrückung in die Nähe unseres Dorfes kam. Die Unterdrückung kam nach San Pablo, einem Dorf in der Nähe. Sie verschleppten die wichtigsten Leute des Dorfes, den obersten Katecheten, den gewählten Sprecher der Indios und seine ganze Familie und noch acht weitere Katecheten. Männer, Frauen und Kinder wurden verschleppt. Sie kämpften auch gegen die Großgrundbesitzer, waren aber noch nicht organisiert. Das gab uns Antrieb, und wir teilten alle Arbeiten unter uns auf. Einige bereiteten die Grundstücke vor, andere schnitten Blätter und Zweige für die Dächer, andere holten Pfähle für die Wände.

Und eines Tages kamen die Soldaten. Es war das erste Mal, daß wir eine Truppe von neunzig Soldaten im Dorf sahen. Wir konnten nichts gegen sie unternehmen, und wir provozierten sie auch nicht. Und wenn sie sich jemand herausgriffen? Unser Dorf hatte mehr oder weniger eine Vorstellung davon, wie wir dem begegnen würden. Die Idee war von Anfang an: Entweder sie lassen uns in Frieden, oder sie töten uns alle. Aber ein einzelner von uns wird dieses Dorf nicht verlassen.

Die Soldaten waren zwei Wochen in unserem Dorf und wohnten im Gemeindehaus, als ob es ihnen gehörte. Nachts schlichen sie auf die Felder, gruben Kartoffeln aus der Erde, holten sich junge Maiskolben und frische Böhnchen und aßen gut. Wir Indios haben unsere Zeremonien, bevor wir die Früchte der Erde und unserer Arbeit ernten. Die Soldaten vergewaltigten unsere Kultur. Wir waren sehr wütend auf sie, aber wir zeigten unseren Zorn nicht, denn es waren neunzig Soldaten, und sie waren imstande, uns alle umzubringen. Sie hatten Gewehre. Nach zwei Wochen gingen sie wieder fort.

In der Nacht, so gegen zehn, als wir uns schlafen legten, sah meine Mutter in unserem Garten, in dem wir ein paar Kartoffeln gepflanzt hatten, sich etwas Dunkles bewegen. Sie dachte, es sei eines von den Tieren unseres Nachbarn, und warf ein Stück Brennholz hinüber, aber es war einer der Soldaten, der Kartoffeln stehlen wollte. Es war das erste Mal, daß meine Mutter einen Soldaten angriff, ohne sich darum zu kümmern, daß er sie erschießen könnte. Meine Mutter hatte alle unsere Hunde bei sich, und so ging sie mit Holzscheiten und den Hunden auf ihn los. Der Soldat rief: »Nein, nein, ich bin doch ein Mensch!« Und meine Mutter antwortete: »Wenn du essen willst, warum arbeitest du dann nicht dafür? Du beschützt die Reichen, und die geben dir nicht mal zu essen. Was wir hier gepflanzt haben, hat viel Arbeit gekostet, mein Junge. Laß also die Finger von meinen Sachen, oder ich geb dir eins drüber!« Da mußte der Señor die Kartoffeln lassen, wo sie waren, und rannte davon.

Nachdem die Soldaten gegangen waren, kam das Dorf zusammen, um zu beraten, was mit den Feldern geschehen sollte. »Lassen wir unsere Bräuche und Zeremonien und planen wir zuerst unsere Sicherheit, danach sehen wir weiter.« So entschied die Gemeinschaft, und alle waren einverstanden. »Also, Compañeros, niemand wird von dem Geheimnis unseres Dorfes erfahren. Weder der Feind noch unsere Nachbarn sollen wissen, was wir hier tun.« Den Kindern wurde eingeschärft, verschwiegen zu sein.

Wir hielten eine kleine Feier ab, bevor wir mit den Maßnahmen zur Selbstverteidigung begannen. Eine Zeremonie, bei der das ganze Dorf den Herrn der Natur anrief und ihn, der für uns der einzige Gott ist, bat, alles, was die Natur hervorbringt, zu unserer Verteidigung benutzen zu dürfen. Es war eine Zeremonie voller Gefühl und allem, denn wir dachten, von unserer Gemeinsamkeit und von unserer Selbstverteidigung hängt es ab, ob welche von uns getötet, entführt oder gefoltert werden.

Am nächsten Tag sagte jeder im Dorf, welche Vorstellungen er von der Selbstverteidigung hatte. Einige hatten Steine dabei, andere Macheten, andere Knüppel, wieder andere irgendeinen Arbeitsgegenstand. Die Frauen schlugen Salz, Chili und kochendes Wasser vor. Wir fragten uns, wie wir unsere Mittel einsetzen sollten. Zum erstenmal kam in unserem Dorf so etwas wie Organisationsgeist auf. Ich war fasziniert davon.

Wie ich schon sagte, hatte die Regierung durch die Parzellierung des Landes versucht, die einzelnen Campesinos zu isolieren. Die Parzellen lagen weit auseinander, so daß wir nicht alle an einem Ort wohnen konnten. Zwei oder drei Jahre lebten wir so, jeder mit knapp dreiviertel Hektar Land. Als aber die Unterdrückung immer näher kam, merkten wir, daß wir unsere Häuser zusammenlegen mußten. Nicht nur die Dörfer in unserer Nachbarschaft wurden heimgesucht, sondern die Unterdrückung kam auch in andere Dörfer – zuerst nach Chajul, Nebaj und Cotzal.

Bei unseren Selbstverteidigungsmaßnahmen hatte jeder seine Aufgabe. Kinder, Frauen, Jugendliche und Männer und auch die Alten spielten eine wichtige Rolle in unserem Dorf. Sogar unsere Tiere, die Hunde, gehörten zu den Mitteln unserer Selbstverteidigung. Von den Fallen durfte niemand etwas wissen. Aber von uns mußte jeder genau wissen, wo sie angelegt wurden, damit nicht einer von uns anstatt denen von der Armee oder den Leibwächtern der Großgrundbesitzer hineinging. Wir verbesserten unsere alten überlieferten Fallen, damit wir sie gegen die Armee einsetzen konnten. Es handelte sich hauptsächlich um große Gruben mit unsichtbar gespannten Schnüren. Aber auch um etwas Metallisches, das die Soldaten aufhalten sollte.

Die Armee kommt nie mit Lastwagen oder Motorrädern oder Fahrrädern zu uns, sondern zu Fuß, weil keine Straße in unser Dorf führt, sondern nur ein einziger Fußweg. Sie kommen auch nie über die Berge, weil sie Angst haben und glauben, da seien die Guerrilleros. Die armen Soldaten, sie wissen nicht einmal, was ein Guerrillero ist. Sie stellen sich ihn als ein Ungeheuer vor, einen Vogel oder sonst ein tierisches Wesen. Daher haben sie Angst vor den Bergen und bleiben immer nur auf den Wegen.

Unsere Fallen befanden sich an allen wichtigen Zugängen zu unserem Dorf. Und nicht nur eine, sondern jeweils mehrere, falls eine nicht funktionierte. Wir hatten mindestens drei Fallen auf jedem Weg. Außer den Wegfallen gab es in jedem einzelnen Haus eine Falle, so daß die Soldaten, falls sie doch ins Dorf kämen, sich in jedem Haus einen Schreck holen würden.

Ich half bei den Einrichtungen der Selbstverteidigung, bei den Fallen oder was es sonst noch an Maßnahmen gab. Gleichzeitig arbeitete ich bei der Organisation, in der Unterrichtung der Compañeros.

Zu jener Zeit waren wir in der Lage, jede Aufgabe der Selbstverteidigung, die der Augenblick erforderte, zu lösen. Wir wechselten uns immer bei den verschiedenen Arbeiten ab, so daß jeder im

Dorf eine gewisse Erfahrung in allen Aufgabenbereichen erwarb. Dann verbesserten wir unsere Sicherheitsmaßnahmen, zum Beispiel die Notausgänge. Anfangs, als wir noch wenig Erfahrung hatten und noch nicht wußten, wie wir der Armee begegnen sollten, hatten wir geplant, Frauen und Kinder zuerst und die Männer und Jugendlichen zuletzt durch die Notausgänge aus dem Dorf zu lassen. Aber die Praxis zeigte immer mehr, daß diese Methode nicht so wirkungsvoll war.

Wir dachten dann, daß Frauen und Kinder von den Soldaten vielleicht mehr respektiert würden, da sie hauptsächlich immer die Männer gefangennahmen, die Führer des Dorfes meistens. So sollten sich die Männer also zuerst zurückziehen und die Frauen die Nachhut bilden, um die Schläge aufzufangen. Das war kein theoretischer Plan, sondern wir probierten immerzu, und was uns dabei einfiel, wurde in die Tat umgesetzt. Es gab zwar den gewählten Sprecher, aber alles, was getan wurde, mußte von allen Bewohnern gutgeheißen werden. Alle hatten gleichen Anteil, und was von der Gemeinschaft nicht gebilligt wurde, konnte nicht gemacht werden.

Wir sahen, daß es nicht sinnvoll war, zusammen in die Berge zu fliehen, wenn die Armee kam. So gruben wir außerhalb des Dorfes tiefe Löcher und Gänge, in die wir uns flüchten konnten und in denen wir uns zwei oder drei Wochen außerhalb unseres Dorfes aufhalten konnten, falls die Armee käme. So machten wir die ganze Natur – Pflanzen, Bäume und Berge – unserer Sicherheit dienlich.

Das Leben im Lager außerhalb unseres Dorfes würde zwar noch schwieriger sein als jetzt, aber es war besser, als umgebracht zu werden. Wir verstießen dadurch gegen viele kulturelle Gepflogenheiten, sagten uns aber, daß es ja unserer Sicherheit diene. Damit wir besser beobachten konnten, von wo der Feind kam, bauten wir an den vier Ecken des Dorfes Wachhütten, in denen welche von uns am Tag und andere in der Nacht Wache halten sollten. Wir hatten auch Warnsignale für den Tag und für die Nacht vereinbart.

Eines Tages, nachdem die Soldaten, die zwei Wochen bei uns gewesen waren, fort waren, konnten wir unsere Sicherheitsvorkehrungen in die Tat umsetzen. Die Soldaten waren mit dem Verdacht fortgegangen, daß das Dorf sich organisiert hatte. Sie argwöhnten etwas, als sie im Dorf waren, obwohl wir unsere Organisation so geheim wie möglich hielten.

Eines Nachts kamen sie zurück, und unser Nachrichtennetz funktionierte. Die Wachen gaben ein Zeichen, und alle gingen ins Lager außerhalb des Dorfes. Die Häuser waren leer, nur die Hunde hatten wir zurückgelassen. Wenn die Soldaten kämen, würden die Hunde bellen, und so wußten wir, wie lange die Soldaten im Dorf waren. Wenn sie gingen, würden die Hunde wieder Lärm machen. Sie kamen in der Nacht und fanden die Häuser leer. Sie schlugen auf die Hunde ein, weil sie sonst niemand fanden. Sie schlugen die Hunde, töteten einige und gingen wieder.

Wir sagten uns: »Sie sind ins Dorf gekommen, und sie werden weiterhin nach uns suchen. Wir müssen weiterdenken und neue Wege finden. Wenn unsere Sicherheitsmaßnahmen einmal nicht funktionieren, wenn uns die Soldaten eines Tages überraschen, müssen wir zumindest die Waffen unseres Volkes bereithalten – Macheten, Steine, heißes Wasser, Chili, Salz –, um uns zu verteidigen.«

Wir können Steine werfen, wir können dem Gegner ein Pfund Salz ins Gesicht schleudern und wissen, daß das seine Wirkung tut. Das wären Dinge, die wir gegen die Großgrundbesitzer einsetzen könnten, denn wir wußten natürlich, daß wir gegen die Maschinenpistolen der Soldaten machtlos waren. Aber gegen einen mit einer Pistole bewaffneten Polizisten könnten unsere Volkswaffen schon wirksam eingesetzt werden. Kalk zum Beispiel. Durch unsere Praxis hatten wir eine ziemliche Fertigkeit erlangt. Kalk war sehr fein und mußte kraftvoll geworfen werden, und man mußte auf die Augen des Gegners zielen. Mit einem Stein mußte der Kopf getroffen werden.

Das ganze Dorf übte sich in diesen Dingen. Jedes Haus hatte einen Platz, wo das Selbstverteidigungsmaterial lagerte. Jede Familie wußte, wo sich das Material der anderen Dorfbewohner befand, falls man sein eigenes nicht mehr erreichen konnte. Ein weiteres Mittel wäre, dem Feind kochendes Wasser ins Gesicht zu schütten, wenn wir es einmal nicht mehr schaffen sollten, unsere Häuser zu verlassen. Wir suchten immer neue Formen, und wir suchten etwas, an das wir uns halten konnten, weil wir sonst vielleicht Dinge getan hätten, die uns wohl gefielen, aber ohne zu wissen, warum wir sie taten. So wurde unsere wichtigste Waffe das

Dokument, auf das wir uns stützten, die Bibel. Unter diesem Gesichtspunkt begannen wir nun die Bibel zu studieren. Es stehen schöne Geschichten in der Bibel.

Wir haben zum Beispiel den Auszug aus Ägypten gelesen, haben den Text ausgelegt. Es geht da hauptsächlich um das Leben des Moses, der sein Volk aus der Unterdrückung befreien wollte und alles versuchte, damit dieses Volk seine Freiheit bekam. Wir verglichen den Moses jener Zeit mit den »Moses« von heute, die wir sind. Es geht um das Leben eines Mannes, das Leben des Moses. Wir suchten Texte aus der Bibel, die man mit unserer indianischen Kultur vergleichen konnte, Gestalten, in denen wir uns wiederfinden konnten. Wir haben das Beispiel des Moses, der die Männer repräsentiert. Wir haben das Beispiel der Judith, die zu ihrer Zeit eine bekannte Frau war, die für ihr Volk kämpfte und gegen den König, den es damals gab, und ihm schließlich sogar den Kopf abschlug. Sie ist eine Frau, die den Sieg in ihrer Hand trägt – den Kopf des Königs. Das gab uns eine Vorstellung davon, eine weitere Idee, wie wir uns als Christen verteidigen mußten. Und das brachte uns auf den Gedanken, daß ein Volk ohne gerechte Gewalt seine Freiheit nicht erlangen kann. Auch die Geschichte von David, der in der Bibel ein kleiner Hirtenjunge ist und den König Goliath besiegte; das war eine Geschichte für die Kinder unseres Dorfes.

So suchten wir Bibelstellen und Psalmen, die uns lehrten, uns unserer Feinde zu erwehren. Es half uns, unsere Situation besser zu begreifen. Wir kamen zu der Einsicht, daß Christ sein heißt, an unsere Brüder um uns herum zu denken, daran zu denken, daß jeder einzelne unseres indianischen Volkes genügend zu essen haben muß. Gott selbst sagt doch, daß jeder Mensch auf der Erde bekommen soll, was er braucht.

Eine andere Idee, die man uns in den Kopf gesetzt hatte, war die, daß alles Sünde sei. Wir fragten uns: »Wenn alles Sünde ist, warum töten dann die Großgrundbesitzer die armen Campesinos, die doch nicht einmal der Natur etwas zuleide tun können?« Ich war früher Katechetin gewesen und hatte geglaubt, daß alles in Gottes Hand läge. Ich dachte: Dort oben ist Gott, und da hat er ein Reich für die Armen. Wir entdeckten aber, daß Gott keineswegs einverstanden ist mit unserem Leid, daß es kein Schicksal war, das

Gott uns auferlegt hatte, sondern daß es die Menschen dieser Erde waren, die uns Leid, Armut, Elend und Ungerechtigkeit aufluden.

Ich bin Christin, und als Christin beteilige ich mich an unserem Kampf. Für mich als Christin gibt es nur eines: das Leben Christi. Christus war ein einfacher Mann. Er wurde in einer kleinen Hütte geboren. Er wurde verfolgt und brauchte eine kleine Gruppe von Anhängern, damit seine Saat aufging. Das waren seine Jünger, die Apostel. Er gab sogar sein Leben, aber er lebt weiter, denn Generationen sind ihm bis heute gefolgt. Und das haben wir aus der Bibel gelernt. Unsere besten Katecheten sind gefallen, aber durch unseren Kampf hält unser Volk sie lebendig. Durch unseren Kampf gegen die Regierung, gegen den Feind, der uns unterdrückt.

Wir brauchen keine Ratschläge, keine Theorien, keine Bücher, denn das Leben selbst ist unser Lehrer. Ich selbst habe im tiefsten Innern fühlen müssen, was Diskriminierung bedeutet. Mein Leben erzählt die Geschichte der Ausbeutung. Ich habe gearbeitet und Hunger gelitten. Ich glaube, es würde viel Zeit in Anspruch nehmen, all die Male aufzuzählen, die ich in meinem Leben Hunger gelitten habe. Wenn man so auf sein Leben zurücksieht, seine Realität erkennt, dann wächst in einem der Haß auf die Unterdrücker, die all das Leid über ein Volk bringen.

Ich sage es noch einmal: »Es ist nicht unser Schicksal, arm zu sein. Wir sind nicht arm, weil, wie die reichen Ladinos sagen, die Indios nicht arbeiten und faulenzen. Meine eigene Wirklichkeit zeigt mir, daß wir Tag für Tag ab drei Uhr früh auf den Beinen sind und auf unseren Feldern arbeiten.« Diese Erkenntnis war für mich sehr wichtig, um mich für den Kampf entscheiden zu können. Es ist meine Motivation, aber auch die Motivation aller anderen. Besonders der Eltern, die ihre Kinder verloren haben. Sie sprechen immer wieder von ihren Söhnen und Töchtern, die sie gern an ihrer Seite sähen, die aber auf den Fincas verstarben, verhungerten oder einfach verschenkt werden mußten, weil sie keine Möglichkeit hatten, sie großzuziehen.

Es ist eine lange Geschichte, und wenn man sie mit der Geschichte der ersten Christen vergleicht, zeigt uns unsere Wirklichkeit, welche Rolle wir als Christen in diesem Leben zu spielen haben. Ich sehe mich aber auch gezwungen zu sagen, daß sogar die Religionen von den jeweiligen Systemen, von den Regierungen selbst manipuliert werden. Sie entsprechen ihren Bedürfnissen. Man hat ja noch nie einen Priester gesehen, der auf einer Finca arbeitet, der in der Baumwollernte oder der Kaffee-Ernte arbeitet. Viele Priester wissen gar nicht, wie Baumwolle aussieht. Unsere Wirklichkeit zeigt uns also, daß wir eine Kirche der Armen brauchen, daß man uns aber nicht mit einer Kirche kommen soll, die nicht einmal weiß, was Hunger ist.

Wie gesagt, die Bibel war unsere wichtigste Waffe, und sie zeigte uns, in welche Richtung wir gehen mußten. Viele, die sich Christen nennen, aber theoretische Christen sind, verstehen nicht, warum wir die christliche Lehre anders auslegen, weil sie nie unser Leben gelebt haben, oder vielleicht, weil sie die Bibel nicht auslegen können. Aber ich versichere Ihnen, jeder meines Dorfes, selbst ein Analphabet, der eine Bibelstelle auslegen sollte, die man ihm vorlesen und in seine Sprache übersetzen müßte, könnte große Schlüsse aus ihr ziehen, weil er den Unterschied kennt zwischen dem Paradies da draußen, da oben oder im Himmel und der Realität seines täglichen Lebens.

Unsere Aufgabe als Christen ist, darüber nachzudenken, wie das Reich Gottes auf Erden verwirklicht werden kann. Es wird erst existieren, wenn niemand mehr Hunger leiden muß. Das ist genau das Gegenteil von dem, was die Priester glauben. Aber das kann man auch nicht verallgemeinern, denn es gibt viele Priester, die zu uns kamen und antikommunistisch eingestellt waren, aber doch bald begriffen, daß das Volk nicht kommunistisch war, sondern unterernährt. Sie wählten das Leben, wie wir Indios es leben, und schlossen sich dem Kampf unseres Volkes an.

Natürlich gibt es noch viele Priester, die sich Christen nennen, aber nur ihre kleinen persönlichen Interessen verteidigen. Damit diese kleinen persönlichen Interessen keinen Schaden nehmen, isolieren sie sich vom Volk. Nur gut für uns, denn wir brauchen keinen König, der in einem Palast wohnt, sondern einen Bruder, der unser Leben teilt.

Heute kann ich sagen, daß unser Kampf nicht mehr aufzuhalten ist. Es ist ein Kampf, den weder die Regierung noch der Imperialismus aufhalten kann, denn dieser Kampf ist ein Kampf des Hungers und des Elends.

Wir ich schon sagte, kamen eines Nachts die Soldaten in unser Dorf und fanden es leer. Aber ungefähr zwei Wochen später kamen sie wieder. Wir hatten zwei Kinder als Wachen aufgestellt. Einer sollte das Dorf warnen, während der andere die Soldaten ablenken oder aufhalten sollte. Sie waren sich bewußt und bereit, ihr Blut für die Dorfgemeinschaft zu opfern. Zuerst kamen zwei verkleidete Soldaten und fragten nach einigen Dorfbewohnern. Da die Kinder die Eigenheiten der Armee genau kennen, merkten sie an der Art zu gehen, der Art sich zu benehmen gleich, daß es zwei verkleidete Soldaten waren. Einer der beiden Jungen konnte davonlaufen und uns warnen. Wir fragten ihn genau aus, ob es auch wirklich stimmte, was er sagte. »Ja, es sind zwei Soldaten, und als ich ins Dorf lief, sah ich die anderen weiter hinten, sie hatten olivgrüne Uniformen an.«

Daraufhin gingen alle sofort in das Notlager außerhalb des Dorfes. Wir befürchteten, daß sie den anderen Posten gefangengenommen hätten. Aber er tauchte nach einer Weile auf und berichtete, wie viele Soldaten kamen und welche Waffen sie hatten.

Es war Tag, und wir hatten unsere Fallen nicht vorbereitet. Sie kamen ins Dorf und fingen an, auf die Hunde einzuschlagen und unsere Tiere zu töten. Dann gingen sie in die Häuser und holten alles heraus, was sie gebrauchen konnten. Sie suchten uns wie verrückt. Da fragten wir, wer von uns bereit sei, in dieser Situation sein Leben zu riskieren. Wir wollten der Armee einen Schrecken einjagen und ihnen zeigen, daß wir ein organisiertes Dorf waren und nicht nur passiv dasitzen und auf die Soldaten warten. Ich als erste und meine Brüder und noch ein paar aus dem Dorf hoben sofort die Hand. In weniger als einer halben Stunde hatten wir einen Plan, wie wir die Armee entwaffnen könnten. Natürlich konnten wir nichts gegen die neunzig Soldaten ausrichten, die ins Dorf gekommen waren, aber vielleicht gegen die Nachhut.

Unser Dorf liegt sehr einsam in den Bergen. Um ins nächste Dorf zu gelangen, muß man über die Berge. Es gibt einen kleinen Fußweg, den man kaum zu Pferd benutzen kann. Der Weg ist sehr verschlungen und macht viele Biegungen. »Also«, sagten wir, »lauern wir den Soldaten hinter einer Biegung auf, und wenn sie vorbeigehen, überfallen wir den letzten.« Wir wußten, daß wir alle unser Leben riskierten, aber wir wußten auch, daß dies ein Beispiel zum Wohle des Dorfes sein würde, damit uns die Armee endlich in Ruhe ließe.

Wir wählten ein junges Mädchen aus, das schönste Mädchen des Dorfes. Sie riskierte ebenfalls ihr Leben und lief Gefahr, vergewaltigt zu werden. Aber sie sagte: »Ich weiß, daß dies meine Rolle in unserem Kampf ist, und wenn das mein Beitrag zum Wohle des Dorfes ist, so will ich es tun.« Das Mädchen sollte auf Schleichwegen vorausgehen und auf dem Weg, den die Soldaten nehmen würden, den letzten von ihnen ansprechen und mit ihm kokettieren, damit er zurückbliebe.

Wir anderen legten den Hinterhalt. Wir hatten keine Feuerwaffen, sondern nur die Waffen unseres Volkes. Wir hatten einen Molotowcocktail erfunden. In eine Mineralwasserflasche hatten wir Benzin gefüllt, ein paar Eisenstücke, das ganze mit Öl verrührt und eine Lunte daran gemacht. So daß wir die Soldaten, wenn sie einen von uns ergriffen, in Brand setzen konnten. Dieser Cocktail kann zwei oder drei Soldaten verbrennen, denn das Feuer haftet an den Kleidern und verbrennt sie. Außerdem hatten wir Schleudern, wie sie schon unsere Vorfahren benutzten, um die Vögel aus dem Maisfeld zu vertreiben. Wenn man gut zielte, traf man damit, was man wollte.

Jeder von uns hatte seine Aufgabe. Einer sollte den Soldaten erschrecken, einer ihn festhalten, einer ihn entwaffnen. Zuerst kamen die beiden verkleideten Soldaten. Dann die anderen. Sie gingen in einem Abstand von zwei Metern. Wir sahen, wie unsere Compañera den Weg entlang kam. Sie hörte nicht auf die Soldaten und tat, als beachte sie sie nicht. Es war ein Wunder, daß sie nicht vergewaltigt wurde, denn die Soldaten versuchen immer, sich die Mädchen zu greifen, wenn sie in die Dörfer kommen, egal wer sie ist und woher sie kommt.

Unsere Compañera war auf alles gefaßt. Sie traf auf den letzten Soldaten und fragte ihn, wohin sie gingen. Da blieb der Soldat stehen und sagte: »Wir kommen aus dem Dorf da. Weißt du nicht, was mit den Leuten los ist?« Und sie sagte: »Nein, ich weiß nichts.«

»Zweimal waren wir schon da, und niemand war im Dorf«, sagte der Soldat, »aber sie wohnten früher da.«

Während einer von uns dem Soldaten vor die Füße sprang, kam ein anderer von hinten, und so überraschten wir ihn. Einer sagte zu ihm: »Beweg dich nicht. Hände hoch!« Da dachte der Soldat wohl, daß eine Waffe auf ihn gerichtet sei, und machte nichts. Ein anderer sagte: »Laß dein Gewehr fallen!« Da ließ er das Gewehr fallen. Wir nahmen ihm den Gurt ab und durchsuchten seine Taschen. Wir fanden eine Handgranate und nahmen sein Gewehr.

Ich fand das sehr lustig und werde es wohl nie vergessen, denn wir konnten mit dem Gewehr gar nicht umgehen. Wir erbeuteten eine Granate, ein Gewehr und eine Pistole. Ich weiß noch, daß ich dem Soldaten die Pistole abnahm und sie ihm vorhielt, als ob ich damit umgehen könnte, aber in Wirklichkeit wußte ich nichts. Er hätte sie mir wegnehmen können, denn ich wußte nicht, wie sie funktionierte.

Wir führten ihn dann mit vorgehaltener Pistole ab. Wir nahmen ihn mit in den Busch, damit die anderen, falls sie zurückkämen, uns nicht auf dem Weg anträfen, denn das hätte ein Massaker gegeben.

An der Aktion waren außer mir zwei Frauen von fünfundvierzig Jahren beteiligt, ein Mann von fünfzig, und das Mädchen, das den Soldaten angesprochen hatte, war vielleicht vierzehn. Wir brachten ihn unter allen Sicherheitsvorkehrungen in unser Dorf. Wir hatten ihm die Augen verbunden und viele Umwege gemacht, damit er die Orientierung verlor. Wir kamen mit unserem gefangenen Soldaten ins Dorf, und die Freude war groß. Wir zogen ihm die Uniform aus und eine alte Hose und ein altes Hemd an und hielten ihn gefesselt. Wir dachten, daß die Uniform uns nützlich sein könnte, um später andere Soldaten zu irritieren.

Es war eine sehr schöne Aktion, bei der alle Mütter des Dorfes dem Soldaten sagten, er solle der Armee einen schönen Gruß ausrichten, daß er und alle seine Kameraden lieber etwas mehr an unsere gemeinsamen Vorfahren denken sollten. Der Soldat war ein Indio aus einer anderen Gegend. Die Mütter fragten ihn, wie es nur möglich sei, daß er Soldat geworden war, ein Feind seiner Rasse, ein Feind seines eigenen Volkes, und daß unsere Väter nie schlechte Beispiele gegeben hätten. Sie machten ihm klar, wieviel Mühe es bedeute, ein Kind zur Welt zu bringen und welche Arbeit, es großzuziehen. Und dann würde es zum Verbrecher wie er. Das könne keine Mutter ertragen.

Alle Frauen des Dorfes gingen an dem Soldaten vorbei, danach die Männer, und auch sie beschworen ihn, seinen Kameraden zu berichten, was er im Dorf erlebt habe, und ein wirklicher Soldat zu sein, der seine Freunde und Kameraden besiege und sie überzeuge, mit ihrem verbrecherischen Leben aufzuhören. Dann sagten wir dem Soldaten, daß wir ein organisiertes Dorf seien, das der Armee bis zum letzten Blutstropfen Widerstand leisten werde. Wir machten ihm klar, daß nicht die Soldaten die Schuldigen sind, sondern die Reichen, die ihr Leben nicht aufs Spiel setzen, sondern in schönen Häusern wohnen und nur Papiere unterschreiben, während der Soldat nur von Dorf zu Dorf läuft und seine eigenen Leute ermordet.

Der Soldat war tief beeindruckt und nahm eine große Botschaft mit sich. Dann fiel uns ein, daß wir ihn als Waffe für uns gar nicht verwenden konnten. Wir wußten, wenn wir diesen Soldaten laufen ließen, damit er berichte, was er gesehen und gefühlt und bei uns erlebt hatte, wäre die Folge für uns ein Massaker, bei dem Männer, Frauen, Alte und Kinder umgebracht würden. Also sagten wir uns, wir werden diesen Mann hinrichten, werden ihn töten. Nicht im Dorf, sondern außerhalb des Dorfes. Aber dann kamen uns neue Zweifel, und trotz der Gefahr für unser Dorf beschlossen wir, daß dieser Soldat seine Rolle, die wir für ihn vorgesehen hatten, zu Ende spielen sollte. Nach drei Stunden ließen wir ihn frei. Ohne Uniform, so verkleidet wie er war.

Seine Kameraden – die ganzen neunzig Soldaten – waren nicht zurückgekommen, um ihn zu suchen, weil sie wohl annahmen, daß Guerrilleros ihn gefangengenommen hatten. Sie machten keinen Versuch, ihren zurückgebliebenen Kameraden zu befreien, sondern waren, so schnell sie konnten, in die Stadt zurückgelaufen. Wir töteten den Soldaten nicht. Das übernahmen seine eigenen Kameraden, nachdem er zu ihrem Standort zurückgekehrt war, denn sie sagten, er sei ein Spion, wie sei es sonst möglich, daß er gefangengenommen und dann wieder freigelassen worden sei. Sie sagten ihm: »Ein Mann, der seine Waffe im Stich läßt, ist ein toter Mann.« Und dann erschossen sie ihn.

So endete die erste Aktion unseres Dorfes, und wir waren glücklich. Wir hatten jetzt zwei Waffen, eine Granate und Uniform, aber wir wußten nicht, wie man sie benutzte. niemand wußte es. Wir alle waren begierig, jemand zu finden, der es uns zeigen könne, aber wir wußten nicht wer und nicht wo, denn wenn wir uns irgendeinem Menschen anvertraut hätten, wären wir beschuldigt worden, Guerrilleros zu sein, weil wir bewaffnet waren. Wir hatten auch Angst, die Waffen aufzumachen und nach-

zusehen, was drinnen war, denn wir dachten, sie könnten losge-
hen und die Kugeln in der Gegend herumfliegen und jemanden
treffen. Wir konnten die Waffen nicht benutzen, aber schon
unsere Väter bewahrten Dinge auf, die irgendwann einmal wichtig
werden konnten. Zum Beispiel eine Machete, die man im
Moment nicht brauchte, wurde mit Öl eingefettet und in Plastik-
tüten gewickelt, damit kein Regen und keine Feuchtigkeit an sie
herankam und sie nicht rostete. Das mußten wir auch mit diesen
Waffen tun, weil wir nicht wußten, wie man sie benutzte.

Seit dieser Zeit hatte die Armee Angst vor unseren Dörfern. Die
Soldaten kamen nicht mehr in unser Dorf, weil sie dazu über die
Berge gemußt hätten. Sie hatten schreckliche Angst vor den Ber-
gen und vor uns. Wir waren glücklich. Für uns war das die größte
Freude, die es gab.

Niemand ging mehr auf die Fincas, niemand ging mehr zum
Markt, niemand verließ mehr das Dorf, weil er sonst gefangengenommen oder verschleppt worden wäre. Wir gingen in die Berge
und in andere Dörfer, wo sie Salz aus der Gegend verkauften – das
waren schwarze Steine. Aber es ist Salz. Ich weiß nicht, ob es das
nur in Guatemala gibt, aber es ist ein ganz schwarzer Stein, und
dieser schwarze Stein ist Salz. Es hat einen sehr schönen, sehr
reichhaltigen Geschmack.

Wir besorgten uns also ein paar große Steine und versuchten,
von diesem Salz zu essen, um kein Salz auf dem Markt kaufen zu
müssen. Diese Steine gibt es in Sacapulas, einem Dorf in Quiché,
das ein ganz seltsames Dorf ist, weil es in einer Schlucht auf dem
Altiplano liegt, wo es kalt ist. Geht man aber ein Stückchen die
Schlucht hinunter, ist es warm. Dort wachsen alle Sorten Früchte,
die es auch an der Südküste gibt. Es gibt Mangos, Melonen und
Bananen. Und dort findet man diesen Salzstein. Sie verkaufen die
Steine sehr billig, weil niemand sie kauft. »Indiosalz« sagt man in
Guatemala dazu.

Da wir keinen Zucker essen und auch keinen Kaffee brauchen,
weil wir ja unseren Atole haben, den wir aus Mais machen, mußten wir auch nicht mehr zum Markt in die Stadt. Wir lebten von
dem, was unser Land hergab.

Die Großgrundbesitzer hatten Angst vor einem organisierten
Dorf wie dem unseren. Sie ließen sich nicht mehr sehen. Die Soldaten kamen auch nicht mehr. Sie ließen uns in Ruhe, und wir

waren die Herren unseres eigenen Landes. Seit dieser Zeit war mein Dorf organisiert.

Ich konnte nicht länger in meinem Dorf bleiben, weil es für mich nichts Wichtiges mehr zu tun gab. Jeder im Dorf war in der Lage, den Kampf zu führen, zu organisieren, Lösungen zu finden und Dringlichkeiten zu erkennen. Für eine Führungs- oder Hauptperson, die sagte, wie alles gemacht werden mußte, gab es keinen Platz mehr. Ich beschloß, mein Dorf zu verlassen und in ein anderes Dorf zu gehen, um den Leuten dort zu zeigen, wie man Fallen baut.

18 Politische Arbeit in anderen Dörfern

Rigoberta hilft ihren von der Armee vergewaltigten Freundinnen

Kommunikationsprobleme wegen der Sprachunterschiede

Einnahme des Dorfes durch die Armee

Gefangennahme eines Soldaten

»Glaubt nicht, daß die Fremden sich der Schuld erinnern, in der sie bei Euch stehen; daran denkt immer und schärft Euren Geist. Alles Gute, das Ihr vollbringt, muß aus Eurem eigenen Bemühen entstehen.«

Popol Vuh

Ich war frei. Mein Vater sagte: »Du bist unabhängig, und du mußt tun, was du tun willst, aber es muß dem Wohle unseres Volkes dienen.« Das war die Idee meines Vaters. Ich hatte die Freiheit, mich zu entscheiden, und ich sagte: »Ich gehe.«

In unserem Dorf verfolgte uns kein Soldat mehr, und niemand wurde vergewaltigt. In anderen Dörfern aber, und das war für mich unerträglich, gab es Frauen, Hunderte von Frauen, Mädchen und

Witwen, die schwanger waren, weil Soldaten sie gezwungen hatten, ihnen sexuell zu Willen zu sein. Für mich wäre es eine Schande gewesen, in meinem Dorf zu bleiben, nur weil ich dort sicher war, und nicht an die anderen zu denken. Mein Vater wußte das und sagte: »Wo du auch hingehst, bist du möglicherweise nicht mehr Herrin deines eigenen Lebens. Sie können dich jederzeit töten. Sie töten dich morgen oder übermorgen oder irgendwann.« Ich wußte aber, daß es meine Pflicht war, anderen Menschen zu zeigen, wie man sich gegen einen Feind zur Wehr setzte. Die Verpflichtung meinem Volk gegenüber als Christin, die daran glaubte, daß es eine Freude gab für alle Menschen, diese Freude aber von einigen wenigen an sich gerissen worden war. Das war meine Motivation.

Darum ging ich in ein Dorf, in dem die Menschen sehr bedroht waren und wo ich Freundinnen hatte. Ich hatte sie auf den Fincas kennengelernt und an dem Fluß, zu dem wir immer gingen, um Jutes zu suchen – kleine schneckenartige Tierchen, die wir auf dem Markt verkauften. Diese Mädchen kamen auch an den Fluß, um Jutes zu suchen. Das war eine Arbeit, die hauptsächlich Frauen an den Samstagen und Sonntagen machten, während die Männer an den Samstagen die Ställe der Tiere reparieren oder sonstige Arbeiten am Haus verrichten, zu denen sie in der Woche nie Zeit haben. Außerdem lieben wir Frauen den Fluß sehr, und es ist eine schöne Atmosphäre, wenn wir alle zum Fluß hinuntergehen, auch wenn wir den ganzen Tag im Wasser waten müssen, um die Jutes von den Steinen aufzulesen. Ich habe das immer sehr genossen. Meine Freundinnen waren genauso, und so lernten wir uns kennen, und unsere Freundschaft vertiefte sich bei der Baumwollernte auf den Fincas. Meine Freundinnen waren viel jünger als ich.

Die Baumwollernte macht man mit drei Händen, wie wir in Guatemala sagen. Die erste Hand pflücken die Erwachsenen. Die Baumwolle ist wie ein Schwamm, wie Schnee. Die zweite Hand pflücken zum Teil auch noch die Erwachsenen. Aber die dritte Hand machen die Kinder, die unter die Sträucher kriechen. Die Sträucher sind nicht hoch. Einen Meter vielleicht, die höchsten zwei Meter oder eineinhalb Meter. Die Kleinen kriechen also unter die Sträucher und sammeln die Baumwolle vom Boden auf, da nichts verlorengehen darf, weil man uns sonst unsere Arbeit nicht bezahlt. Da ich schon erwachsen war, einigte ich mich mit meinen Freundinnen darauf, daß ich die zweite Hand machte und sie die dritte Hand. Und dabei sprachen wir miteinander, pflückten und sammelten Baumwolle und unterhielten uns dabei. So wurden wir gute Freundinnen. Und als ich dann erfuhr, daß diese und jene von ihnen von der Armee vergewaltigt worden war, stieg die Wut in mir hoch. Dies meinen Freundinnen, die so lieb und so einfach waren. Das gab für mich den Ausschlag.

Klar, mein Dorf war noch kein befreites Gebiet, und von einem Augenblick auf den anderen konnte der Feind wiederkommen, denn die Regierung verfügte über modernes Gerät, über moderne Waffen, und es konnte jederzeit zu einem Massaker in meinem Dorf kommen. Trotzdem hatte ich das Gefühl, in dem anderen Dorf bei meinen Freundinnen mehr gebraucht zu werden. Ich konnte bei ihnen wohnen, und sie erzählten mir von ihrer Verzweiflung. Vier von ihnen waren vergewaltigt worden. Zwei von ihnen waren von den Soldaten schwanger und zwei nicht. Aber sie waren krank, weil sie von fünf Soldaten vergewaltigt worden waren.

Ich wohnte bei einer der beiden Schwangeren im Haus, und sie sagte zu mir: »Ich hasse dieses Kind, das ich in mir trage, und weiß nicht, was ich damit tun soll. Dieses Kind ist nicht mein Kind.« Und sie wurde ganz verzweifelt und weinte. Aber ich sagte zu ihr: »Du mußt dein Kind lieben, denn du hattest keine Schuld.« Und sie sagte: »Ich hasse den Soldaten. Wie ist es möglich, daß ich das Kind eines Soldaten aufziehen muß?«

Sie hatte eine Fehlgeburt. Aber mit Hilfe ihres Dorfes. Sie gehörten zu einem anderen Stamm als ich. Ihr Dorf half ihr, und sie sagten, das sei nicht ungewöhnlich, denn unsere Vorfahren wurden auch schon vergewaltigt und mußten Kinder kriegen, ohne daß sie es wollten. Aber meine beiden Freundinnen litten sehr. Ich wußte nicht, wie ich ihnen helfen konnte, und fühlte mich sehr feige.

In dem Dorf sprach man die gleiche Sprache wie bei uns. In Guatemala ist nämlich das Quiché eine vorherrschende Sprache. Die Hauptsprachen sind Quiché, Cakchiquel und Mam. Von diesen drei Muttersprachen leiten sich alle anderen Sprachen ab. Trotzdem spricht man innerhalb eines Stammes nicht immer dieselbe Sprache. Die Ixilas sind zum Beispiel Quichés, aber sie spre-

143

chen kein Quiché und haben auch andere Bräuche. Es gibt also eine Ansammlung verschiedener Stämme, Sitten, Sprachen und Kulturen, und daß es drei Muttersprachen gibt, heißt nicht, daß wir uns alle verstehen. Wir verstehen uns nicht alle. So war es auch mit meinen Freundinnen. Sie kamen aus einem anderen Dorf, einem anderen Volk. Wir konnten uns verständigen, aber nur unter großer Verzerrung der Sprache ...

Meine beiden nichtschwangeren vergewaltigten Freundinnen waren vielleicht vierzehn Jahre alt. Es ging ihnen sehr schlecht, und ich wußte nicht, was es war, was sie wohl haben konnten. Eine konnte nicht gut gehen, und der anderen tat der Bauch sehr weh. Sie sagte, ihr täte der Bauch weh, und ich wußte ehrlich nicht, was ich da tun sollte. Die zwei Schwangeren lehnten ihre Kinder ab und wollten nicht Mütter von Kindern von Soldaten sein. Ich fühlte mich in dieser Situation sehr hilflos. Sie taten mir so leid. Für sie war meine Anwesenheit von Vorteil, denn ich war immer bei ihnen, so wie früher, als wir noch kleinere Mädchen waren.

Wir begannen also mit dem Bau der Fallen, obwohl man hier andere Vorstellungen davon hatte, denn dieses Dorf hatte viele geheime Dinge, die die Leute bewahrten und aus Achtung vor diesen Dingen noch nicht angewandt hatten. Wir erkannten aber die Notwendigkeit, sie einzusetzen, weil unser Leben wichtiger war, selbst wenn dadurch viele unserer indianischen Geheimnisse offenbar würden.

Ein anderes Dorf, ganz in der Nähe des Ortes, in dem ich jetzt lebte, das Dörfchen Cotzal, litt sehr unter der Verfolgung. Die Unterdrückung hatte im Jahre 1960 begonnen. Seit dieser Zeit wurden viele Menschen ermordet, viele Frauen vergewaltigt, viele Männer gefoltert. Aus diesem Dorf kam eines Tages eine alte Frau zu uns. Wir Indios in Guatemala werden - wie mein Großvater immer sagte - heutzutage ja nicht mehr sehr alt. Man wird vielleicht sechzig Jahre alt, soviel Lebenserwartung hat man vielleicht. Aufgrund der schlechten Lebensbedingungen sterben die Menschen schon sehr früh. Aber diese alte Frau war bewundernswert; sie war ein Sonderfall im Dorf. Sie mochte so um die neunzig Jahre alt sein. Man hatte gerade ihren letzten Sohn ermordet. Zuerst hatten sie ihren Mann umgebracht. Ihr Mann war in die Stadt gegangen und nicht mehr zurückgekehrt. Einer ihrer Söhne ging, um ihn zu suchen, und kam auch nicht mehr zurück. Ein anderer ging und kam auch nicht mehr zurück. Ihre anderen Kinder wurden im Haus gefangengenommen und verschleppt, und die Alte blieb allein zurück. Da suchte sie Zuflucht in dem Dorf, in dem ich jetzt wohnte.

Zu dieser Zeit hatten wir die Selbstverteidigung des Dorfes schon organisiert, hatten Fallen gebaut, genau wie in meinem Dorf, und die Compañeros sagten: »Da ist eine alte Frau gekommen und will bei uns wohnen.« Ich sagte: »Selbstverständlich, klar, wir müssen uns gegenseitig helfen und bis zum Letzten verteidigen.«

Nachts stellten wir immer kombinierte Wachen auf. Ein Junge und ein Mädchen oder ein Señor und ein Mädchen, so wechselten wir uns ab und bewachten das Dorf die ganze Nacht. Die kombinierten Wachen waren eine Veränderung, die das Dorf sich aus einem bestimmten Grund ausgedacht hatte. Denn die Nachtwachen mußten, um nicht aufzufallen, so bewegungslos wie ein Baumstamm sein, sonst wären sie entdeckt und Kanonenfutter für die Armee geworden. So sollte die Compañera still auf der einen Seite stehen und nicht wie ein Mensch aussehen, während der andere etwas weiter entfernt dem Dorf Signale gab. Das war eine veränderte Konzeption, die die Leute im Dorf sich ausgedacht hatten. Auch ihre Fallen waren anders. Ihre Waffen waren anders. Sie hatten die Dinge gemäß den Bräuchen ihres Dorfes verändert.

Mich akzeptierten sie, obwohl ich sagen muß, daß wir Indios leider durch ethnische Schranken getrennt sind – sprachliche Schranken. Das ist charakteristisch für Guatemala. Wir leben auf engem Raum zusammen, und so viele Schranken hindern uns, einer mit dem anderen zu sprechen. Außerdem sagen wir Indios uns: »Hier ist mein Stamm, also ist hier auch mein Platz. Ein anderer Stamm hat hier nichts zu suchen.« All diese trennenden Schranken ... was die Regierung natürlich noch unterstützt. Ich wurde sehr gut aufgenommen, weil ich dem Dorf sehr nützlich war.

Eines Nachts besetzte die Armee das Dorf. Als die Hunde zu bellen anfingen, schossen sie wie verrückt in die Luft. Sie schossen auf alles, aber niemand war mehr da. Die Leute hatten alles aus ihren Häusern mitgenommen, und das ganze Dorf war in die Berge gezogen. Dort blieben wir zwei, drei, vier Nächte. Die alte

Frau verlor die Geduld. Sie hielt die Kälte nicht mehr aus. Es regnete sehr viel. Wenn in der Nacht die Regengüsse einsetzten, floß das Wasser in Strömen durchs Lager, und am anderen Morgen waren wir alle durch und durch naß. Und die Frau war schon sehr alt und ertrug die Kälte nicht mehr, und eines Tages sagte sie: »Sollen sie mich umbringen, aber ich gehe nicht mehr mit euch in die Berge.« Uns fiel es sehr schwer, die gute alte Frau, die uns so viele Dinge gezeigt und uns mit ihrer Erfahrung so oft geholfen hatte, allein zurückzulassen. Aber sie sagte: »Nein, ich bleibe im Dorf. Wenn sie mich töten wollen, sollen sie mich töten. Ich habe keine Kinder mehr und keine Enkel, denn auch alle meine Enkel haben sie mir verschleppt. Für wen also. Auch wenn ich euch geholfen habe, das war eben mein Beitrag zum Ganzen.«

Unter großer Trauer und großem Schmerz ließen wir die Frau zurück. Als die Nacht hereinbrach, verließen wir einzeln das Dorf und trafen uns im Lager in den Bergen. Jedes Haus im Dorf hatte seine Falle. Sie bestand aus einem tiefen Loch vor der Tür. Etwa so tief wie der Abstand vom Dach bis zum Boden. Tagsüber wird ein Brett über das Loch gelegt, aber nachts wird es weggenommen und das Loch zugedeckt, so daß jeder, der ins Haus will, hineinfällt. Die alte Frau baute ihre Falle auf, legte sich ihre Axt, ihre Machete, ihre Steine, alles, was sie zur Verteidigung hatte, zurecht und ging schlafen.

Aus der Ferne sahen wir das Zeichen. Einer von der Wache gibt uns immer Zeichen mit einer Fackel. Er schwenkt sie so oft, wie Soldaten ins Dorf kommen. Wenn die Armee dann wieder abzieht, macht er dasselbe, damit wir wissen, ob alle Soldaten das Dorf verlassen haben.

Wir waren alle äußerst besorgt um die alte Frau, und ich war mir sicher, daß sie sie umbringen oder vergewaltigen würden, denn ich wußte, daß diese Mörder so verbrecherisch waren, daß sie weder Alte noch Kinder verschonten. Sie vergewaltigten gerne Alte und Kinder.

So gegen zwei Uhr morgens bellten die Hunde, und es wurde geschossen, aber man hörte keine Schreie von der alten Frau. Obwohl wir weit vom Dorf entfernt waren, konnten wir doch alle Geräusche aus dem Dorf bis zu uns herauf hören. Man hörte nichts. Gegen drei Uhr gab die Wache wieder Zeichen, daß die Armee das Dorf verlassen hatte. Wir zählten, aber nicht alle Soldaten waren gegangen. Wir wußten nicht, was wir tun sollten. Wir wollten bis zum Anbruch des Tages warten und uns dann entscheiden, ob wir ins Dorf zurückgehen oder in den Bergen bleiben.

So gegen fünf, kurz vor Morgengrauen, sahen wir dann die alte Frau, wie sie zu uns heraufkam. Wie war es möglich, daß sie dem Tod entronnen war? Die Frau blieb stehen und sagte: »Ich habe eine Überraschung für euch«, und sie lachte und weinte zur gleichen Zeit. Aber sie weinte vor Freude, und man sah ihrem Gesicht an, daß sie sehr bewegt war.

Wir dachten sofort, daß sie eine Oreja war, ein Spitzel. In vielen Dörfern gibt es nämlich Spitzel, die sich an die Regierung verkaufen, und ich kann sagen, daß es nicht ihre Schuld ist, sondern daß die Not sie zwingt, sich zu verkaufen. Sie werden unter Druck gesetzt und sehen keinen Ausweg. Sie geben sich dazu her, Informationen über ihr Dorf an die Regierung weiterzugeben, was vielen Menschen das Leben kosten kann.

Wir dachten also, die Señora sei ein Spitzel, obwohl wir es eigentlich nicht glauben konnten, weil sie ein sehr klarer Mensch war. Aber das ganze Dorf nahm den Fall sehr ernst, denn in jener Zeit war uns klar, daß, auch wenn wir nicht gerne Gewalt anwendeten, wir das tun mußten, um unser aller Leben zu schützen. Wenn die Señora sich also verkauft hatte, würden wir sie bei allem Verständnis hinrichten müssen. Sie sagte aber: »Ich habe eine Überraschung für euch. Ich habe einen Soldaten umgebracht«, sagte sie, »ich habe einen Soldaten umgebracht.« Und niemand glaubte ihr.

Klar, wie konnten wir glauben, daß die Frau, die erstens alt, zweitens fast blind war und drittens keine Waffe hatte, die mit denen der Armee zu vergleichen war ... Aber sie sagte: »Ich bin so glücklich. Ich will nicht mehr sterben. Ich will weiterieben. Ich habe einen Soldaten getötet.« Und niemand glaubte ihr.

»Ich sage die Wahrheit«, rief sie, »wenn ihr wollt, zeige ich euch die Waffen.« Sie hatte das Gewehr des Soldaten dabei und eine Pistole, und die Frau war glücklich. »Zeigt mir, zeigt mir, wie man damit umgeht.«

Für mich war das wie ein Traum, wie ein Fotoroman, nicht zu glauben. Und die Frau erzählte: »Sie kamen in mein Haus, sprangen über das Loch – die meisten. Ich konnte mich verstecken und

147

hinten heraus entkommen. Alles was ich bei mir hatte, war eine Axt. Und einem Soldaten, der draußen stand und ins Haus hineinsah, schlug ich die Axt auf den Kopf, daß er zu Boden fiel. Die anderen dachten, es wären Guerrilleros gewesen, und rannten davon. Einer der Soldaten fiel dabei in die Grube, und der andere wälzte sich am Boden. Die Soldaten erschossen ihren verletzten Kameraden, der auch zu entkommen versuchte.«

Die Frau war alt, klar, und wir sahen hinterher, daß die Wunde nicht sehr schlimm war; nicht so schlimm, daß sie ihn hätten erschießen müssen. Sie hatten ihn aber erschossen und ihren Kameraden in der Grube zurückgelassen, als sie davonliefen. Daher die Signale der Wache, daß nicht alle Soldaten das Dorf verlassen hatten, was unser Mißtrauen noch erhöhte, als die alte Frau zu uns ins Lager kam. Sie sagte immer wieder: »Ich will leben, ich will bei euch bleiben.« Sie tanzte beinahe. »Jetzt können wir uns wehren. Wenn wir damit erst umgehen können, haben wir Waffen, die so gut sind wie ihre. Mit solchen Waffen haben sie meine Kinder umgebracht«, sagte die Señora.

Die Frage war, was sollten wir mit dem Soldaten tun? Er war mit seinen Waffen und allem in die Grube gefallen. Er hatte sogar Handgranaten. Er war schwer bewaffnet.

Den Toten schleppten wir aus dem Dorf und ließen ihn auf einem Weg liegen, wo man ihn finden, aber nicht sogleich mit dem Dorf in Verbindung bringen würde. Obwohl, seine Kameraden wußten so oder so, daß er in unserem Dorf zurückgeblieben war.

Der andere war nicht tot, er lebte, aber er saß in der Falle. Wir wußten nicht, was wir mit ihm tun sollten, denn wenn wir uns der Grube näherten, war er imstande, uns zu erschießen. Wir sagten ihm, er solle seine Waffen herausgeben. Wir ließen ein Seil in das Loch hinunter und sprachen aus sicherer Entfernung mit ihm. Wenn er seine Waffen herausgebe, würde ihm nichts geschehen, wenn er sich aber widersetze, würde auch er sterben müssen. Der Soldat, der voller Angst da im Loch sitzen mußte, sagte dann ja, band seine Waffen an das Seil, und wir zogen sie heraus. Aber wer garantierte uns, daß er nicht noch eine Waffe versteckt hielt? Das war unsere größte Sorge. Aber die meisten aus dem Dorf sagten: »Selbst wenn er noch eine Waffe hat, kann er vielleicht einen von uns töten, aber nicht alle.« So zogen wir dann alle zusammen den Soldaten heraus. Er kam heraus, und richtig, er hatte alle seine Waffen abgegeben.

Mit diesem Soldaten machten wir dasselbe wie mit dem anderen damals in meinem Dorf. Meine schwangeren Freundinnen erklärten ihm, daß sie Kinder von Soldaten trügen, daß sie aber nicht imstande wären, dem Blut eines Soldaten Leben zu geben. Für sie als Indias wäre so ein Kind ein Ungeheuer, das sie nicht ertragen könnten.

Der Soldat weinte und sagte: »Ich habe keine Schuld. Man hat mir Befehle gegeben. Sie haben uns gezwungen, hierherzukommen. Wenn wir nicht gehorchen, bringen sie uns um. Wir gehorchen einem Hauptmann, und durch die Befehle des Hauptmanns handeln wir. Wenn ich jetzt von der Armee wegbleibe, bin ich trotzdem ein Feind des Volkes, und wenn ich meine Waffe wegwerfe, bin ich auch noch ein Feind der Armee. Wenn sie mich also nicht hier umbringen, bringen sie mich dort um. Ich weiß nicht mehr, was ich machen soll.«

Wir sagten ihm dann, wenn es auch schwer für ihn sei, solle er sich verstecken oder sonst etwas tun, aber kein Verbrecher mehr sein wie die anderen in der Armee.

Er erklärte uns viele Dinge und wie sie in den Kasernen mißhandelt wurden. Er sagte: »Vom ersten Tag an, als ich in die Kaserne kam, sagten sie mir, meine Eltern seien Dummköpfe.« Und er, weil er auch ein Indio sei, ebenfalls. »Meine Eltern sind Dummköpfe, weil sie nicht Spanisch sprechen können, und darum brachten sie mir bei, wie ein Mensch zu sprechen. Sie brachten mir Spanisch bei und gaben mir ein Paar Schuhe. Es fiel mir schwer, Schuhe anzuziehen, aber sie prügelten mich, bis ich in Schuhen ging. Sie prügelten mich, damit ich mich anpaßte. Dann sagten sie mir, ich müsse die Kommunisten aus Kuba und Rußland töten. Ich müsse sie alle umbringen, und dann gaben sie mir ein Gewehr.«

Wir fragten ihn: »Und wen bringst du um mit deinem Gewehr? Warum bist du hinter uns her? Wenn sie dir sagen, daß dein Vater und deine Mutter deine Feinde sind, benutzt du dein Gewehr dann auch, um sie zu töten?«

»Ich benutze mein Gewehr, wie sie es mir befehlen. Ich habe an alldem keine Schuld. Mich haben sie aus meinem Dorf herausgeholt.« Er weinte, und als Mensch, der man ist, konnte er einem sogar leid tun.

Ich verstand zu der Zeit die Situation und wußte, daß die Soldaten nicht die Schuldigen waren. Schuld hatte die Regierung, die sogar unser Volk zwang, Soldat zu werden. Und der Soldat erzählte uns, was sie mit ihnen taten. Dieses Mal waren wir schon klüger als beim ersten Mal und holten viele Informationen aus dem Soldaten heraus.

»Wir müssen den Befehlen eines Hauptmanns gehorchen. Der Hauptmann geht immer hinter uns, und wer nicht gehorcht, wird erschossen.«

»Und warum tut ihr euch nicht alle zusammen, wenn es doch nur ein einziger Hauptmann ist?«

»Nicht alle denken dasselbe«, sagte der Soldat. »Viele glauben schon, daß es richtig ist, was wir tun.«

Und wir fragten: »Für wen kämpft ihr denn? Wo sind denn die Kommunisten?«

Der Soldat wußte nicht einmal, wie oder was Kommunisten waren.

Wir fragten ihn: »Wie sehen Kommunisten denn aus?«

Und er sagte: »Sie haben uns gesagt, daß sie in den Bergen sind, daß sie nicht wie Menschen aussehen und so.«

Er hatte überhaupt keine Vorstellung von dem, was er tat. Wir sagten ihm: »Du kämpfst für die Reichen. Du kämpfst für die an der Macht, aber nicht für dein Volk.«

»Ja, das stimmt«, sagte er. »Ich werde nicht mehr zurückgehen. Ich verspreche euch, ich schwöre euch, ich werde nicht mehr in die Kaserne zurückgehen.«

Und wir sagten: »Wenn du wirklich ein Sohn deines Volkes bist, wenn du dich wirklich an den Rat unserer Vorfahren erinnerst, dann gehst du, wohin du willst, aber hörst auf, ein solcher Verbrecher zu sein, hörst auf, Menschen zu töten.«

Der Soldat war überzeugt worden, und wir erfuhren, daß er nicht zur Armee zurückgegangen war, sondern sich versteckt hielt.

Das war mein zweites großes Erlebnis in bezug auf die Organisation und den Kampf des Volkes. Mein Traum war, weiterzukämpfen und mein Volk noch besser kennenzulernen. Ich dachte auch viel über alles nach, was unsere Vorfahren uns überliefert hatten und wollte es weiterhin in die Tat umsetzen, trotz der Gefahr, mißhandelt und verschleppt zu werden. Man durfte die Hoffnung nicht verlieren.

19 Der Tod von Doña Petrona Chona

»Unmenschlich werden ihre Soldaten sein, grausam ihre wilden Blutbestien.«

Chilam Balam

Es gibt etwas, das ich noch nicht erzählt habe, als ich von den Großgrundbesitzern in unserer Gegend sprach, von den Familien García und Martínez: 1975 versuchten die Garcías, die bei uns im Hochland wohnten, die Indios der ganzen Gegend dazu zu bewegen, ihren Mais und ihre Bohnen auf ihre Finca zu bringen, damit sie dann die Waren in die Stadt schaffen und teurer weiterverkaufen konnten. Auf dieser Finca habe ich als Kind auch oft gearbeitet, da sie in der Nähe unseres Dorfes lag. Dort wurde Kaffee angebaut. Bananenstauden gaben den Schatten für die Kaffeesträucher. Und dieser Großgrundbesitzer da verbot uns, die Bananen zu pflücken, weil sie der Schatten für den Kaffee waren. Die Bananen verfaulten an den Stauden, und wir alle waren hungrig und durften die Bananen nicht essen.

Ich hatte eine Freundin, die hieß Petrona Chona, und diese Freundin hatte zwei Kinder. Einen Jungen von zwei Jahren und ein Mädchen von vielleicht drei Jahren. Sie hatte einen Mann. Petrona war noch sehr jung und ihr Mann auch. Beide arbeiteten auf der García-Finca.

Irgendwann fing der Sohn des Großgrundbesitzers, Carlos García hieß er, an, die Señora zu hofieren. Ich hasse ihn aus tiefster Seele. Er fragte sie, ob sie seine Geliebte werden wolle. Sie war eine India. Sie sagte: »Wie soll so etwas möglich sein? Ich bin eine

verheiratete Frau.« Er bedrängte die Señora immer weiter ...
sagte, daß er verliebt sei, daß er sie liebe und alles. Jeden Tag kam
der Sohn des Großgrundbesitzers dorthin, wo sie arbeitete, und da
er nichts anderes zu tun hatte, beschäftigte er sich nur damit.

Eines Tages, an einem Freitag, blieb sie zu Hause, weil ihr kleiner Sohn krank geworden war. Sie wohnten auf der Finca. Sie mußten Pacht bezahlen und als Knechte arbeiten und verdienten
nichts. Was sie verdienten, ging weg für die Hütte und das Stückchen Land, das sie bebauten. Die Frau war oft verzweifelt und
sagte mir, daß sie oft nichts zu essen hätten und immer nur arbeiten müßten.

Am Freitag blieb sie zu Hause, und da der Sohn des Großgrundbesitzers sie auf dem Feld nicht gefunden hatte, kam er zu
ihr. Er sagte ihr, er wolle ihr Geliebter sein, und sie solle ihm gehören. Sie hatte Angst um ihr Kind und sagte nein und nein. Sie stritten lange, und wir arbeiteten leider ziemlich weit entfernt. Ein
paar Knechte befanden sich in der Nähe ihres Hauses, aber sie hatten auch zu arbeiten. Schließlich wollte sie nicht, und der Sohn des
Großgrundbesitzers ging davon.

Der Mörder Carlos García bestellte dann den Leibwächter seines Vaters zu sich, um die Señora in ihrem Haus ermorden zu lassen. Aber er sagte dem Leibwächter, er dürfe sie nicht mit einer
Feuerwaffe töten, sondern müsse sie mit der Machete umbringen.
Klar, der Leibwächter machte auch das, weil er gehorchen mußte,
und ging in das Haus der Señora, wo er mit der Machete von hinten auf sie einschlug. Mit dem ersten Schlag hackte er dem Kind
einen Finger ab, weil sie es auf dem Rücken trug, und das andere
Kind rannte voller Angst aus dem Haus. Er riß ihr das Kind vom
Rücken, legte es in eine Ecke und zerhackte die Señora mit der
Machete, wenn ich mich nicht irre, in fünfundzwanzig Stücke. Nur
kleine Stückchen blieben von der Señora übrig. Ich vergesse das
nie, weil sie am Morgen noch mit mir gesprochen hatte. Sie hatte
mir erzählt, daß sie die Finca verlassen wollten, aber dazu hatte sie
dann keine Zeit mehr gefunden.

Die Knechte in der Nähe hörten die Señora schreien, aber nie-
mand ging hin, weil sie gesehen hatten, daß zuerst der Sohn des
Großgrundbesitzers und dann der Leibwächter gekommen war.
Wer hätte sich da einmischen sollen? Er wäre auch umgebracht

worden oder hätte seine Arbeit verloren. So wurde die Señora in Stücke geschlagen.

Am Freitagnachmittag sah ich die Leiche der Señora zerstückelt am Boden. Mein Vater kam dazu und weinte, als er sie sah. Er sagte: »So ein guter Mensch, die Doña Petrona.« Niemand konnte es glauben.

Das Kind wurde aus der Ecke geholt und sein Finger verbunden, damit er aufhörte zu bluten. Wir wußten nicht, was wir tun sollten.

Sie blieb die ganze Nacht, den nächsten Tag und die Nacht von Samstag auf Sonntag da liegen. Niemand durfte sie dort wegnehmen. Mein Vater sagte: »Bueno, wir müssen die Señora da wegnehmen.« Und sie stank fürchterlich. Weit außerhalb des Hauses roch man den Gestank. Aber nach dem Gesetz in Guatemala darf man eine Leiche nicht eher wegschaffen, bis die Behörden gekommen sind, und daher hatten wir sie gleich benachrichtigt. Aber die nächste Amtsperson war in der Stadt und kam erst am Montag.

Am Sonntag war die Leiche schon voller Fliegen und allem. Es war sehr heiß an dem Ort, und der Gestank und alles ... Also sagte mein Vater: »Auch wenn sie uns die Schuld an dem Verbrechen geben, müssen wir sie jetzt fortschaffen.« Wir sammelten Doña Petrona in Körben zusammen, und der ganze Boden des Hauses war mit ihrem Blut getränkt. Ihre Hände, ihr Kopf, alles, alles abgehackt. Wir sammelten es in Körben ein und legten die Teile in eine Kiste und begruben sie am Sonntag.

Die Leute ... viele von ihnen kamen erst hinterher, aber viele kamen auch überhaupt nicht, denn es war ein Verbrechen, und niemand wollte darin verwickelt sein, um nicht von den Behörden angeklagt zu werden. Wir wußten, daß der Großgrundbesitzer große Macht hatte.

Am Montag kam der Bürgermeister. Zum ersten Mal fühlte ich mich, ich weiß nicht, wie ich es sagen soll – so unfähig. Ich konnte nichts tun. Bevor der Bürgermeister zu uns kam, sprach der Großgrundbesitzer mit ihm, und sie lachten. Wir verstanden nicht, was sie sprachen, aber sie wollten keine Erklärung, wie es passiert war, wann es passiert war, zu welcher Zeit. Nichts. Der Bürgermeister kam, als ob nichts geschehen sei. Und ging in aller Ruhe wieder fort. Um den Schein zu wahren und damit die Leute nichts sagten,

153

nahm er den Leibwächter für zwei Wochen mit ins Gefängnis. Nach zwei Wochen kehrte er wieder zu seiner Arbeit zurück.

Jedesmal, wenn ich daran denke, überkommt mich dasselbe Gefühl. Das erste Mal, daß ich eine Leiche beerdigen mußte. Eine zerstückelte Leiche. Wohl noch sechs Jahre lang träumte ich von Doña Petrona Chona. Keine Nacht verging, in der ich nicht von Doña Petrona träumte. Lange Zeit konnte ich nicht schlafen, weil ich immer an sie denken mußte.

20 Abschied des Vaters vom Dorf

Rigoberta will lesen und schreiben lernen

> *»Niemals wird unser Volk sich zerstreuen. Sein Schicksal wird sich erfüllen an den Unglückstagen, die kommen werden zu einer Zeit, die man nicht weiß. Immer wird es einen sicheren Ort auf der Erde geben, an dem wir leben.«*
>
> *Popol Vuh*

Nachdem mein Vater 1977 aus dem Gefängnis entlassen worden war, wurde er Mitglied im CUC, als es sich gerade gründete. Tatsächlich bestand das CUC schon als Untergrundorganisation, trat aber im Mai 1978 an die Öffentlichkeit, als es stark genug war, sich als Organisation zu behaupten. Er arbeitete dort mit vielen Compañeros zusammen, mit Emetrio Toj Medrano und anderen, die ermordet wurden, und anderen, die noch leben. Man machte sich jetzt konkrete Gedanken darüber, wie das CUC funktionieren, welche Ziele es als Organisation haben sollte. Von der Regierung wurde das CUC nicht anerkannt. Also mußte es eine spontane und gleichzeitig geheime Organisation sein. Wir anderen traten als Mitarbeiter ein, später dann als Mitglieder.

Anfang 1978 kam mein Vater von seinen vielen Reisen wieder einmal nach Hause, und auch ich kam wieder nach Hause, und da gab das Dorf ein Abschiedsfest für uns. Das waren die letzten Tage, in denen unsere ganze Familie zusammen war. Es war die Zeit, in der mein Vater vielleicht zum letzten Mal zu Hause war. Er wurde verfolgt, und es war zu gefährlich für ihn, ins Dorf zu kommen. Einer meiner Brüder wurde auch bedroht. Mein kleiner Bruder, den sie später verbrannten, er war schon als Kind Katechet gewesen, und jetzt war er Dorfsekretär geworden. Darunter muß

155

man sich keine wichtige Persönlichkeit vorstellen, die lesen und schreiben kann. Er setzte nur das wenige, was er gelernt hatte, in die Tat um.

Als wir in unser Dorf zurückkamen, waren alle hocherfreut, da wir seit langem nicht mehr dagewesen waren. Sie sagten, sie wollten ein großes Dorffest feiern und dazu alle die alten Maya-Instrumente herbeiholen, die wir im Dorf hatten. Sie machten die Fiesta, obwohl keine Fiestazeit und keine Zeit der Zeremonien war. Sie sagten, es solle unser Abschiedsfest werden, weil sie glaubten, daß sie uns nicht mehr wiedersehen würden, denn die meisten von ihnen hatten den Kampf in den Bergen begonnen. Einige waren heruntergekommen und feierten jetzt mit. Es war eine große Ehre für das Dorf. Wir wurden eingeladen, und die Fiesta fand in dem Gemeindehaus statt, in dem wir immer unsere Versammlungen abhielten.

In Guatemala, bei unseren indianischen Bräuchen, wenn ein wichtiges Fest gefeiert wird, gibt es Atole, Tamales, und alle essen auch Fleisch. Das ganze Dorf hatte zusammengelegt und ein Schwein geschlachtet. Es gab ein Essen für das ganze Dorf. Um sieben oder acht Uhr abends fing die Musik an zu spielen. In meinem Dorf werden bei solchen Anlässen auch immer Pulverbomben gezündet, die die Leute selbst herstellen.

Ich habe ganz vergessen, diese Bomben zu erwähnen. Sie werden schon seit langen Zeiten gemacht. Sie werden aus einem Mörser abgefeuert. Sie werden in ein Rohr gelegt, und dann wird die Zündschnur angezündet. Die Bombe fliegt hoch in die Luft und explodiert mit einem lauten Knall. Als wir mit unseren Selbstverteidigungsmaßnahmen begannen, hatten wir auch diese Bomben eingeplant, um sie zu gegebener Zeit gegen die Armee einzusetzen.

In dieser Nacht wurden viele Bomben abgefeuert. Es wurde gefeiert und getanzt. Um Mitternacht, das ist bei wichtigen Festen ein Brauch in unserem Dorf, werden Reden gehalten, und die Leute sagen, was sie bewegt. Um Mitternacht, weil da, wie unsere Großeltern sagen, sich der alte Tag verabschiedet und ein neuer Tag beginnt.

So gegen halb zwölf ließ man uns Zeit, zu sprechen. Mein Vater sprach zuerst. Er sagte, er sei glücklich, das Dorf allein lassen zu können und anderswohin gehen zu können, denn in unserem

Dorf seien die Kinder erwachsen und könnten für sich selbst sorgen. Es sei jetzt also erforderlich, anderswohin zu gehen und andere Kinder ebenso anzuleiten. »Möglicherweise komme ich nicht mehr zurück«, sagte er, »also paßt gut auf euch auf.« Und meine Mutter sagte: »Ich bin jetzt noch hier, aber ich fühle, daß man mich anderswo braucht. Es kann sein, daß wir das Dorf verlassen und in andere Dörfer gehen.« So verabschiedete sich ein jeder von uns von den Leuten im Dorf. Alle weinten, und manchmal lachten sie, weil sie glücklich waren und nicht wußten, wie sie ihre Freude ausdrücken sollten.

Mein Vater war sehr zufrieden und sagte, der Kopf eines Menschen diene nicht nur dazu, einen Sombrero darauf zu setzen. Weil wir Indios immer Sombreros tragen. Der Kopf sei nicht nur für den Sombrero da, sondern zum Nachdenken, was für die Gemeinschaft wichtig sei, um eine Veränderung herbeizuführen, und daß eine solche Veränderung zu einer Veränderung der Gesellschaft auf allen Ebenen führe.

Wir wollten jeder an einen anderen Ort gehen, so daß, wenn sie mich ergriffen, ich nicht wüßte, wo meine Eltern sind. Es war schwer für uns, von unseren Eltern getrennt zu sein. Aber so war die Wirklichkeit, und wir mußten sie akzeptieren.

Mein Vater verabschiedete sich also von den Leuten, und ich erinnere mich, daß er sagte: »Meine Kinder, euer Vater wird ab jetzt das Dorf sein. Möglicherweise nimmt uns der Feind das bißchen Leben, das wir haben, aber wir müssen es trotzdem schützen und bis zum Letzten verteidigen. Wenn es zum Letzten kommt, habt Vertrauen und verliert nicht die Hoffnung, daß das Dorf euer Vater sein und euch beschützen wird, wie ich euch beschützen würde. Ich konnte mich nicht immer um euch kümmern, weil ich immer zum INTA mußte, weil das INTA meine Kräfte aufgezehrt hat und weil die Großgrundbesitzer uns bedrohten. Es war nicht meine Schuld. Es war ihre Schuld. Das alles müssen wir unserem Volk erzählen, das ist ein kleiner Beitrag, den wir leisten können.«

Danach sprach mein Vater zu uns Frauen, die wir noch unverheiratet waren. Er sagte, wir hätten volle Freiheit, zu tun, was wir wollten. Wir seien unabhängig. Aber am liebsten sähe er es, wenn wir unsere volle Unabhängigkeit zum Wohle unseres Volkes einsetzten. Er sagte: »Mich töten sie, aber sie können nicht mit allen meinen Kindern ein Ende machen. Und wenn sie einen von euch töten, dann muß ich bis zum letzten Atemzug weitergehen.«

Es war ein sehr trauriger Abschied. Es gab viele Tränen, weil auch noch andere das Dorf verließen. Viele Alte, viele Männer, deren Leben in Gefahr war und die in die Berge gehen mußten und nicht mehr im Dorf leben konnten. Sie waren auch bedeutende Personen im Dorf und trugen ihren Teil zu den angestrebten Veränderungen bei. Und wenn sie auch nicht siegen würden, so würden doch viele andere durch ihr Beispiel siegen.

In dieser Nacht mußten also viele Menschen verabschiedet werden. Mein Vater ging am nächsten Tag nach El Quiché, und ich blieb noch eine Woche im Dorf. Das waren die letzten Tage, die ich mit meinen Geschwistern zusammen verbrachte. Danach hatte ich Organisationsarbeit für das CUC in einer anderen Gegend übernommen. Ich wollte auch lesen und schreiben lernen. Ich hatte mir viele Dinge vorgenommen, und nach dem endgültigen Abschied nahm ich sie auch in Angriff.

21 Das CUC tritt an die Öffentlichkeit
Unterdrückung in El Quiché
Rigoberta lernt Spanisch

»Sie haben immer gesagt: die armen Indios, die nicht spre-
chen können. Also sprachen immer andere für sie, und des-
halb habe ich mich entschlossen, Spanisch zu lernen.«

Rigoberta Menchú

Als General Kjell an die Macht kam, machte er die Agrarreform.
In erster Linie machte er aber seinen Wahlkampf. Viele Campesinos, die an der Küste arbeiteten, wurden von den Großgrundbesitzern gezwungen, Kjell zu wählen. Er machte seine Wahlveranstal-
tungen in den Departamentos und Municipios, und ich erinnere
mich, daß er auch nach Uspantán kam. An einem Sonntag.

Kjell sprach viel von Brot, das er uns geben, und von Land, das
er verteilen wolite. Sie sagen Brot, weil sie Tortillas nicht einmal
kennen. Sie wissen oft gar nicht, was ein Indio ißt. Wir essen Mais
und die Kräuter des Feldes. Unsere Nahrung sind die Tortillas.
Aber sie, wenn sie einmal aufs Land fahren, versprechen uns mehr
als Tortillas, denn sie versprechen uns Brot. Sie wollten uns Brot
geben, wollten uns Gesundheit geben, Schulen geben, Straßen
und eine ganze Reihe von Dingen, die sie uns damals versprachen.
Land. Sie sagten: »Das Land gehört schon euch.« Das hieß, nach
der Wahl würden wir die Herren unseres Landes sein. Das war
1974. Und so mußten viele Leute damals wählen. Mein Vater,
meine Brüder, selbst meine Mutter wählten, weil sie glaubten, das
sei die Lösung unserer Probleme. Und hinterher, als Kjell an der
Regierung war, fingen sie an, unser Land in winzige Parzellen aufzuteilen.

Vorher hatte es immer Streitereien zwischen den Finqueros und den Dörfern gegeben. Kjell löste dieses Problem jetzt. Er war viel intelligenter als die anderen vor ihm. Er gab jedem Campesino eine Parzelle von dreiviertel Hektar. Und er gründete das INA-FOR, eine Institution, die das Holz und die Bäume in Guatemala bewachte. Wir konnten nicht einen Baum mehr abholzen, weil niemand seine Parzelle verlassen durfte. Wir mußten über einen Richter mit Hilfe eines Dokuments einen Antrag an INAFOR stellen, daß sie uns soundsoviele Bäume verkauften. Pro Baum verlangten sie fünf Quetzales. Und für uns hing praktisch unser Leben davon ab, daß wir immer Brennholz hatten. Wir haben keine Öfen, haben kein Gas, haben nichts. Viele Campesinos fällten weiterhin Bäume, aber dann kam INAFOR, und sie mußten ins Gefängnis, weil sie einen Baum getötet hatten.

Durch die Parzellierung gab es im Hochland große Schwierigkeiten. Aber die Probleme griffen auch auf die Fincas über. Die Campesinos, hauptsächlich aus dem Hochland, aus der Quiché-Region, wo das CUC entstand, protestierten gegen die Landreform, weil sie nur dazu diente, uns zu entzweien. Wir unterschrieben Papiere, füllten Dokumente aus, schickten sie zu INAFOR und baten und bettelten, daß sie uns unsere Bäume schlagen ließen, damit wir nicht verhungern mußten. INAFOR sagte nein. Jeder mußte bezahlen. Als aber die Großhändler kamen, die durften, ich weiß nicht, fünf- oder sechshundert Bäume für den Export schlagen, um sie zu verkaufen. Das machte die Leute sehr wütend und weckte ihr Bewußtsein. Wir protestierten und schrieben Briefe an den Präsidenten der Republik, daß er uns nicht unser Brennholz vorenthalte. Aber wir bekamen keine Antwort.

So kam es, daß der größte Teil der Campesinos das Hochland verließ, um auf den Fincas zu arbeiten, wo man noch etwas Geld verdiente und kein Brennholz brauchte. Viele, viele Menschen gingen an die Küste hinunter, und an der Küste gab es jetzt immer mehr Arbeitslosigkeit und Entlassungen. Die Großgrundbesitzer stellten ihre Bedingungen, wie es ihnen gerade paßte. Und weil so viele Menschen Arbeit suchten, war es kein Problem für sie, zweihundert oder dreihundert Campesinos auf einen Schlag zu entlassen. Die Leute wurden immer schlechter behandelt. Sie bekamen schlechtes Essen, und wenn der Großgrundbesitzer keine Lust hatte, bekamen sie gar nichts zu essen.

Unter diesen Bedingungen entstand das CUC. Es organisierte die Campesinos des Hochlandes und der Küste. Das war noch keine Organisation, die einen Namen und alles hatte, sondern einzelne Gruppen und Basisgemeinden und so. Eines Tages bat das CUC bei der Regierung um seine Anerkennung als Gewerkschaft der Campesinos, erhielt aber keine Antwort. Das CUC arbeitete weiter. Sofort ging man gegen die Führer vor, besonders stark in El Quiché. Leute, die im CUC organisiert waren, wurden verfolgt. Also sagte man sich im CUC: »Gut, wenn sie uns als legale Institution nicht anerkennen, dann sind sie es selbst, die uns in die Illegalität treiben.« Und das CUC arbeitete im Untergrund weiter.

1978 wurde Kjell von Lucas García abgelöst. Und Lucas – das gleiche natürlich . . . Er fuhr in die Dörfer und Gemeinden und versprach uns alles. So wie Kjell uns Straßen und Schulen und Lehrer und Ärzte versprochen hatte. Die Leute glaubten ihm kein Wort. Denn es gab nichts. Wir sagten uns: »Ein Lügner folgt auf den anderen«, und niemand wollte mehr wählen. Aber sie drohten uns. Wenn wir nicht wählen würden, bliebe kein Dorf, keine Gemeinde von der Unterdrückung verschont. Die Leute wählten zwangsweise. Die meisten wählten jedoch ungültig, das heißt, sie machten ihr Kreuz an die falsche Stelle oder kreuzten alles an. So kam Lucas an die Macht.

Aber bevor Kjell ausschied, metzelten sie noch 106 Campesinos in Panzós nieder, in der Region Cobán. Das war am 29. Mai 1978. In Panzós hatte man Öl gefunden, und sie vertrieben die Campesinos von ihrem Land. Sie ließen sich aber nicht so einfach vertreiben, sondern organisierten sich und kamen in die Stadt. Es waren Keckchí-Indios, und die Armee brachte sie einfach um. Sie töteten Männer, Frauen und Kinder. Man sah das Blut über die Plaza von Panzós fließen. Für uns war das, als ob wir selbst angegriffen und getötet worden wären. Es kam in die Zeitungen. Da man aber viel aufmerksamer den Antritt der neuen Regierung verfolgte, lief sich die Sache tot. Niemand interessierte sich für den Tod der Campesinos.

Das war der Anlaß, zu dem das CUC dann als Comité de Unidad Campesina an die Öffentlichkeit trat und sagte: »Wir verteidigen gegen alle Widerstände die Rechte der Campesinos.« Das CUC hat aber auch die Überzeugung, daß nicht nur wir Indios in Guatemala die Ausgebeuteten sind, sondern ebenfalls die armen

Ladinos. So gab es jetzt eine direktere Beziehung zwischen Indios und Ladinos in der Organisation. Das CUC verlangte gerechtere Löhne, und es kam zu Streiks und Demonstrationen. Der Mindestlohn konnte gerade auf drei Quetzales zwanzig hochgedrückt werden. Aber drei Quetzales zwanzig für eine Familie, die neun oder zehn Kinder durchbringen muß, ist immer noch ungerecht. Die Großgrundbesitzer erklärten sich zwar einverstanden, aber in Wirklichkeit zahlten sie weiterhin einen Quetzal fünfundzwanzig. Sie erhöhten einfach das Arbeitspensum, und jeder kleine Fehler, der dem Campesino unterlief, wurde vom Lohn abgezogen. Nicht mal eine Fliege konnte mehr über ein Blatt laufen, und schon mußten wir den ganzen Strauch bezahlen. Für die Campesinos brachen harte Zeiten an.

1978 kam Lucas García voller Mordlust und fing an, die Quiché-Region auszuwringen wir einen nassen Lappen. Überall ließ er Militärstützpunkte errichten, und in den Dörfern begannen die Vergewaltigungen, die Mißhandlungen und Verfolgungen. Die Massaker begannen. Zuerst in Chajul, Cotzal und Nebaj. Jeden Tag entdeckte man geheime Friedhöfe, wie sie sie nennen, überall im ganzen Land. Sie verschleppen Leute aus einem Dorf, foltern sie, und dann findet man irgendwann vielleicht dreißig Leichen an einer Stelle. In einer Schlucht zum Beispiel. Dann rufen sie die Leute zusammen, daß sie hingehen, um ihre Angehörigen herauszusuchen. Aber niemand traut sich, weil die Leute Angst haben, daß sie auch umgebracht werden, wenn sie hingehen. Also bleiben die Leichen liegen. Sie graben dann ein großes Loch, werfen alle Leichen hinein, und das ist dann ein geheimer Friedhof.

Dagegen vereinigten sich die Campesinos mit den Arbeitern, und 1977 kam es zu einer ersten großen gemeinsamen Demonstration: der Demonstration der Minenarbeiter von Ixtahuacán. Landarbeiter und Industriearbeiter zusammen auf dem Marsch. Der letzte Streik, den wir organisierten, war sehr, sehr groß. Der Streik von 70 000 Campesinos der Südküste. Organisiert vom CUC.

1979 wurde ich Mitglied des CUC, und ich wurde in viele verschiedene Gegenden geschickt, um die Leute zu organisieren. So kam ich mit vielen verschiedenen Stammesgemeinschaften im Hochland in Berührung. Ich fuhr von Ort zu Ort und wohnte bei den Compañeros. Das schmerzlichste für mich war, daß wir uns nicht verstanden. Sie sprachen kein Spanisch, und ich verstand ihre Sprache nicht. Es machte mich ganz krank, und ich sagte mir: »Das ist eine Schranke, die sie mit Absicht aufrechterhalten, damit wir Indios uns nicht verständigen und unsere gemeinsamen Probleme nicht besprechen können.«

Ich fing an, die Sprache der Mam zu lernen, Cackchiquel zu lernen und Tzutuhil. Drei Sprachen wollte ich lernen und dazu noch Spanisch. Das konnte ich auch noch nicht richtig. Ich, wie ich damit durcheinanderkam! Ich konnte ja auch noch nicht lesen und schreiben. Also mußte ich alles nach Gehör lernen und alles im Kopf behalten, wie eine Kassette. Eine Zeitlang war ich völlig durcheinander, denn lesen und schreiben lernen und Spanisch und noch drei weitere Sprachen außer meiner eigenen – das war ein großes Durcheinander. Ich kam zu dem Entschluß, erst eine Sprache und danach eine andere zu lernen. Und Spanisch, weil das die Sprache war, die uns alle verband, und es ja nicht möglich war, alle zweiundzwanzig Sprachen zu lernen, die es in Guatemala gibt.

Ich ging auch an die Küste, um Leute zu organisieren und gleichzeitig von mir und meinem Leben zu erzählen und dadurch die Ursachen des Elends zu erklären, in dem wir lebten. Ich bekam viele Kontakte und hatte die verschiedensten Aufträge auszuführen: Papiere und Geräte überbringen, Dokumente und Flugblätter, um die Leute zu unterrichten. Es waren Papiere mit Zeichnungen und grafischen Darstellungen, durch die ich lesen und schreiben lernte, da mir Buchstaben noch nicht viel sagten. Eine Zeitlang lebte ich in einem Kloster, und die Nonnen dort lehrten mich richtig lesen und schreiben.

Wie ich schon sagte, verschließen nicht alle Priester die Augen vor der Realität und vor den Leiden des Volkes. An viele Priester und Ordensfrauen habe ich eine gute Erinnerung, weil sie mir geholfen haben. Sie haben mich angeleitet, ganz wie ein Kind, weil ich soviel noch lernen mußte. Und ich wollte viel lernen. Die meisten Dinge hat mich mein eigenes Leben gelehrt. Aber der Mensch ist ja auch auf der Welt, um zu lernen und die Dinge zu überwinden.

22 Weitere Organisationsarbeit in den Dörfern

Begegnungen mit Ladinos

»Denen, die es verdienten, haben wir unsere Geheimnisse offenbart. Die Kunst des Schreibens verstehen die, die sie verstehen sollen, und sonst niemand.«

Popol Vuh

Seit dem Abschied von unserem Dorf hatte ich nichts mehr von meinen Eltern gehört. Sie wußten auch nichts von mir. Wir sahen uns lange Zeit nicht mehr. Ich fuhr von Finca zu Finca, von Dorf zu Dorf, aber in mein Dorf konnte ich nicht zurück, weil man mich wie meine Eltern verfolgte.

Ich lebte mit Indios anderer Stämme zusammen und hatte viele Freundinnen innerhalb der Organisation. Es war so, als ob ich mit meinen Geschwistern und meinen Eltern zusammenlebte. Ich bekam Liebe und Zuwendung von allen. So organisierten wir den größten Teil der Arbeiter an der Südküste, und wenn sie zu ihren Leuten ins Hochland zurückgingen, organisierten sie sie dort ihrerseits, damit wir eines Tages alle organisiert sein werden. Da die meisten von ihnen Indios und arme Ladinos waren, brauchten wir keine großartigen Kurse abzuhalten, da alle die gleichen Erfahrungen gemacht hatten. Es war eine gute Arbeit.

Uns reichte kaum die Zeit, da wir immer unterwegs waren, Papiere und Materialien von einem Ort zum anderen schafften, damit sich die Leute nicht unnötig die Finger verbrannten, das heißt, nicht gefährdet wurden, denn uns kannte der Feind, und wir wurden verfolgt. Ich fuhr von Region zu Region und wohnte bei den verschiedensten Menschen. Und immer wieder traf ich auf die Sprachbarrieren. Wir konnten uns nicht verständigen, und ich hätte mich so gerne mit den Menschen unterhalten, hätte mit vielen Frauen gerne so gesprochen, wie ich mit meiner Mutter immer gesprochen hatte. So konnte das nicht weitergehen, und ich kümmerte mich intensiver um einige Compañeras aus den Dörfern, damit sie lernten, was ich gelernt hatte, und eines Tages Organisationsaufgaben in ihrem Dorf übernehmen konnten. Wir sprachen über viele Dinge, über unsere Situation als Frauen, über unsere Gemeinsamkeiten, weil wir nie eine Kindheit und Jugend hatten und immer auf unsere kleinen Geschwister aufpassen mußten, so daß es immer so gewesen war, als ob wir selbst viele Kinder gehabt hätten. Manchmal blieb ich einige Zeit bei den Indiofrauen in ihren Dörfern in den Bergen.

Eine sehr starke Erinnerung habe ich an ein kleines Dorf in Huehuetenango. Dort blieb ich eine Nacht im Hause eines Compañeros. Er hatte zehn Kinder. Ich beging einen großen Fehler, weil ich die Situation dort mit der meines Dorfes verglich. Ich fuhr dorthin und hatte keine Decke mitgenommen. Nur ein dünnes Laken, um mich in der Nacht damit zuzudecken. Ich kam also in dieses Dorf in den Bergen, und es war so kalt, so unsäglich kalt! Eine schreckliche Kälte! Ich dachte also, man würde mir vielleicht eine Decke abgeben oder irgendwas zum Zudecken.

Als es Nacht wurde und ich sah, daß sie selbst nichts hatten, womit sie sich bedecken konnten, war ich sehr beschämt. Wie sollten wir denn nur die Nacht überstehen? Bei solch einer Kälte! In die Hütte kamen von überall her Hunde, denn sie war nach allen Seiten offen, und ich fragte: »Señor, verbringen wir die Nacht hier?« Ich dachte, daß wir im Wald vielleicht Blätter sammeln könnten, um es etwas wärmer zu haben, aber es war schon zu dunkel. So legte sich die ganze Familie um das Feuer herum auf die Erde, und da ich nicht wußte wohin, legte ich mich dazu.

Gegen Mitternacht wurde es so kalt, daß wir fast zu Eis erstarrten. Die Señores spürten die Kälte auch und wurden wach und sagten: »Sehr kalt.«

»Ja«, sagte ich, aber mein Kiefer war vor Kälte schon ganz steif. So kalt wie hier war mir in meinem ganzen Leben noch nicht gewesen. Mein Dorf lag auch im Hochland, aber mit dieser Kälte hier war das nicht zu vergleichen.

Der Mann und seine Frau standen auf, gingen ein Weilchen und legten sich wieder schlafen. Ich dachte: »Was kann ein

Mensch eigentlich alles aushalten? Wie oft sagt man: 'Das halte ich nicht aus', und dann hält man es doch aus.«

Die Kinder waren ruhig, schliefen auf der Erde. Die Señores mochten mich sehr und behandelten mich wie etwas Besseres und sagten: »Hier hast du eine Bastmatte, darauf kannst du dich setzen.« Aber ich war zu beschämt, weil mehrere Kinder sich eine Matte teilen mußten, und ich mochte nicht eine ganz allein für mich haben. Ich kam auch aus einer einfachen, armen Familie, aber wir hatten jeder eine eigene Schlafmatte gehabt, und ich sah jetzt, daß andere Menschen noch ärmer waren, daß ich längst nicht soviel Armut erlebt hatte wie viele andere Menschen. Ich dachte an die Reichen, die nicht einmal an einem Bett genug haben und sich mit zwei oder drei Decken zudecken. Das machte mich so zornig, weil ich sah, daß sie hier in dieser Kälte nicht einmal eine Bastmatte hatten, auf die sich jeder legen konnte.

So etwas passierte mir oft bei den Menschen, zu denen ich kam, und ich dachte viel darüber nach.

Ich will noch von einem Freund erzählen, den ich hatte. Ein guter Mensch, der mir Spanisch beibrachte. Er war Lehrer, ein Ladino, der auch für das CUC arbeitete. Er brachte mir viele Dinge bei und lehrte mich sogar, die Ladinos sehr, sehr gern zu haben. Er klärte mich darüber auf, daß meine Vorstellung, alle Ladinos seien schlecht, falsch ist. Er erklärte mir das nicht mit Worten, sondern durch sein Verhalten, wie er mit mir umging. Wir sprachen damals nächtelang miteinander. Es war die Zeit, in der wir beide in der Koordination arbeiteten.

Wenn zum Beispiel ein Streik gemacht wurde, wurde er landesweit gemacht. Auf den Versammlungen wurden die Meinungen aller Campesinos berücksichtigt. Ich mußte die Meinungen der Compañeros einholen, die ich betreute, und sie dann der regionalen Koordination mitteilen. Von dort gingen sie an die nationale Koordination, wo viele Compañeros die Stellungnahmen diskutierten. So lernte ich also die Compañeros Ladinos etwas besser kennen, und wir führten lange Gespräche. Besonders als wir mit Kritik und Selbstkritik begannen, die, glaube ich, in jedem revolutionären Kampf praktiziert werden, damit die angestrebte Veränderung möglichst tief ins Bewußtsein geht.

Als ich zum erstenmal einem der Compañeros widersprach, fühlte ich mich wie am Boden zerstört, denn noch nie in meinem ganzen Leben hatte ich einen Ladino kritisiert. Meine Kritik war jedoch konstruktiv gewesen. Um den Compañero zu verbessern und hinterher zuzulassen, daß er mich kritisierte. Das waren Dinge, die mir anfangs sehr schwerfielen. Man begreift sie nur, indem man miteinander spricht. Langsam verstand ich die Ladinos immer besser, und gleichzeitig lernten sie meinen Standpunkt kennen, den Standpunkt der Indios. Nach und nach begriffen sie und ich, daß die Wurzel unserer gemeinsamen Schwierigkeiten im Besitz des Landes lag. Die ganzen Reichtümer unseres Landes liegen in den Händen einiger weniger.

Mein Freund, der Lehrer, war ein Compañero, der sich für die Armen entschieden hatte. Obwohl ich zugeben muß, daß er aus der Mittelschicht stammte. Er hatte studieren und einen Beruf erlernen können und alles, aber ihm war klar, daß er sein Wissen mit den Armen teilen mußte. Ihm genügte es, ein einfacher Mitarbeiter zu sein. Er wollte nicht Mitglied im CUC werden, weil – wie er sagte – er nicht verdiene, Campesino genannt zu werden, da er ein intellektueller Mensch sei. Er wußte, daß er oft nicht imstande war, die Dinge so zu sehen, wie ein Campesino sie sah. Er sagte: »Ich kann nicht vom Hunger sprechen, wie ein Campesino vom Hunger spricht.«

Durch unsere Gespräche wurde mir auch immer mehr klar, daß wir Indígenas nicht nur ausgebeutet, sondern zudem noch diskriminiert wurden. Wie oft hatte man uns früher auf dem Markt betrogen und uns für unseren Mais und unsere Bohnen zu wenig Geld gegeben, nur weil wir nicht rechnen konnten. Bei den Compañeros Ladinos lernte ich viel, vor allem lernte ich, daß wir unsere Probleme selbst bewältigen mußten.

Die Trennung von Indígenas und Ladinos hat in Guatemala zu der Situation geführt, in der wir heute leben. Die Ladinos, das sind die Mestizen, die Nachkommen von Spaniern und Indios, die Spanisch sprechen. Sie sind die Minderheit. Der prozentuale Anteil der Indígenas an der Bevölkerung ist größer. Manche sagen 60 Prozent, andere sagen 80 Prozent. Genau weiß man es nicht, weil es Indígenas gibt, die nicht mehr ihre Tracht tragen, ihre Sprache nicht mehr sprechen und ihre Bräuche aufgegeben haben und daher nicht mehr als Indígenas angesehen werden. Die Minderheit von Ladinos betrachtet sich als das bessere, wertvollere Blut, während die Indígenas nur eine Klasse von Tieren sind.

167

Aber auch zwischen den Ladinos selbst gibt es Unterschiede: zwischen armen Ladinos und reichen Ladinos. Aber selbst der ärmste Ladino hat immer noch mehr Möglichkeiten als ein Indígena. Fährt ein Ladino in einer Camioneta mit, ist das normal. Fährt aber ein Indígena mit, ekeln sich alle vor ihm. Wir sind für sie Dreck, weniger als ein Haufen Scheiße.

Vergleicht man die Bedingungen, unter denen ein armer Ladino lebt, mit unseren Lebensbedingungen, findet man keinen Unterschied. Als ich klein war, fragte ich mich oft: »Was unterscheidet uns nur? Was hat ein Ladino, das wir nicht haben?« Und das System nährt diese Unterschiede noch, versucht, die Trennung zwischen Indígenas und Ladinos möglichst groß zu halten. Alle Radios sprechen zum Beispiel spanisch, und so haben die Indios keine Möglichkeit, Radio zu hören.

Gewisse Vorurteile hatten sich in meinem Kopf festgesetzt, und obwohl ich sie nicht aussprach, spürte ich doch einen Dorn in meinem Herzen, weil ich oft dachte: »Ladinos, sie haben keine Ahnung, weil sie eben Ladinos sind.« Aber durch die vielen Gespräche kamen wir uns näher. Einmal mußte ich eine Arbeit mit einem Ladino zusammen machen. Es war unbegreiflich, daß ich neben einem Ladino ging. Für mich war das wie ein Traum, und anfangs war ich sehr zurückhaltend zu dem Compañero. Aber nach und nach lernten wir uns besser kennen.

Ich war für die Organisation eine große Hilfe, weil ich mich mit Fallen und Fluchtwegen auskannte. Die Compañeros konnten viel von mir lernen, und nach und nach vertraute man mir immer bedeutendere Aufgaben an.

Meinem Vater erging es ebenso. Die wenigen Male, die wir uns sahen, erzählte er mir von seinen Erfahrungen und sagte: »Im Laufe der Zeit wurde ich zum Führer eines ganzen Volkes. Ich betreue Ladinos und Indígenas. Ich kann weder lesen noch schreiben, und auch Spanisch spreche ich nicht gut. Oft habe ich mich wertlos gefühlt. Aber ich weiß, was meine Erfahrung wert ist, und die muß ich mit allen Menschen teilen.« Das bestärkte mich in meiner Überzeugung, daß wir kämpfen mußten, um die kulturellen und ethnischen Schranken zu überwinden. Obwohl wir uns in unseren Sitten und Gebräuchen unterschieden, hatten wir doch eines gemeinsam: unsere Kultur. Unsere Kultur ist der Mais.

Und ich war jetzt eine gelehrte Frau. Nicht in dem Sinne, daß ich irgendeinen Abschluß hatte oder viele Bücher gelesen hatte. Aber ich hatte die Geschichte meines Volkes gelesen; die ganze Geschichte meiner Compañeros Indígenas aus den verschiedenen Stämmen. Ich hatte in vielen verschiedenen Stämmen gelebt, und man hatte mich vieles gelehrt, sogar Dinge, die ich schon verloren hatte.

1979 war unsere Organisation nicht mehr nur ein kleines Samenkorn, sondern hatte die Herzen der meisten Guatemalteken erobert. Die meisten Guatemalteken sind Indígenas, Campesinos, arme Ladinos, Campesinos. Ich arbeitete auf dem Altiplano und an der Küste, und wir fingen an, auch den Osten für uns zu gewinnen.

Der Osten ist etwas Besonderes. Dort gibt es keine Indígenas mehr. Die Indígenas dort haben ihre Kleidung aufgegeben, ihre Sprache aufgegeben, es gibt keine Sprachen mehr. Nur noch die Alten sprechen ein bißchen Chorti. Ich war wütend darüber, daß diese Compañeros ihre Sitten und Bräuche verloren hatten, ihre Kultur verloren hatten und als Knechte auf den Fincas arbeiteten. Sie waren Aufseher, Soldaten und Militärbeauftragte geworden. Das gab mir sehr zu denken, denn sie hatten es nicht werden wollen, sondern man hatte sie auf brutale Weise benutzt.

Ich erinnerte mich an meinen Vater, der uns immer gesagt hatte: »Kinder, wünscht euch nicht zu sehr, zur Schule zu gehen, denn in der Schule nehmen sie uns nur unsere Kultur.« Hier im Osten hatten die Leute mehr Möglichkeiten, kleine Schulen zu besuchen, aber keine Möglichkeit, Berufe zu erlernen. Ich hatte öfter Gelegenheit, beim Unterricht in den Dörfern dabeizusein. Die Lehrer sagten den Kindern, die Ankunft der Spanier sei eine Eroberung gewesen, ein Sieg, während das tägliche Leben uns doch das Gegenteil bewies. Sie sagten, die Indígenas hätten nicht gekämpft. Viele Indígenas wären getötet worden, weil sie die Pferde umbrachten und nicht die Menschen, sagten sie.

Das alles machte meinen Zorn nur noch größer, aber ich hielt ihn zurück für die Erziehung anderer Menschen in anderen Dörfern. Ich wurde dadurch in meiner Überzeugung bestärkt, daß wir diesen falschen Lehren nicht glauben dürfen, auch wenn sie von Menschen kommen, die lesen und schreiben können, und daß ein Volk nicht so denken darf, wie die Mächtigen denken, damit wir nicht ein Volk werden, das anderen das Denken überläßt. Wenn wir nicht immer nur das getan hätten, was unserem Volk von Nutzen war, würden wir längst nicht mehr existieren. Durch Generationen hindurch haben wir unser Wissen zu verbergen gewußt, und was die Regierung auch gegen uns unternahm, wir haben es abzuwehren gewußt.

Wenn ein Priester in unsere Dörfer kommt, machen wir Indígenas den Mund nicht auf. Wir Frauen hüllen uns in unsere Tücher, und die Männer senken die Köpfe. So tun, als ob man nichts denkt. Wenn wir aber unter uns sind, können wir sehr gut nachdenken und unsere Meinungen sagen. Man hat uns nur nie Gelegenheit zum Sprechen gegeben. Sie gaben uns nie Gelegenheit zu sprechen, und unsere Meinung war nie gefragt. Also schwiegen wir. Und deshalb glaubt man, alle Indígenas seien dumm. Sie können nicht denken, sie können nichts, heißt es. Aber wir haben unsere Identität nur verborgen, haben versteckt, was die Regierung uns nehmen will. Ob durch Religion oder Landverteilung, ob durch Schulen oder durch Bücher, durch Radios oder Fernsehen, man hat uns Fremdes aufzwingen und das Unsrige uns nehmen wollen. Warum haben wir den katholischen Glauben nicht als den allein selig machenden angenommen? Wir haben das nicht gewollt, weil wir genau wissen, daß er eine Waffe ist, mit der uns das Unsrige genommen werden soll.

23 Folterung und Ermordung des jüngeren Bruders, der zusammen mit anderen vor den Augen des ganzen Dorfes und seiner Angehörigen lebendig verbrannt wird

»Meine Mutter sagte, daß eine Mutter, die sieht, wie ihr Sohn gefoltert und lebendig verbrannt wird, nie mehr verzeihen und den Haß nicht mehr von sich nehmen kann.«
Rigoberta Menchú

»Dafür zahlt man es denen im Winter heim ... Und sie nährten die Flammen mit Dornenreisig, denn in den Feuern der Krieger, den Kriegsfeuern, weinen selbst die Dornen.«
Miguel Angel Asturias,
»Die Maismenschen«

1979 fiel ihnen mein kleiner Bruder in die Hände, der erste aus unserer Familie, der gefoltert wurde. Er war sechzehn Jahre alt. Als meine Familie sich vom Dorf verabschiedete, ging jeder seinen eigenen Weg. Er blieb im Dorf zurück, weil er Gemeindesekretär geworden war. Er war mein jüngster Bruder, denn ich habe nur noch zwei Schwestern, die jünger sind. Meine Familie war auseinandergegangen, weil wir keine andere Möglichkeit sahen und auch unser Dorf nicht in Gefahr bringen wollten. Meine Familie wurde von der Regierung hingestellt, als ob wir alle Ungeheuer wären, als ob wir Ausländer wären. Aber mein Vater war ein Quiché, er war kein Kubaner. Die Regierung beschuldigte uns, Kommunisten zu sein, Unkraut im Garten des Dorfes. Um also das »Unkraut« aus dem Dorf zu halten und die Gemeinschaft nicht in Gefahr zu bringen, gingen wir fort. Mein kleiner Bruder blieb.

Am 9. September 1979 verschleppten sie meinen kleinen Bruder. Es war ein Sonntag, und er war auf dem Weg zu einem anderen Dorf. Er hieß Petrocinio Menchú Tum. Meine Mutter war eine Tum. Mein Bruder liebte die Organisationsarbeit und arbeitete auch in anderen Dörfern. Dort entdeckte ihn die Armee und verschleppte ihn.

Zu dieser Zeit konnte meine Mutter noch zu den Behörden gehen. Sie sagte: »Wenn sie mich meines Sohnes wegen töten wollen, sollen sie mich töten«, und sie ging in das Dorf, wo man ihn gefangen hatte, aber niemand sagte ihr, wo sie ihn finden konnte.

Ich war in der Gegend von Huehuetenango, und man sagte mir später, meine Mutter sei zu Hause gewesen, als sie meinen Bruder faßten. Meine anderen Brüder waren zum Glück auch nicht weit.

Einer aus dem Dorf hatte meinen Bruder verraten. Wie ich schon sagte: wo man es am wenigsten vermutet, gibt es jemanden, der sich für jede Schandtat hergibt. Aus Not verkaufen sie manchmal ihre eigenen Brüder. Dieser Mann aus dem Dorf war ein Compañero gewesen, einer, der immer geholfen hatte und mit unserer Sache einverstanden war. Aber sie hatten ihm fünfzehn Quetzales geboten – das sind fünfzehn Dollar –, wenn er ihnen meinen Bruder ausliefere, und er lieferte ihn aus.

Die Soldaten wußten gar nicht, wer er war. Er war mit einem Mädchen unterwegs zu einem Dorf, als sie ihn ergriffen. Das Mädchen und seine Mutter gingen ihnen nach. Sie banden ihm sofort die Hände auf den Rücken und stießen ihn unter Kolbenhieben vorwärts. Mein Bruder fiel zu Boden und konnte sein Gesicht nicht mit den Händen schützen. Sofort blutete meinem kleinen Bruder das Gesicht. Sie trieben ihn zwei Kilometer weit über Stock und Stein durch den Busch. Sie schlugen ihn immerzu. Die beiden Frauen riskierten ihr Leben, als sie meinem Bruder folgten, um zu erfahren, wohin sie ihn brachten. Man drohte ihnen, und einer der Soldaten sagte: »Wollt ihr, daß wir mit euch dasselbe machen wie mit ihm? Oder sollen wir euch hier auf der Stelle vergewaltigen?« – dieser Verbrecher. Und er sagte der Señora, wenn sie nicht verschwänden, würden sie gefoltert wie er, weil er ein Kommunist sei, ein Subversiver, und die Subversiven würden umgebracht und bestraft, wie sie es verdienten.

So brachten sie meinen Bruder fort, und er blutete schon an vielen Stellen. Sein Gesicht war ganz entstellt von den vielen Schlägen, und er sah nicht mehr aus wie ein Mensch. Seine Kleidung war von den vielen Stürzen zerrissen. Als sie mit ihm zum Militärstützpunkt kamen, konnte er kaum noch laufen. Sein Gesicht – er konnte nicht mehr sehen, und in seine Augen waren kleine Steine gedrungen. Im Lager folterten sie ihn, schlugen ihn noch mehr, damit er ihnen sage, wo die Guerrilleros seien, wo seine Familie sei. Was er mit der Bibel wolle, auch die Priester und Nonnen seien Guerrilleros. Sie fragten, welche Verbindungen die Priester zu den Guerrilleros hätten, welche Verbindungen sein Dorf zu den Guerrilleros hätte. Sie folterten ihn und fügten ihm Tag und Nacht Schmerzen zu. Sie banden ihm die Hoden an einer Leine fest und befahlen ihm, zu rennen. Aber so konnte er ja nicht rennen, und mein Bruder hielt die Schmerzen nicht mehr aus und schrie und schrie um Hilfe.

Dann warfen sie ihn in ein Loch – ich weiß nicht, wie sie das nennen –, ein Loch mit Wasser und Morast, darin ließen sie ihn eine ganze Nacht lang nackt liegen. In dem Loch lagen viele Tote, und der Leichengestank war nicht zu ertragen. Er fand sich da zusammen mit Katecheten aus anderen Dörfern, die auch verschleppt worden waren und das gleiche durchmachen mußten wie mein Bruder.

Sie folterten ihn zwei Wochen lang. Sie rissen ihm die Fingernägel aus, schnitten ihm Finger ab, schnitten ihm Stücke aus der Haut und verbrannten Teile seines Körpers. Viele Wunden, von den ersten Verletzungen, waren entzündet und eiterten. Er lebte aber noch. Sie schoren ihm den Kopf und zogen ihm die Kopfhaut ab. Mein Bruder war am ganzen Körper voller Wunden, aber so, daß Venen und Arterien nicht verletzt wurden, damit er unter der Folter nicht starb. Sie gaben ihm auch zu essen, damit er nicht an den Schlägen starb. Sie hatten dort zwanzig Männer, die gefoltert wurden, und eine Frau. Sie hatten sie erst vergewaltigt und dann gefoltert.

Auf Umwegen hatte meine Mutter mich benachrichtigen können, und ich fuhr sofort nach Hause. Als ich ankam, war mein Bruder seit drei Tagen verschwunden. Vor allen Dingen mußte ich meine Mutter trösten, denn ich wußte, daß wir sonst nichts tun konnten. Unsere Feinde waren Verbrecher, und wenn wir nach

173

meinem Bruder gefragt hätten, hätten sie uns ebenfalls verhaftet. Meine Mutter hatte es in den ersten Tagen versucht, und man hatte ihr gedroht und gesagt, wenn sie noch einmal käme, würde ihr das gleiche passieren wie ihrem Sohn. Sie hatten ihr gesagt, ihr Sohn sei noch unter der Folter, sie solle sich also keine Sorgen machen.

Am 23. September verteilte das Militär Zettel in den Dörfern. In unser Dorf kamen sie nicht, weil sie wußten, daß wir vorbereitet waren und ihnen jederzeit entgegentreten konnten. In anderen Dörfern verteilten sie Zettel, auf denen sie die Bestrafung von Guerrilleros ankündigten. Die Bestrafung sollte öffentlich sein, und sie forderten die Leute auf, der Bestrafung beizuwohnen. Gleichzeitig hieß es, wer der Bestrafung fernbliebe, sei ein Komplize der Guerrilleros. Damit drohten sie dem Volk.

Uns erreichte die Nachricht am 23. um elf Uhr morgens, und meine Mutter sagte: »Mein Sohn wird dabei sein.« Mein Vater war auch nach Hause gekommen und sagte: »Wir dürfen diese Gelegenheit nicht verpassen, wir müssen hingehen.«

Die Bestrafung sollte in Chajul sein. Wir hatten einen weiten Weg durch die Berge bis dahin. Meine Geschwister waren auch nach Hause gekommen, und so machten wir uns um elf Uhr auf den Weg. Wir gingen den ganzen Tag durch die Berge, und einen Teil der Nacht gingen wir im Licht von Fackeln. Am anderen Morgen so gegen acht Uhr kamen wir in das Dorf Chajul. Die Soldaten hatten das kleine Dorf umstellt. Wohl fünfhundert Soldaten. Sie hatten die Leute unter Drohungen aus den Häusern geholt und ihnen gesagt, wenn sie nicht der Bestrafung beiwohnten, würden sie auch gefoltert und bestraft.

Uns hielten sie vor dem Dorf an, aber sie wußten nicht, daß wir Angehörige eines der Mißhandelten waren. Sie fragten: »Wohin wollt ihr?«

Mein Vater sagte: »Wir besuchen den Heiligen von Chajul.«

Das ist ein Heiliger, den die Leute aus vielen Dörfern besuchen.

Der Soldat sagte: »Nichts da, los, vorwärts, geht zu dem Platz dort! Da werdet ihr schon sehen, daß ihr aus diesem Dorf nicht mehr herauskommt.«

Wir sagten: »Está bueno« – ist gut.

Insgesamt wurden wir wohl von zwanzig Soldaten an verschiedenen Stellen angehalten, bevor wir ins Dorf kamen. Alle drohten uns auf die gleiche Weise. Sie warteten auf die Leute, die auf ihren Feldern arbeiteten und gezwungen wurden, ins Dorf zurückzukehren und sich die Bestrafung anzusehen. Minuten später waren die Leute vom Militär umringt. Die Soldaten hatten Panzerwagen, Jeeps und alle Waffen, die es gab. Sie flogen sogar mit einem Hubschrauber über das Dorf, um die Guerrilleros abzuschrecken. Das war ihre größte Angst.

Ein Offizier eröffnete die Versammlung und sagte, sie hätten eine Gruppe von Guerrilleros in ihre Gewalt gebracht und sie erwarte jetzt eine kleine Strafe. »Es ist nur eine kleine Strafe«, sagte er, »denn es gibt noch größere Strafen, und ihr werdet jetzt sehen, welche Strafe sie bekommen. Dafür, daß sie Kommunisten sind, daß sie Kubaner sind, Subversive sind. Und wenn ihr euch mit Kommunisten einlaßt, mit Subversiven einlaßt, werdet ihr genauso bestraft wie diese Subversiven, die gleich hier sein werden.«

Minuten später trafen drei Armeelastwagen ein. Einer vorneweg, auf dem in der Mitte waren die Gefolterten, und einer fuhr hinterdrein. Sie holten einen nach dem anderen herunter, alle trugen Armeeuniformen. Wir sahen die entstellten Gesichter, die nicht zu erkennen waren. Meine Mutter näherte sich dem Lastwagen, um zu sehen, ob sie ihren Sohn erkennen könne. Jeder der Mißhandelten sah anders aus, keiner hatte dieselben Mißhandlungen. Und meine Mutter erkannte meinen kleinen Bruder, ihren Sohn, zwischen all den anderen. Einige waren mehr tot als lebendig, andere konnten sich kaum auf den Beinen halten, und man sah ihnen an, daß sie sehr, sehr große Schmerzen hatten. Mein Bruder war schwer mißhandelt worden und konnte sich kaum noch aufrecht halten. Allen Gefolterten gemeinsam war, daß sie keine Fingernägel mehr hatten und daß man ihnen Teile der Fußsohlen abgeschnitten hatte. Sie waren barfuß.

Der Offizier fing wieder mit seiner Rede an und sagte, daß wir uns mit dem zufriedengeben müßten, was wir hätten, uns damit begnügen müßten, unsere Tortillas mit Chili zu essen, und uns nicht von kommunistischen Ideen fortreißen lassen dürften. Er wiederholte wohl an die hundertmal das Wort »Kommunisten«. Er sagte, die Kommunisten, die aus der Sowjetunion, wären nach Kuba gekommen und dann nach Nikaragua, und jetzt seien sie in Guatemala. Und daß die Kubaner sterben müßten, so wie die Gefolterten hier sterben müßten.

Bei jeder Pause, die er machte, wurden die Gefangenen unter Kolbenhieben hochgerissen und wieder auf die Beine gestellt. Niemand konnte die Versammlung verlassen, alle weinten.

Ich, ich weiß nicht; jedesmal, wenn ich davon berichte, kann ich meine Tränen nicht mehr zurückhalten, denn was da geschehen ist, werde ich nie vergessen können, und es fällt mir nicht leicht, davon zu erzählen.

Meine Mutter weinte. Sie sah zu ihrem Sohn hinüber. Mein Bruder erkannte uns kaum. Aber vielleicht ... Meine Mutter sagte, ja, daß er ihr noch zugelächelt habe, aber ich habe es nicht gesehen.

Sie sahen monströs aus. Alle waren ganz dick, ganz dick. Aufgeschwollen waren sie, voller Wunden. Ich sah, daß ihre Kleidung ganz hart und steif war, steif vom Wundwasser, das von ihren Leibern rann.

In der Mitte seiner Ansprache – eineinhalb oder zwei Stunden waren wohl vergangen – befahl der Hauptmann seinen Soldaten, den Gefolterten die Kleider auszuziehen, damit alle die Wunden sehen konnten, denn wenn wir uns mit dem Kommunismus, mit dem Terrorismus einließen, würde uns das gleiche erwarten. Sie konnten ihnen die Kleider nicht ausziehen. Da kamen Soldaten und schnitten sie ihnen mit Scheren von den Füßen bis zu den Schultern auf und rissen ihnen die Sachen von den mißhandelten Leibern. Jeder hatte andere Folterspuren.

Der Hauptmann erklärte eingehend die verschiedenen Folterungen: »Dies sind Nadelstiche«, sagte er. »Dies Verbrennungen von elektrischen Drähten.« Und so erklärte er jede Wunde der Mißhandelten. Es gab drei, die sahen aus wie aufgeblasen, aber man sah keine Wunden. Aber sie waren ganz dick aufgeblasen. Und der Hauptmann sagte: »Wir stecken ihnen was in den Körper, und das tut weh. Worauf es ankommt, ist, daß sie wissen, daß das weh tut und daß das Volk sich vorstellen kann, wie es sein muß, mit so einem Körper herumzulaufen.«

Meinem Bruder hatten sie teilweise die Haut zerschnitten, den Kopf geschoren und die Kopfhaut zerschnitten. Er hatte keine Nägel und keine Fußsohlen mehr. Die älteren Wunden hatten sich entzündet, und Wundwasser lief heraus.

Die Frau, die dabei war, kannte ich, ich war mir sicher. Sie stammte aus einem Nachbardorf. Man hatte ihr das Geschlecht rasiert. Eine Brustspitze fehlte ihr und die andere war verstümmelt. Man sah Bißwunden an ihrem ganzen Körper. Sie hatte keine Ohren. Allen hatten sie die Zungenspitzen abgeschnitten oder die Zungen in Stücke geschnitten.

Ich konnte das nicht mehr mitansehen. Wenn man dachte, was diese Körper, die doch Menschen waren, für Schmerzen ertragen hatten, bis sie so unkenntlich gemacht worden waren. Das ganze Volk weinte. Sogar die Kinder weinten und klammerten sich an ihre Mütter.

Der Hauptmann sagte immer wieder, daß unsere Regierung demokratisch sei und uns alles gebe, was wir bräuchten. Was wollten wir noch mehr? Daß die Subversiven uns mit fremden Ideen kämen, mit fremdartigen Ideen, die nur zur Folter führten, und dabei wies er auf die mißhandelten Gestalten. Und wenn wir den ausländischen Parolen folgten, würden wir sterben müssen, wie sie sterben würden. Und daß sie genug Waffen hätten, um uns alle umzubringen. Er entwarf ein Bild ihrer Macht, die sie über uns hätten. Sein Ziel war vor allem, Terror zu säen und das Volk einzuschüchtern.

Meine Mutter weinte, und fast hätte sie ihr Leben aufs Spiel gesetzt und wäre zu meinem Bruder gelaufen, um ihn in ihre Arme zu schließen. Meine Brüder und mein Vater mußten sie zurückhalten. Ich sah meinen Vater an, es war nicht zu glauben, er weinte nicht eine einzige Träne. Aber er war voll brennender Wut. Diese Wut hatten wir alle in uns, aber wir weinten.

Dann befahl der Offizier, die nackten, geschwollenen Mißhandelten an eine Stelle zu bringen, von der aus das ganze Volk sie sehen konnte. Sie wurden hingeschleift, weil sie nicht mehr gehen konnten. Dann rief er die schlimmsten aller Verbrecher, die Kaibiles. Sie tragen eine andere Uniform als die normalen Soldaten. Sie sind besonders ausgebildet und werden zur Guerrilla-Bekämpfung eingesetzt. Er rief also die Kaibiles, und sie fingen an, die Gefolterten mit Benzin zu übergießen. Der Hauptmann sagte: »Ihr Indios laßt euch von den Kommunisten beeinflussen. Das ist nun mal so mit den Indios. Weil man ihnen nie etwas gesagt hat, gehen sie mit den Kommunisten. Aber wenn ihr damit nicht aufhört, passiert euch das gleiche wie denen da.«

Dann zündeten sie jeden einzelnen an. Viele riefen um Hilfe. Als sie da so standen, schienen sie mehr tot als lebendig, aber als die Körper Feuer fingen, riefen sie um Hilfe. Einige schrien, andere sprangen und hatten keine Stimme mehr. Das Feuer nahm ihnen sofort den Atem.

Das Volk kochte vor Zorn. Es war unglaublich; einige hatten zwar ihre Macheten dabei, die meisten aber waren völlig unbewaffnet, und doch wollten alle losschlagen, als sie sahen, daß die Soldaten Feuer legten. Sie wollten ihr Leben einsetzen, trotz all der Waffen ...

Die Armee merkte, daß die Leute wütend waren, und der Hauptmann gab Befehl zum Rückzug. Die Soldaten zogen sich mit den Waffen in der Hand zurück und brüllten Parolen wie auf einer Fiesta. Ihnen machte es Spaß. Sie lachten und riefen: »Viva la Patria! Viva Guatemala! Es lebe der Präsident! Es lebe die Armee! Es lebe Lucas!«

Das Volk erhob seine Waffen und verfolgte die Armee. Sie verschwanden auf der Stelle. Man befürchtete ein Massaker. Sie hatten die besseren Waffen. Sogar Flugzeuge flogen über das Dorf. Wenn es zu einem Zusammenstoß gekommen wäre, hätte es auf jeden Fall ein Massaker unter den Leuten gegeben. Aber niemand dachte in diesem Augenblick an den Tod. Ich dachte nicht an den Tod, sondern wollte nur etwas tun, wollte einen Soldaten töten. Ich wollte damals meiner Wut freien Lauf lassen.

Viele andere rannten los, um Wasser zu holen und das Feuer zu löschen, aber niemand kam rechtzeitig. In der Nähe gab es kein Wasser, und niemand konnte helfen. Die Leichen zuckten. Auch als das Feuer schon ausgegangen war, zuckten die Leiber noch. Es war schrecklich, das mitansehen zu müssen. Es ging ja nicht nur um das Leben meines kleinen Bruders. Es ging um das Leben vieler und um den Schmerz vieler Familien. Sie waren schließlich unsere indianischen Brüder und Schwestern.

Da starben die meisten von uns schon an Unterernährung, und wenn es Eltern gelang, ihre Kinder unter großer Not und großen Mühen aufzuziehen, dann nur, damit man sie wie hier verbrannte. Bei lebendigem Leib verbrannte. Wenn es Sünde war, einen Menschen zu töten, war es dann keine Sünde, was die Regierung mit uns tat?

Alle Leute wurden mobilisiert, und innerhalb von zwei Stunden waren Kisten für die Leichen gezimmert worden. Ich erinnere mich, daß große Sträuße Blumen gepflückt und dazugelegt wur-

178

den. Es machte Angst, die verbrannten, mißhandelten Leiber anzusehen, aber es machte auch Mut, gab uns Kraft, weiterzukämpfen.

Meine Mutter wurde vom Schmerz überwältigt. Sie umarmte ihren Sohn und sprach mit dem schon Toten. Sie küßte ihn und alles, so verbrannt, wie er war. Ich sagte zu ihr: »Laß uns gehen! Wir können das hier nicht mehr mitansehen.«

Es war nicht so sehr Feigheit, sondern Zorn, der in uns brannte und unerträglich wurde.

Die Leute im Dorf versprachen, den mißhandelten Toten ein christliches Begräbnis zu geben. Sie waren hier gestorben und verdienten es, daß dieser Ort ihnen geweiht wurde. Wir ließen sie zurück. Es begann zu regnen, heftig zu regnen. Und die Leute, so durchnäßt sie waren, hielten Totenwache.

Wir gingen in unser Dorf zurück. Wir waren stumm, wie betrunken, kein Wort kam über unsere Lippen. Als wir zu Hause waren, sprach mein Vater zu uns: »Ich gehe wieder zu meiner Arbeit zurück. Wenn viele junge Menschen so tapfer sind, den letzten Tropfen ihres Blutes zu geben, dann müssen wir genauso tapfer sein.« Und meine Mutter sagte: »Es darf nicht sein, daß andere Mütter das erleiden, was ich erlitten habe. Ich werde das alles hier verlassen und gehe auch.« Das gleiche sagten wir anderen.

Obwohl, ich war mir nicht sicher, ob es nicht besser wäre, eine Waffe in die Hand zu nehmen und zu kämpfen. Ich hätte gerne gekämpft. Oder weiterhin von Dorf zu Dorf gehen und das Bewußtsein des Volkes wecken? Auch mein Vater sagte: »Ich werde auf meine alten Tage noch zu den Guerrilleros gehen. Ich werde mit der Waffe in der Hand meinen Sohn rächen.« Aber er wußte auch, daß es wichtiger war, das Volk zu organisieren, weil er darin auch sehr viel Erfahrung hatte. Wir kamen zu dem Schluß, daß die Organisationsarbeit wichtiger sei, und mein Vater verabschiedete sich von uns und ging fort.

Ich blieb noch eine Weile bei meiner Mutter im Dorf. Sie weinte sehr viel, aber sie versuchte auch, nicht unglücklich zu sein. Es fiel ihr sehr schwer. Es hatte sie sehr viel Mühe gekostet, meinen Bruder großzuziehen, weil er oft krank gewesen war, und sie hatte sich verschulden müssen, um für ihn Medikamente kaufen zu können. Und nach alldem dieses. Ein tiefer Schmerz für sie.

Meine Mutter kannte ein paar Compañeros aus den Bergen. Und da noch die Kleider meines Bruders im Hause waren, seine Hose und seine Hemden, gab sie sie einem der Compañeros aus den Bergen. Sie sagte: »Mein Sohn hat immer dafür gekämpft, daß wir ein besseres Leben haben sollten, und ihr kämpft für die gleiche Sache, also nehmt seine Kleider, denn euch nützen sie am meisten.«

Alle Leute aus dem Dorf besuchten meine Mutter, und sie mußte sehr an sich halten, um nicht zu weinen. Aber sie sagte immer: »Wenn ich vor den Leuten weine, was wäre das für ein Beispiel? Wir dürfen nicht weinen, sondern müssen kämpfen.« Sie wurde eine harte Frau. Obwohl es ihr schlecht ging und sie oft sehr erschöpft war, machte sie weiter.

Ich blieb noch eine Woche, dann ging ich auch fort. Ich wußte, daß auch meine Mutter nicht mehr lange im Dorf bleiben würde. Meine Brüder waren auch gegangen, aber wir wußten nicht, wohin. Jeder von uns ging seinen eigenen Weg.

24 Marsch der Campesinos auf die Hauptstadt
Besetzung der spanischen Botschaft
Tod von Vicente Menchú, Vater von Rigoberta

»Mein Vater sagte: 'Einigen ist es bestimmt, ihr Blut zu geben, anderen, ihre Kraft. Geben wir also, solange wir noch können, unsere Kraft.'«

Rigoberta Menchú

Im November 1979 traf ich durch Zufall meinen Vater wieder. Ich war nach El Quiché gegangen, weil dort eine Versammlung stattfinden sollte. Dort trafen sich Leute aus verschiedenen Regionen, die als Verantwortliche im Komitee arbeiteten. Ich war zu dieser Versammlung eingeladen worden. Ich war überglücklich, als ich meinen Vater traf. Und dann, vor allen anderen, sagte mein Vater: »Dieses mißratene Kind ist mir immer eine gute Tochter gewesen.« Und falls er eines Tages getötet würde, sollten sie seine Stelle für mich und die anderen einnehmen.

Die Versammlung dauerte zwei Tage. Viele organisatorische Dinge wurden besprochen, und hinterher hatten wir Zeit, uns zu unterhalten. Mein Vater war sehr zufrieden und sagte, je weiter sich unser Volk selbst organisiere und wenn weitere Compañeros verantwortliche Posten einnähmen, wäre er bereit, mit der Waffe zu kämpfen. Er sagte: »Ich bin Christ, und die Pflicht eines Christen ist es, das Unrecht zu bekämpfen, das man unserem Volk antut. Es ist nicht gerecht, daß unser Volk für ein paar wenige verblutet, die die Macht haben.« Er hatte ganz klare Vorstellungen, wie ein Theoretiker, wie ein studierter Mann und so. Er sagte mir,

181

wir sollten versuchen, unsere Mutter ausfindig zu machen, und aufpassen, daß sie nicht ihr Leben zu sehr aufs Spiel setze, denn, sagte er: »Einigen ist es bestimmt, ihr Blut zu geben, anderen, ihre Kraft. Geben wir also, solange wir noch können, unsere Kraft. In unserer Situation müssen wir unser bißchen Leben so gut schützen, wie wir können, damit dieses bißchen Leben zu einer neuen Kraft für unser Volk wird. Wir brauchen keine Toten, keine Märtyrer mehr. Unser Land ist voll von Märtyrern, die umgebracht worden sind. Was wir mehr denn je brauchen, ist unser Leben, um es dem Kampf zu widmen . . .«

Dann nahmen wir wieder Abschied. Er bat mich noch, im Januar in die Hauptstadt zu kommen, weil da eine große Aktion gemacht würde, um die Regierung endlich zu einer Antwort zu zwingen, und sagte, daß unsere Lage nur dann verändert werden könne, wenn man bereit sei, sein Leben dafür einzusetzen. Es sollte eine große Demonstration stattfinden von Studenten, Arbeitern, Gewerkschaftern, Campesinos und Christen gegen die Unterdrückung in El Quiché.

In El Quiché waren viele Soldaten stationiert, und viele Menschen verschwanden. Täglich verschwanden zehn, fünfzehn Menschen in der Region.

Mein Vater sagte: »Es ist wichtig, daß du hinkommst. Ich werde dasein und deine Brüder auch.« Ich wollte auf jeden Fall auch hingehen.

Danach ging ich in eine Gegend, die auch sehr stark unterdrückt wurde und wo wir einen Selbstverteidigungskurs abhielten. Dorthin ließ mir mein Vater die Nachricht mit dem genauen Datum der Demonstration überbringen. Aber der Compañero Campesino, mit dem ich den Kurs machte, sagte zu mir: »Nein, Compañera, der Kurs ist wichtiger. Du kannst nicht in die Hauptstadt fahren.« Ich dachte viel darüber nach. Es war vielleicht die letzte Gelegenheit, meinen Vater wiederzusehen. Der Kurs war aber unmittelbar für die Campesinos wichtig. Ich entschloß mich zu bleiben.

Sie machten den Marsch auf die Hauptstadt, damit das Militär aus der Region abgezogen würde. Als Beweis für die herrschende Unterdrückung hatten sie viele Kinder dabei, die ihre Eltern verloren hatten. Sie besetzten mehrere Radiostationen, um unsere Probleme an die Öffentlichkeit zu bringen. Sie wollten auch die internationale Öffentlichkeit aufmerksam machen, indem sie eine Botschaft besetzten und die Botschafter zu unserem Sprachrohr machten. An Reisen außerhalb unseres Landes war nicht zu denken, weil wir alle arm waren, und so besetzten sie die Botschaft der Schweiz in Guatemala-Stadt. Andere besetzten die Radiostationen. Aus allen Teilen des Landes waren die Campesinos gekommen, von der Südküste, aus dem Osten des Landes, aber die meisten kamen aus dem Quiché, weil dort die Unterdrückung am heftigsten war. Als letzte besetzten sie die spanische Botschaft. Das Ziel war, die ganze Welt davon in Kenntnis zu setzen, was in Guatemala vor sich ging, und auch die Menschen im Land selbst.

Was dann geschah, hätte sich niemand vorstellen können. Wir wußten, daß die Lage gespannt war, aber wir dachten, daß sie die Botschaftsbesetzer aus dem Land weisen würden und daß sie als politische Flüchtlinge dann draußen von ihrem Kampf berichten konnten. In der Botschaft waren wichtige Leute, sogar welche von der Regierung. Sie alle starben, wurden mit den Campesinos zusammen verbrannt. Man fand nur noch ihre Asche. Es war ein furchtbarer Schlag.

Mir ging es nicht so sehr um den Tod meines Vaters. Nach dem erbärmlichen Leben, das er wie wir alle geführt hatte, war sein Tod keine schreckliche Vorstellung für mich. Er war sich darüber im klaren und bereit gewesen, sein Leben zu opfern. Für mich war sein Tod kein Schmerz, sondern eine Freude, denn ich wußte, daß er nicht gelitten hatte, so wie ich es mir immer vorgestellt hatte, wenn er einmal lebend in die Hände seiner Feinde fallen würde. Das war nämlich immer meine größte Angst gewesen. Aber ich trauerte sehr um das Leben der vielen, vielen Compañeros.

Zuerst hieß es, sie seien nicht identifizierbar, und ich fürchtete, meine Mutter und meine Brüder könnten dabei sein. Das wäre für mich zuviel gewesen. Alle zusammen, das durfte nicht sein. Wenn wir auch unser Leben opfern mußten, dann aber doch einzeln, nicht alle zusammen! Es konnte doch nicht sein, daß ich als einzige meiner Familie übrigblieb!

Ich wäre am liebsten auch gestorben. Aber das sind Anwandlungen, die vorübergehen, denn ein Mensch erträgt viel, erträgt alles. Ich war verrückt darauf, in die Hauptstadt zu kommen, um wenigstens das Grab meines Vaters zu sehen. Aber es gab noch soviel Arbeit zu tun, daß ich mich letztlich entschloß, nicht zu

183

gehen. Auch wenn ich nicht wußte, wo mein Vater begraben lag. Es gab soviele Compañeros, die wir begraben mußten, da sollte meine Liebe und Trauer allen gehören und nicht nur meinem Vater.

Die Toten wurden in der Hauptstadt begraben. Nie zuvor hatte man das Volk so entschlossen gesehen. Tausende kamen zur Beerdigung der ermordeten Compañeros. Es war eine Demonstration des Hasses gegen die Regierung. Menschen aller Klassen setzten ihr Leben aufs Spiel, indem sie zur Beerdigung gingen.

Hinterher gab es verschiedene Versionen des Geschehens: daß die Campesinos bewaffnet gewesen seien, daß sie sich selbst verbrannt hätten ... Die ganze Wahrheit kennen weder ich noch meine Compañeros, weil keiner von denen, die die spanische Botschaft besetzten, am Leben blieb. Sie wurde von der G-2 und der Polizei gestürmt. Reporter waren in der Nähe und erzählten später, die Polizei hätte Bomben oder was weiß ich in die Botschaft geworfen, bis sie gebrannt hätte. Das einzige, was sie sagen konnten, war, daß die verbrannten Leichen ganz steif gewesen seien – wie ausgestopft. Hinterher hieß es, sie hätten wahrscheinlich Phosphorbomben geworfen und allein von dem eingeatmeten Rauch wären sie schon steif geworden. Aber das ist unglaubwürdig, denn mein Vater hatte fünf Einschußlöcher im Kopf und eines am Herzen; und er war ganz steif. Man vermutete auch, daß die Granaten, die sie in die Botschaft geschossen hatten, die Löcher verursacht haben könnten. Es gab eine Unzahl verschiedener Versionen darüber.

Einer unserer Compañeros, Gregorio Yujá Xona, wurde nur verletzt. Sie holten ihn unter all den Toten dort heraus und brachten ihn in ein privates Krankenhaus, um ihn dort zu behandeln. Er war der einzige, der die Wahrheit kannte. Kurze Zeit später wurde er von bewaffneten Männern entführt – von uniformierten Männern, die ihn in aller Ruhe da herausholten. Am nächsten Tag fand man seine Leiche vor der Universität San Carlos de Guatemala. Sie wies Schußwunden und Folterspuren auf. Die Regierung hatte nicht zugelassen, daß der Compañero am Leben blieb. Man hatte nicht mit ihm sprechen können, weil er im Koma lag.

Die reine Wahrheit ist jedoch, daß die Campesinos niemals Feuerwaffen hatten. Vielleicht hatten einige ihre Macheten dabei gehabt oder Steine. Das waren immer die einzigen Waffen gewesen, die sie benutzten.

25 Rigoberta spricht von ihrem Vater

Erinnerungen an die Zeit, als sie in Ixcán arbeiteten

»Erinnert Euch an uns, wenn wir gegangen sind. Laßt uns nicht in Vergessenheit geraten. Erinnert Euch unserer Gesichter und unserer Worte. Unser Bild wird wie Tau sein im Herzen derer, die es sich in Erinnerung rufen wollen.«
Popol Vuh

Mein Vater war gewählter Sprecher der Dorfgemeinschaft und meine Mutter auch. Mein Vater sagte: »Wir tun das nicht, damit die Leute sagen: 'Was sind das für gute Menschen', sondern wir tun das für unsere Vorfahren.«

Wenn wir daher etwas falsch machten, was als schlechtes Beispiel angesehen werden konnte, sagte mein Vater uns sofort, wie wir es richtig machen mußten. Aber nicht, indem er uns beschimpfte, denn er glaubte, daß das an der Zeit lag, in der wir lebten. Er gab der Zeit die Schuld, aber gleichzeitig sagte er uns, daß wir diese Zeit, in der wir lebten, mit Hilfe unserer in Wirklichkeit anwesenden Vorfahren überwinden müßten. Er gab uns immer Beispiele von unseren Großeltern.

Als mein Vater verfolgt wurde und oft nicht zu Hause war, ging seine Verantwortung auf meinen ältesten Bruder über. Mein Bruder sprach dann nie von sich selbst, sondern sagte zum Beispiel: »So oder so hat mein Papa es immer gemacht.« Mein Vater sagte immer: »Es gibt viele Geheimnisse, die nicht herumerzählt werden dürfen. Wir müssen uns unsere Geheimnisse bewahren.« Er sagte, daß weder ein Großgrundbesitzer noch ein Priester, noch eine Schwester unsere Geheimnisse erfahren dürfte. »Wenn wir die Geheimnisse unserer Vorfahren nicht wahren«, sagte er, »trifft uns die Schuld an ihrem Tod.«

Das hat uns immer etwas beengt in unserem Verhalten, weil wir bei allem, was wir taten, immer dachten: »Ist das richtig oder ist das falsch«, hauptsächlich wegen des Amtes, das mein Vater innehatte und weshalb das Dorf ihn als bedeutenden Mann betrachtete. Wir Kinder mußten also immer so gut sein wie er und wie unser Großvater.

Mein Großvater lebt noch, glaube ich, er ist einhundertsechzehn Jahre alt. Er ist der Vater meiner Mutter. Dieser Großvater erzählte uns viel aus seinem Leben, und daß er früher noch die Sklaverei erlebt hatte. Er war der Älteste von seinen Geschwistern, und damals wurde der älteste Sohn einer Familie automatisch Sklave der Weißen. Wann immer der Großgrundbesitzer ihn brauchte, war er gezwungen mitzugehen, weil er eben sein Sklave war. Mein Vater sagte immer: »Kinder, sprecht, so oft ihr könnt und so oft ihr Zeit habt, mit eurem Großvater, denn er weiß, was unsere Vorfahren erzählt haben.«

Für uns war das immer so etwas wie ein politisches Gespräch, wenn wir uns mit meinem Großvater unterhielten, weil er uns von seinem Leben berichtete und von dem Leben seiner Großeltern und der anderen, die damals lebten. Er erklärte uns, warum die Menschen heute nicht mehr so lange leben wie unsere Vorfahren. Er erzählte, daß er als Kind Leute gekannt habe, die mit hundertfünfzehn, hundertsiebzehn Jahren noch gelebt hatten. Frauen mit hundertundzehn Jahren. Er sagte: »Ihr, meine Kinder, ihr habt keine Schuld daran, Schuld sind die modernen Apparate, die in unser Land gekommen sind.« Man muß natürlich bedenken, daß mein Großvater nie eine Schule besucht hat. Er sagte: »Ihr eßt heutzutage chemische Sachen, und deshalb lebt ihr nicht so lange, wie ihr leben müßtet. Euch trifft keine Schuld, aber so ist es.«

Er schimpfte viel auf die Spanier. Die Verursacher unserer heutigen Situation seien die Spanier, sagte er. Sie stahlen und schleppten einen Haufen Zeug aus unserem Land. »Die Besten unserer Vorfahren«, sagte er, »waren die, die von den Spaniern geschändet wurden. Sogar die von unserer Gemeinschaft gewählten Königinnen wurden geschändet. Und daraus gingen die Ladinos hervor. Die Caxlanos.« Das sind die mit indianischem und spanischem Blut. Caxlan heißt soviel wie: »ein bißchen gemischt«.

»Die Caxlanos sind Diebe«, sagte mein Großvater. »Hört nicht auf die Caxlanos! Bewahrt euch das Erbe eurer Vorfahren.«

Wir hatten ein paar Geheimnisse, aber meine Mutter hatte viele kleine Geheimnisse, die sie uns zeigte; kleine Dinge. Zum Beispiel, wenn viele Hunde bellen oder einen beißen wollen. Meine Mutter ist nie von einem Hund gebissen worden, weil sie ein kleines Geheimnis kennt, um die Hunde zu besänftigen. Das ist, glaube ich, etwas aus der Natur, weil es Wirkung zeigt.

Mein Vater war ein sehr einfacher Mensch, wie meine Mutter. Meine Mutter hatte ein rundes Gesicht. Ein wenig gleiche ich meiner Mutter. Mein Vater war sehr geduldig, nie ärgerlich. Wenn wir etwas falsch gemacht hatten, sprach er immer mit uns darüber. Leider hatten wir keinen Vater, der immer bei uns war, denn oft war er auf den Fincas oder in der Hauptstadt, um ein paar Centavos für uns zu verdienen oder Papiere in Ordnung zu bringen. Oft sahen wir ihn nur einmal im Monat oder nur alle zwei oder drei Monate. Wir konnten nur selten mit ihm zusammensein. Aber so wenig er auch bei uns war, so viel haben wir doch von ihm gelernt. Das Dorf auch.

Ich bin stolz auf meinen Vater. Obwohl er ein Mann war, eine Waise, die keinen Vater hatte, der ihn erzog, und vor allem keine Mutter, und fremde Menschen ihm viel Schlechtes lehrten, Haß und Ablehnung, machte er doch ganz allein sein Leben und war, menschlich gesehen, ein sehr entwickelter Mensch, würde ich sagen. Er mußte viel erdulden und hatte große Schwierigkeiten das Leben zu bewältigen, aber er verlor nie die Geduld. Das war das Wichtigste für mich. Ich kann oft Dinge nicht tun, obwohl ich weiß, daß sie wichtig sind, aber er machte alles mit der Ernsthaftigkeit, die seine Arbeit erforderte.

Ich hatte öfter als meine Geschwister Gelegenheit, mit meinem Vater zusammen zu sein, weil ich schon als Kind immer mit ihm in die Hauptstadt oder in andere Orte fuhr. Manchmal durfte ich meine Arbeit auf der Finca im Stich lassen, um mit ihm in die Hauptstadt zu fahren. Dann unterhielt er sich mit mir und erklärte mir die Dinge. Wenn wir nichts zu essen hatten und beide hungrig waren, erklärte er mir, warum das so war. Das war, als ich noch nichts verdiente. Dann sagte mir mein Vater, daß, wenn man einen Centavo verdienen wolle, man sich schon etwas anstrengen müsse. Später, als ich schon älter war, sagte er – leider – immer zu mir: »Wenn ich dich auf eine Schule schicke, werden sie dich deiner Klasse entfremden, werden sie dich ladinisieren, und darum

schicke ich dich nicht zur Schule.« Vielleicht hätte er die Möglichkeit gehabt, mich mit vierzehn Jahren auf eine Schule zu schicken,
aber er konnte nicht, weil er die Folgen absah und die Ideen, die
man mir in der Schule eingeben würde.

Einmal, erinnere ich mich, gingen wir zum Arbeiten in ein
Gebiet nördlich von Quiché, nach Ixcán. Dieses Gebiet wird
Region der Königinnen genannt. Es ist sehr bekannt in Guatemala. Es liegt sehr, sehr hoch in den Bergen. Man kann weder mit
dem Auto noch mit dem Fahrrad hinkommen. Man muß sehr
hohe Berge hinaufsteigen, um diese Region zu erreichen. Wir gingen dorthin, weil wir keinen Mais mehr hatten. Es hieß damals,
daß es in der Region der Königinnen Arbeit gebe, weil es dort
einen Priester gab, der schon viele Jahre in den Bergen lebte und
den Leuten mit etwas Geld aushalf, damit sie ihre kleinen Parzellen bestellen konnten. Dort gedieh fast alles: die meisten Sorten
von Früchten, Mais, Gemüse, Bohnen, alles, was man säte. Es war
eine warme Region.

Als uns der Mais ausging, sagte mein Vater: »Wir arbeiten diesmal in Ixcán, das ist vielleicht besser, als zur Küste zu gehen.« Für
unsere Arbeit sollten sie uns Mais geben. Wir gingen also los und
nahmen alles mit, was man für eine Woche oder einen Monat dort
oben brauchte. Wir nahmen schon fertige Tamales mit, damit wir
keine Zeit mit dem Zubereiten von Essen verlören. Wir hatten viel
zu tragen. Nach drei Tagen kamen meine älteren Brüder, ich und
mein Vater in die Region der Königinnen. Dort entdeckte ich, daß
es Menschen gab, Indios wie ich, die keinerlei Möglichkeiten hatten, andere Menschen kennenzulernen. Menschen, die isoliert in
den Bergen lebten und keine anderen Menschen auf der Welt
kannten.

In der ersten Nacht kamen wir in ein Dorf, von dem ich den spanischen Namen nicht kenne, aber wir nannten es Amai. Die Menschen dort versteckten sich und ließen uns nicht in ihre Häuser.
Wir hatten Durst und wollten eine Weile ausruhen. Die Leute ließen uns nicht ein. Wir blieben im Patio eines verlassenen Hauses,
da oben, und am nächsten Tag gingen wir weiter. Wir kamen in ein
anderes Dorf. Mein Vater hatte dort einen Freund, der später für
die Regierung arbeitete. Er bat ihn, uns da ausruhen zu lassen,
und wir konnten bleiben. Danach gingen wir weiter.

Unterwegs zeigte uns mein Vater die Wunder der Natur, die es in unserem Land gab, und erinnerte dabei an unsere Vorfahren. Die ganze Beziehung, die ein Campesino zur Natur hat. Wir hörten und bewahrten die Stille der Berge. Es ist eine angenehme Stille. Und inmitten dieser Stille sangen Vögel, sangen Tiere. Es war eine wunderschöne Gegend.

Am dritten Tag kamen wir in das Dorf. Dieses Dorf war ein Wunder, denn alle Leute hatten Bananen vor ihren Häusern. Die Leute hatten Bananen, Yuca, Mais, Bohnen, Kürbisse, alles, was es dort gab. Es gab von allem im Überfluß. Aber es war schwierig, all die Produkte abzuernten, weil es in der ganzen Gegend keine Pferde gab, um sie zu transportieren. Es gab Pferde, aber die gehörten den Großgrundbesitzern, die in der Nähe wohnten. Noch gehörte ihnen nicht die ganze Region.

Die Menschen dort empfingen uns, aber alle hatten Angst ... Sie hatten schlechte Erfahrungen gemacht mit Leuten, die ihren Reichtum ausgenutzt hatten. Sie sagten: »Wir haben keinen Hunger, aber wir haben auch sonst nichts. Kleidung kaufen wir alle drei, vier Jahre.« Die meisten der Kinder liefen nackt herum und hatten geschwollene Bäuche. Sie aßen fast keinen Mais, weil sie den zu dem Señor brachten, der in der Nähe wohnte. Ein Großgrundbesitzer, dem sie ihren Mais verkauften, damit er ihnen etwas Geld dafür gab. Im Dorf gab es eine Apotheke und eine Cantina. Das war praktisch alles. Was sie verdienten, gaben sie sofort wieder aus. Die Leute aßen Tag für Tag gekochte oder geröstete Bananen. Tortillas aßen sie fast nie, weil man nirgends Kalk kaufen konnte. Hier war sogar der Kalk fast unbezahlbar. Es gab ein paar kleine Läden, in denen es gerade ein Stück Seife gab. Nicht einmal Salz hatten diese im Urwald verlorenen Menschen.

Wir blieben dort einen Monat. Es war die beste Zeit. Wir arbeiteten jeden Tag. Es gab schöne Bäche dort; schön, weil sie kristallklares Wasser hatten, und die Steine im Wasser waren weiß oder grau, und deswegen sah auch das Wasser grauweiß aus. Die Bäche gefielen mir am besten dort. Es gab aber viele Schlangen. Die Leute wurden immerzu von Schlangen gebissen. Die Schlangen ließen sich gegen Mittag in der Sonne rösten. Es war schrecklich heiß dort. Mein Vater sagte: »Wir müssen die Zeit herausfinden, sonst fressen uns die Tiere. Wir müssen herausfinden, wann die Schlangen auf den Wegen liegen, denn die Schlangen legen sich in die Sonne und gehen dann in den Fluß, wenn sie heiß sind.« Wenn sie uns bissen, konnte das eine Hautkrankheit geben oder sonst eine Krankheit, die die Schlangen verursachen. Aber die kleinen Fische aus den großen Bächen zu fischen machte uns Spaß. Es gab vier Bäche. Vier Ströme, wie die Leute dort sagten. Es sind vier Bäche, die sich zu einem großen Fluß vereinen. Der Lärm, den er macht, ist, wie wenn man neben einem Flugzeug steht, das sich in die Luft erhebt.

Wir arbeiteten einen Monat dort und ernährten uns von Bananen, Yukawurzeln und Süßkartoffeln, weil kein Mais zum Essen übrigblieb und weil es auch keinen Kalk gab, den man mit dem Mais zusammen aß. Alle Kinder hatten Würmer, Tiere im Bauch. Alle Kinder hatten geschwollene Bäuche. Ich hatte Erfahrung mit Würmern, ich hatte auf der Finca Würmer gehabt. Mein Vater sagte: »Das kommt daher, daß sie immer nur Bananen essen. Die Kinder werden nicht lange leben, die Kinder werden sterben.«

Danach gingen wir zurück. So lernten wir, welche Qualität der Mais hat, welche Qualität Kalk hat. Deswegen ist beides heilig, wie unsere Vorfahren sagten. Und wirklich, ohne Mais und ohne Kalk hat der Mensch keine Kraft. Und vielleicht sind viele von uns Indígenas nur noch am Leben, weil wir Mais mit Kalk essen.

Auf dem Rückweg – wir waren zwei Tage gegangen – brach mein Vater ohnmächtig zusammen. Klar, wegen der ganzen Schwächen, die er hatte. Ich war damals dreizehn Jahre alt. Ich trug fünfzig Pfund Mais. Mein Vater und meine Brüder trugen hundert Pfund. Mit einem Mecapal, wie wir in Guatemala sagen, mit einem Seil trugen wir den Mais auf dem Rücken, und mein Vater wurde ohnmächtig. Wir wußten nicht, was wir mit ihm machen sollten. Wir waren mitten im Urwald. Ich hatte furchtbare Angst. Die erste Angst, die ich in meinem Leben hatte. Ich hatte schon einmal Angst gehabt, als ich mich in den Bergen verlaufen hatte, Angst, daß wilde Tiere mich fressen könnten, aber damals sagte ich mir, ich werde mit ihnen sprechen, und sie werden mich verstehen. Dieses Mal war es eine andere Angst; vielleicht weil ich jetzt älter war. Es war eine Angst, die ich nicht ausdrücken konnte. Ich sagte nur immer wieder: »Dios mío, wie allein wir sind, hier im Urwald!«

Nach einer Weile konnten wir meinem Vater wieder auf die Beine helfen. Wir verteilten die gesamte Last auf uns drei und ließen meinem Vater nur noch wenig, weil er nicht mehr soviel tragen konnte. Ich fühlte zum erstenmal, daß mein Vater mir fehlen würde, wenn er sterben müßte. Aber mein Vater sagte: »Habt keine Angst, so ist das Leben, und wenn es keinen Schmerz gäbe, würde man es vielleicht gar nicht als Leben empfinden.«

Mein Vater empfand für mich die gleiche Zärtlichkeit wie ich für ihn. Wenn ich zum Beispiel Bauchschmerzen hatte, ging ich damit zu meinem Vater anstatt zu meiner Mutter. Mit mir besprach er alles. Wenn wir zur Arbeit gingen, unterhielt er sich mit mir wie mit einem Erwachsenen. Er erklärte mir viele Dinge. Ich immer hinter meinem Vater.

Mir gefiel an ihm, daß er nie müde wurde. Wenn er nach der Arbeit nach Hause kam, mußten zum Beispiel die Bäume etwas ausgeholzt werden, damit unsere Hühner nachts auf den Ästen schlafen konnten. Dann kletterte er in die Bäume und sagte: »Wenn du zu mir heraufkommen willst . . .«, und er reichte mir seine Hand und zog mich auf den Baum. Und wenn er den Weg durch den Urwald bahnte, ging ich hinter ihm her und sah zu, wie er es machte.

Ich war in vielen Dingen abhängig von ihm. Er nahm mir meine Zweifel, und er hielt zu mir. Er verteidigte mich oft gegen meine Geschwister und sogar gegen meine Mutter. Als Kind war ich sehr schüchtern, und als ich heranwuchs, war ich in vielen Dingen unsicher. Mein Vater half mir bei allem, was mir schwerfiel, und sagte: »Es ist nicht immer leicht, zu lernen, aber man macht die Dinge, und dadurch lernt man sie.« Ein bißchen habe ich dadurch das Verhalten von Männern angenommen, überall dabei zu sein. Ich bin genauso überall dabei wie meine Brüder. Zum Beispiel die Dunkelheit. Meine ältere Schwester hat schreckliche Angst vor der Dunkelheit. Manchmal mußten wir noch im Dunkeln zur Arbeit, um drei Uhr morgens in ein anderes Dorf, und mußten im Licht von Fackeln durch den Busch gehen. Meine Schwester hatte das Gefühl, daß die wilden Tiere sie gleich von allen Seiten anspringen würden, und ich hatte keine Angst. Wenn ich etwas hörte, blieb ich stehen, und wenn es nichts war, ging ich weiter.

26 Gefangennahme und Tod der Mutter

> *»Sie wollten mein Land verbrennen, meine Kinder und Säuglinge töten und die Jungfrauen schänden. Der Allmächtige Herr gebot ihnen Einhalt durch die Hand einer Frau.«*
>
> Die Bibel, Judith

Eines Tages kehrte meine Mutter in ihr Dorf zurück und machte heimlich noch ein paar Besorgungen für die Gemeinde, als man sie am 19. April 1980 verhaftete.

Meine Mutter war ins Hochland zurückgegangen, weil aus unserem Dorf mehr als acht Compañeros in der spanischen Botschaft gefallen waren. Also sagte meine Mutter: »Ich gehe in mein Dorf zurück, weil sie mich dort jetzt brauchen.« Die Priester und Ordensschwestern, die damals in meinem Dorf weilten, boten ihr Hilfe an, damit sie ins Ausland gehen könne, aber meine Mutter hatte nie daran gedacht, als politisch Verfolgte ins Ausland zu gehen. Sie sagte: »Das geht nicht. Mein Volk braucht mich, und ich muß bleiben.« Sie ging also in ihr Dorf zurück, und die Leute waren fast am Verhungern, weil niemand sich traute, das Dorf zu verlassen und dabei sein Leben zu riskieren, nur um etwas zu essen zu kaufen.

Manchmal hörte ich, daß meine Mutter auch in anderen Regionen arbeitete, wenn die Leute mir zufällig einmal von einer Frau erzählten, die sehr viel Erfahrung habe und alles. Dann sagte ich: »Das ist meine Mutter. Gut, daß sie nicht im Hochland ist.« Aber ich war immer sehr besorgt um sie, weil ich nie genau wußte, wo sie war, und weil ich Angst hatte, daß ihr etwas zustoßen könne. Ich hatte immer noch die Hoffnung, sie einmal wiederzusehen.

Sie arbeitete in verschiedenen Dörfern und sprach mit den Frauen. Sie sagte ihnen, daß auch die Frauen am Kampf unseres Volkes teilnehmen müßten, denn ohne die Beteiligung der Frauen gäbe es keine richtige Veränderung und keinen Sieg. Meine Mutter sprach fast kein Spanisch, aber sie sprach zwei Sprachen: Quiché und Kekchi. Sie ging direkt auf die Frauen zu und sagte ihnen, daß eine Mutter, die mitansehen muß, wie ihr Sohn gefoltert und dann verbrannt wird, ihren Feinden nie mehr verzeihen kann. Sie hatte eine wichtige Botschaft zu verkünden und fand sehr viel Rückhalt bei den Leuten. Sie war eine sehr geachtete Frau. Sie arbeitete mit den Menschen und sprach dabei mit ihnen. Sie brauchte keine Versammlungen, sondern sie ging in die Häuser, sprach mit den Leuten, arbeitete, was es zu arbeiten gab, und erzählte von ihren Erfahrungen.

Ich weiß noch, als mein kleiner Bruder verschleppt wurde, versammelte sich das ganze Dorf und protestierte, nachdem meine Mutter bei der Polizei keine Auskunft erhalten hatte. Zum erstenmal handelte das ganze Dorf gemeinsam, hauptsächlich die Frauen. Denn wir wußten, wenn die Männer in die Stadt kämen, würde man sie verhaften und foltern. Also sagte meine Mutter, man solle besser eine Demonstration nur mit Frauen und Kindern machen, um zu sehen, ob die Armee so kaltblütig sei, Frauen und Kinder umzubringen. Aber auch dazu sind sie fähig. Sie gingen also in die Stadt, besetzten das Stadthaus und nahmen den Bürgermeister gefangen. Wenn er Recht spreche, würden sie sich beugen, aber wenn er das Recht beuge, würden sie ihn richten. Es war das erste Mal, daß die Frauen so etwas unternahmen.

Tage darauf besetzten sie den Kongreß in der Hauptstadt. Mein Vater, meine Mutter, viele Campesinos. Das war am Nationalfeiertag. Alle Abgeordneten waren versammelt. Mit Hilfe der Gewerkschaften und des CUC hatten sich auch andere Indios aus Quiché und Uspantán organisiert und nahmen an der Besetzung des Kongresses teil. Als die Abgeordneten es bemerkten, konnten sie uns schon nicht mehr hinauswerfen. Als sie das Kongreßgebäude betraten, hoben die Soldaten sogleich ihre Waffen. An der Spitze der Demonstration ging mein ältester Bruder. Als er zu reden begann, richteten sie ihre Gewehre auf ihn. Da kam meine kleine Schwester mit ihrer weißen Blume in der Hand und stellte sich vor meinen Bruder, so daß sie nicht mehr wagten, auf ihn zu schießen.

193

Wie ich schon sagte, pflücken wir Indios nur Blumen, wenn es unbedingt nötig ist. Alle Demonstranten hielten die gleichen Blumen in den Händen, was soviel hieß, daß wir baten, unser Leben zu respektieren, und gleichzeitig die Lösung unseres Problems forderten.

Wir besetzten den Kongreß, damit man uns unseren Bruder zurückgab und auch die Hunderte anderer Katecheten, die aus anderen Dörfern verschleppt worden waren, und damit sich das Militär aus den Dörfern zurückziehe. Es war ein friedlicher Protest mit der Bitte an den Präsidenten, die Unterdrückung zu beenden. Aber nichts. Die Antwort war die Verbrennung meines Bruders.

Sie sagten uns, der Kongreß sei kein Haus für Indios und wir hätten dort nichts zu suchen. Es sei ein angesehenes Haus und nur für die Mitglieder der Regierung. Aber die Campesinos sagten: »Wir sind jetzt hier, und hier müßt ihr uns töten...« Sie setzten ihr Leben ein, aber sie wußten, wenn es ein Massaker gäbe, wäre es kein vergebliches Massaker, sondern ein Protest gegen unser Elend.

Danach verbesserten wir unsere Organisation ständig und voller Freude, weil wir wußten, daß wir für eine gerechte Sache kämpften und unsere Motivation aus etwas Wirklichem kam.

Meine Mutter wurde verschleppt und vom ersten Tage an von den Offizieren vergewaltigt.

Ich möchte vorweg erklären, daß sich alle Beweise der Vergewaltigungen und Folterungen meiner Mutter in meiner Hand befinden. Ich möchte hier aber nicht alles offenlegen, weil dadurch das Leben einiger Compañeros gefährdet würde, die immer noch im Land arbeiten.

Meine Mutter wurde vergewaltigt, und danach brachte man sie in ein Lager namens Chajup, was soviel heißt wie »unter der Schlucht«. Dort gab es viele tiefe Gruben, in denen die Verschleppten gefoltert wurden und wo auch mein kleiner Bruder gefoltert worden war.

Gleich am ersten Tag rasierten sie sie und zogen ihr eine Uniform an. Sie sagten zu ihr: »Wenn du ein Guerrillero bist, dann kämpfe doch mit uns.« Meine Mutter sagte nichts. Sie schlugen sie und wollten wissen, wo wir anderen waren. Wenn sie eine Erklärung abgebe, würde man sie freilassen. Meine Mutter tat, als ob sie nichts wisse, und gab keine Erklärung ab. Sie wußte, daß man ihre Kinder auch foltern und sie nicht freilassen würde.

Am dritten Tag der Folter schnitten sie ihr die Ohren ab. Sie schnitten ihr nach und nach alle Körperteile ab. Sie mußte all die Schmerzen erleiden, die ihr Sohn auch erlitten hatte. Sie gaben ihr viele Tage lang nichts zu essen. Ihr Körper war von der Folter ganz entstellt, und als sie nichts mehr zu essen bekam, verlor sie das Bewußtsein. Sie kämpfte mit dem Tod. Da holten sie Armeeärzte, die ihr Injektionen gaben und sie an einen Tropf legten, damit sie wieder zu sich komme. Sie gaben ihr Medikamente und pflegten sie und ließen sie ausruhen. Als es ihr etwas besser ging, verlangte sie zu essen. Sie gaben ihr zu essen.

Danach wurde sie aufs neue vergewaltigt. Sie mußte viel erdulden, aber sie starb nicht. Als sie wieder das Bewußtsein verlor, versuchten sie mit allen Mitteln, mit uns in Verbindung zu treten. Sie brachten ihre Kleider ins Stadthaus von Uspantán. Sie stellten sie dort zur Schau, damit wir uns überzeugen konnten, daß meine Mutter sich in ihren Händen befand. Wir ließen auskundschaften, was sie vorhatten, und sie sagten, wir sollten uns stellen, denn sie hätten unsere Mutter und sie würde gefoltert. Sie wolle eines ihrer Kinder sehen. So ging es ununterbrochen.

Es war schrecklich für mich, meine Mutter unter der Folter zu wissen und ihr nicht helfen zu können. Ich konnte zu einem meiner Brüder Verbindung aufnehmen, und er sagte: »Wir dürfen nicht unser Leben aufs Spiel setzen.« Meine Mutter würden sie auf jeden Fall umbringen, so wie sie uns auch umbringen würden. Wir müßten unseren Schmerz als ein Vermächtnis unserer Eltern sehen, die auch große Schmerzen erduldet hatten und nie ihr Leben leichtsinnig aufs Spiel setzten. So mußten wir uns an den Gedanken gewöhnen, daß sie auf jeden Fall sterben würde.

Als sie sahen, daß niemand von uns die Kleider meiner Mutter abholte, brachten sie sie an einen Ort in der Nähe, mitten im dichtesten Urwald. Ich hoffte, daß meine Mutter in der freien Natur sterben könne, die sie immer so geliebt hatte. Sie legten sie halbtot unter einen Baum. Sie war ganz entstellt und voller Wunden, die sich entzündet hatten, und sie konnte sich nicht von der Stelle bewegen. Sie ließen sie da vier oder fünf Tage liegen, in der Hitze der brennenden Sonne, im Regen und in der Kälte der Nacht.

Im Urwald gibt es eine Mücke, die sich in offene Wunden setzt, und wenn man die Wunden nicht gleich versorgt, kommen schon nach zwei Tagen Würmer aus den Wunden gekrochen, die die Mücke berührt hat. Und da meine Mutter am ganzen Körper offene Wunden hatte, war sie voller Würmer, und sie lebte noch. Dann, nach langem Todeskampf, starb meine Mutter.

Als sie tot war, stellten sich die Soldaten noch über sie und urinierten meiner Mutter in dem Mund, als sie schon tot war. Sie ließen Soldaten als Wachen zurück, damit niemand die Leiche weghole, auch nicht die Reste von ihr. Da saßen die Soldaten neben der Leiche und rochen den Gestank, als meine Mutter ziemlich zu riechen anfing. Sie saßen daneben und aßen, und ich glaube – die Tiere mögen mir den Vergleich verzeihen –, daß nicht einmal Tiere imstande wären, das zu tun, was diese Bestien von der Armee taten.

Meine Mutter wurde von den Tieren gefressen, von Hunden und Geiern und anderen Tieren, die sich beteiligten. Erst nach vier Monaten, als sie sahen, daß von meiner Mutter nichts mehr – nicht einmal die Knochen – übriggeblieben war, verschwanden die Wachen.

Für uns war es natürlich sehr schmerzvoll, als wir hörten, daß meine Mutter im Sterben lag, aber hinterher, als sie schon tot war, waren wir nicht zufrieden, weil kein menschliches Wesen zufrieden sein kann, wenn es das alles sieht. Wir waren aber befriedigt, weil wir wußten, daß der Leib meiner Mutter nicht mehr leiden mußte, da er jetzt alles überstanden hatte. Das war das einzige, was wir immer nur hoffen konnten: daß man sie schnell töten würde.

27 Über den Tod

*»Als sie über die westliche Bergflanke hinabstiegen, über-
schattete sie eine Wolke wie von Regen.«*

Popol Vuh

Das Phänomen des Todes ist unter uns Indígenas etwas, auf das
man sich langsam vorbereitet. Es kommt nicht wie etwas Unbe-
kanntes, sondern es ist wie eine Vorbereitung. Der Sarg, zum Beispiel, wird schon vorher gemacht, damit der Mensch, der im Sterben liegt, ihn noch sieht. Und wenn er stirbt, in dem Moment, in
dem er fühlt, daß er stirbt, ruft er die Person zu sich, die er am meisten liebt, die Person, die ihm am nächsten steht. Das kann eine
Tochter oder eine Enkelin sein, wenn es die Großmutter ist, oder
ein Sohn oder ein Enkel, wenn es der Großvater ist, oder sonst ein
Mensch, der dem Sterbenden nahesteht, damit er ihm die letzten
Ratschläge und gleichzeitig die Geheimnisse der Vorfahren und
seine eigenen Gedanken mitteilen kann. Die Dinge, die seit
Generationen wiederholt werden, damit sich die indianische Kultur erhalte.

Danach versammelt sich die ganze Familie, und der Sterbende
spricht zu ihr, gibt ihr Ratschläge und berichtet von seinen Erfahrungen. Die Geheimnisse sind nicht dieselben, die einer einzelnen Person mitgeteilt werden, und die Ratschläge sind für alle,
und man stirbt beruhigt. Man stirbt mit dem Gefühl, seine Pflicht
im Leben erfüllt zu haben.

Die Totenfeier findet im Hause des Toten statt. Das ganze Dorf
kommt, um dem Toten die letzte Ehre zu erweisen und die Ange-

hörigen zu besuchen, und das Dorf kommt auch für alle Kosten auf. Die Familie des Toten hat keinerlei Ausgaben. Man hält die Totenwache, und für alle Anwesenden wird ein Mahl bereitet. Von besonderer Bedeutung dabei ist das Trinken, der Schnaps. Bei dieser Gelegenheit wird auch besser gegessen als sonst. Es gibt Fleisch und andere Dinge. Es gibt auch eine Art Zeremonie. In den Ecken der vier Himmelsrichtungen werden Kerzen aufgestellt. Es ist ein wenig wie eine Wiederholung der Maisfeier kurz vor der Aussaat. Es werden Blumen gepflückt, und es ist eines der wenigen Male, wo das getan wird. Für den Toten pflückt man Blumen und legt sie um seinen Sarg herum. Danach spricht man über den Toten. Jeder erzählt etwas von ihm. Seine Angehörigen sprechen, und wenn er keine Angehörigen hat, spricht an ihrer Stelle der gewählte Sprecher des Dorfes. Aber man spricht nicht nur lobend von dem Toten, sondern bringt auch Kritik an. Die ganze Nacht hindurch wird von dem Toten gesprochen, was er im Leben alles gemacht hat – eine Rückbesinnung auf seine Person.

Man läßt den Toten nicht lange im Haus, wacht nicht so lange an seinem Sarg, sondern begräbt ihn nach vierundzwanzig Stunden. Eine Nacht für die Totenfeier, danach begräbt man ihn.

Die Beerdigung ist von großer Bedeutung. In den Sarg legt man all die Dinge, die der Tote im Leben am meisten geliebt hat. Diese Dinge werden nicht vererbt, sondern bleiben bei ihm. Seine Machete zum Beispiel, die Machete, die ihn im Leben begleitet hat. Oder seine Tasse, die Utensilien, die er im Alltag immer gebrauchte. Seine Kleidung wird nicht mehr benutzt, und man legt sie zur Seite. Es sei denn, ein guter Freund oder ein anderer geliebter Mensch könnte sie gebrauchen.

Wenn jemand stirbt, sitzen alle aufmerksam um ihn herum, um zu hören, was er sagt. Man sagt ja, daß ein Sterbender im letzten Moment seines Lebens im Geiste noch einmal sein ganzes Leben durchlebt und sein Geist überall noch einmal hingeht, wo er gelebt hat.

Wenn jemand getötet wird, leiden wir anderen sehr darunter, weil das etwas ist, was wir am eigenen Leib erfahren. Zum Beispiel, wie mein kleiner Bruder getötet wurde. Wir mögen nicht einmal ein Tier töten. Weil wir nicht gerne töten. In einer indianischen Dorfgemeinschaft gibt es keine Gewalt.

Der Tod eines Kindes zum Beispiel. Wenn ein Kind an Unterernährung stirbt, ist das nicht die Schuld seiner Eltern, sondern die Schuld der Bedingungen der Ladinos, der Ungerechtigkeit des Systems. Früher vor allen Dingen waren an allem die Ladinos schuld. Heute haben wir darüber nachgedacht. Über viele Dinge, die uns unsere Großeltern immer gesagt haben, daß sie uns heute mit Medikamenten und all diesen Dingen vernichten wollen. Heute wollen sie uns dazu bringen, anders zu leben, als wir leben wollen.

Töten ist für uns etwas Ungeheuerliches. Daher unser Zorn auf die ganze Unterdrückung. Mehr noch: unser Entschluß, zu kämpfen, ist eine Reaktion auf all das Leid, das wir erdulden müssen.

Wir haben unser ganzes Vertrauen in die Compañeros aus den Bergen gesetzt. Sie haben gesehen, wie wir leben, und leben jetzt etwa so, wie wir leben. Sie haben sich den gleichen Bedingungen unterworfen, denen wir unterworfen sind. Man mag nur den Menschen, der das gleiche ißt wie wir. Wenn der Indio ihnen einmal sein Herz geöffnet hat, ist er mit den Seinigen bei ihnen in den Bergen. Wir fühlen uns von ihnen nicht betrogen, wie wir uns von der Armee betrogen fühlen, die unsere Söhne aus den Dörfern holt. Das bedeutet nämlich, daß sie ihre Kultur, ihre ganze Vergangenheit zerbrechen. Daher unser Zorn, wenn sie kommen, um Männer und Jungen zwangsweise zu rekrutieren, weil wir wissen, daß wir sie zwar wiedersehen, sie aber nicht mehr dieselben sein werden. Der Fall bei den Soldaten ist besonders schwer, nicht nur, weil sie ihre Kultur verlieren können, sondern weil sie lernen, andere Menschen zu töten.

Wenn Indios sich entschließen, in die Berge zu gehen, wissen sie, daß sie zu jeder Zeit im Kampf getötet werden können. Da sie in den Bergen keine Totenfeiern abhalten können, weil das unter den Bedingungen etwas schwierig ist, veranstalten sie die Zeremonie vorher im Dorf. Wenn welche in die Berge gehen wollen, versammeln sie sich die Nacht vorher im Dorf und vollziehen die Rituale der Totenfeier mit allem, was dazugehört, und dann gehen sie in die Guerrilla. Dies, um unseren Sitten und Bräuchen Genüge zu tun, für den Fall, daß ihnen etwas zustößt.

28 Über die Feste

> *»Was uns Indígenas am meisten schmerzt, ist, daß sie unsere Kleidung schön finden, aber die Person, die die Kleidung trägt, gar nicht sehen.«*
>
> Rigoberta Menchú

Unsere Dorffeste sind vor allem anderen zuerst einmal ein Gemisch. Die reine Fiesta, wie unsere Vorfahren sie feierten, gibt es vielleicht gar nicht mehr. An ihrer Stelle feiert man heute den Tag irgendeines Heiligen oder einer großen Persönlichkeit. In den Schulen feiern sie meistens den Tag des Tecún Umán. Tecún Umán ist der große Held der Quichés, der gegen die Spanier kämpfte und zum Schluß getötet wurde. Also feiern sie in den Schulen jedes Jahr das Fest Tecún Umáns, des nationalen Helden der Quichés.

Wir feiern dieses Fest in erster Linie deshalb nicht, weil unsere Eltern sagten, daß dieser Held gar nicht gestorben ist. Die Ladinos in den Schulen feiern das Fest. Wir lehnen das ab, weil man sagt: er war ein Held, er kämpfte und starb, weil man also in der Vergangenheitsform von ihm spricht. Sie feiern seinen Jahrestag als Andenken an die Kämpfe vergangener Zeiten.

Es gibt aber immer noch sehr viel Leid, und der Kampf geht für uns immer noch weiter. Wir wollen nicht, daß man sagt, »das geschah damals«, weil es heute immer noch geschieht, und deshalb ließen unsere Eltern nicht zu, daß wir diesen Tag feierten, weil wir die Wahrheit über Tecún Umán nicht kennen, aber die Ladinos verbreiten ihre Version als geschichtliche Wahrheit.

Man sagt, Tecún Umán bedeute soviel wie »unser aller Großvater«. Das »mán« heißt soviel wie Vater oder Großvater – etwas

Achtbares also. Er war nämlich der Führer aller Indígenas, so etwas wie ihr König oder ihr Präsident. Als die Spanier kamen, gab es große Schlachten, und viele Könige wie er fielen, und er war der letzte, der im Kampf gegen die Spanier fiel. Für uns hat Tecún Umán eine ganz andere Bedeutung als für die Ladinos.

Den Tag der Unabhängigkeit Guatemalas feiern wir auch nicht, weil er für uns nämlich kein Feiertag ist. Wir betrachten ihn als Feiertag der Ladinos, weil die Unabhängigkeit, wie sie sie nennen, für uns keine Bedeutung hat. Sie bedeutet für uns nur größeres Leid und Kampf um den Erhalt unserer Kultur. Dieses Fest feiern sie nur in den Schulen, und Zugang zu Schulen haben nur die Leute mit Geld. Der größte Teil der Indios hat keinen Zugang zu den Schulen. Es ist ein Feiertag der Bourgeoisie und des Mittelstandes, und alles, was darunter ist, hat nichts davon.

Wenn Lehrer in die Dörfer kommen, fangen sie an, von Kapitalismus zu reden und daß man seinen Lebensstandard verbessern muß. Sie versuchen uns solche Ideen in den Kopf zu setzen. Ich erinnere mich, daß eine Zeitlang zwei Lehrer in unserem Dorf waren, um die Kinder zu unterrichten. Die Kinder erzählten ihren Eltern alles, was sie in der Schule lernten. Da sagten die Eltern: »Nein, wir wollen nicht, daß unsere Kinder ladinisiert werden«, und jagten die Lehrer aus dem Dorf. Weil sie nämlich darauf gedrängt hatten, den 15. September zu feiern, und die Kinder dazu bringen wollten, Schuluniformen anzuziehen. Sie sollten sich Schuhe kaufen. Einem Kind werden nie Schuhe gekauft. Sie wollten, daß sie sich Uniformen anzögen, sich verkleideten und ihre traditionelle Kleidung gegen ein Stück Stoff von einer einzigen Farbe für alle eintauschten. Die Eltern wollten aber nicht, daß ihre Kinder wie Ladinos erzogen würden, und jagten die Lehrer davon. Für den Indígena ist es besser, keine Schule zu besuchen, als ladinisiert zu werden.

Wie ich schon sagte, werden die Dorffeste immer zu Ehren eines Heiligen gefeiert. Das begann mit der »Acción Católica«, der Verbreitung des katholischen Glaubens und der Bibel als Mittel, die Geschichte unserer Vorfahren zu erzählen. Das Volk identifizierte sich da sehr stark mit der Bibel und mit der katholischen Religion. Daher gibt es heute die Patronatsfeste in den Dörfern, weil das Volk zu irgendeiner Zeit die Heiligen übernahm und sie jetzt als seine Heiligen betrachtet.

Diese Feste sind für den Indígena wie ein Ausruhen von der Arbeit. Ein Ausruhen aber, das ihm gleichzeitig Schaden zufügt, weil er, anstatt wirklich zwei oder drei Tage auszuruhen, die ganze Zeit im Dorf feiert. Nur wer krank ist oder sehr viel Arbeit hat oder nichts zu essen hat, geht nicht zu den Festen.

Als Musik haben wir die Marimba. In früheren Tagen oder Jahren hatten wir Marimbas, aber Marimbas ohne viele Instrumente, die von den Leuten des Dorfes selbst gespielt wurden, und wir haben Tänze, in denen der Indígena den Widerstand gegen die Spanier darstellt. Den »Tanz der Eroberung« zum Beispiel. Die Indígenas setzen sich weiße und rote Masken auf, die die Spanier darstellen. Die Spanier haben auch Pferde, und die Indígenas schwingen ihre Waffen, ihre Macheten und Steine, und es gibt einen Kampf. Alles im Tanz. Das ist der »Tanz der Eroberung« – el Baile de la Conquista. Dieser Tanz gefiel mir immer besonders, weil er genau darstellt, was wir Indígenas von der Eroberung halten. Es gibt noch andere Tänze in den Dörfern, zum Beispiel den Stier-Tanz und den Hirsch-Tanz. Die Tänzer sind meistens erwachsene Männer über fünfunddreißig Jahre, und sie setzen sich Stier- oder Hirschmasken auf und tanzen so verkleidet.

Mein Dorf hieß San Miguel Uspantán. Das Fest war dem Heiligen Michael geweiht, und da die Leute auch die Heilige Jungfrau sehr gerne mögen, feierte man ihr Fest gleichzeitig mit dem des Heiligen Michael. Die Fiesta beginnt am 5. oder 6. Mai und endet nicht vor dem 9. Mai. Während der ganzen Tage sind die Menschen auf den Beinen. Aus den entferntesten Gemeinden kommen die Leute, und es ist wie ein großes Treffen all der verschiedenen Gemeinden von außerhalb des Dorfes. Sie kommen aus den Bergen, um hier ihre Sachen zu verkaufen. Wenn zum Beispiel ein Tier verkauft werden soll, verkauft man es auf dem Fest, weil da auch viele Händler kommen. Es gibt auch Lotterien, und da verliert man alles. Es gibt Großhändler, es gibt heilige Messen und erste Kommunion. Es gibt auch Cantinas. Nach der Messe gehen die Leute in die Cantinas. Auch die Frauen trinken. Das ist etwas Unglaubliches in diesen Dörfern, denn nicht nur die Männer wollen für eine Weile ihre Sorgen und Probleme vergessen, sondern auch die Frauen. Eine Mutter hat oft die ganze Zeit über nicht eine einzige Atempause gehabt, und so nutzt sie die Fiesta, um sich eine Weile auszuruhen. Das meinte ich, als ich von einer Zeit des Ausruhens sprach.

Meine Mutter trank auch. Manchmal betranken sie sich zusammen, aber manchmal war nur meine Mutter betrunken und mein Vater nicht. In unserem Volk ist es nicht ungewöhnlich, eine Frau trinken zu sehen. Tatsächlich trinken viele Frauen. Besonders auf den Festen. Alle Frauen trinken. Es hat Fälle gegeben, wo Frauen sich zum Schlafen auf ihre Kinder gelegt haben, und das ist ein Skandal. Alle, alle betrinken sich. Nach dem Fest hat keiner mehr einen Centavo.

Ladinos sieht man dort auch. Da nicht alle Ladinos die Möglichkeit haben, gut zu leben, sieht man auch viele arme Ladinos inmitten all der Sauferei. Aber viele Ladinos nutzen die Zeit auch aus, um zu verkaufen und Geschäfte zu machen. Für sie sind die Fiestas nur da, um Geld zu machen.

Ich erinnere mich noch an meine erste Kommunion. Meine Eltern hatten mir ein Stückchen Stoff gekauft für eine Bluse und ein kleines Schürzchen. Sie mußten auch Blumen und Kerzen für mich kaufen und alles, was man brauchte. So mußten sie schon vor dem Fest Schulden machen. Aber mein Vater war glücklich, daß ich am Leben war, denn es ist schon ein Wunder, wenn ein Kind fünf Jahre alt wird. Dann kann man die Hoffnung haben, daß es überlebt. Vielleicht aus Freude betrank sich mein Vater dann und gab dafür sein ganzes Geld aus. Dafür mußten wir hinterher lange Zeit auf der Finca arbeiten, weil wir nach der Fiesta unsere ganzen Schulden zurückzahlen mußten. Ich weiß noch, daß ich von dem Fest nichts hatte und nichts sah, weil wir immer nur unterwegs oder in der Herberge waren. Ich spürte die Festfreude nicht.

Einmal im Jahr gibt es noch eine Fiesta, auf der die Dorfkönigin gewählt wird. Es muß immer eine indianische und eine Ladino-Königin geben. An bestimmten Tagen wird die indianische Königin vorgeführt und hinterher die Ladino-Königin. Ich weiß nicht, woher diese Form der Vorführung kommt. Ein Mädchen, vielleicht das bescheidenste oder zurückhaltendste, wird unter allen Indígenas des Dorfes zur Königin gewählt.

Dieses Fest feiert man in fast allen Dörfern Guatemalas. Selbst in den allerkleinsten Gemeinden. Für mich war das etwas ganz Unvorstellbares, weil die Leute immer von einer indianischen

Königin sprachen und ich nicht wußte, was das bedeutete, weil ich in den Bergen wohnte und während meiner Kindheit nie auf die Dorffeste kam.

1977 hatte ich zum erstenmal Gelegenheit, in einem Dorf bei der Wahl einer Königin dabei zu sein. Ich sah, daß viele Ladinos für die indianische Königin stimmten. Es gab drei Kandidatinnen unter den Señoritas Indígenas. Ich erinnere mich, daß ein Freund, der Ladino war, eine große Menge Geld hinterlegte, damit seine Favoritin die Wahl gewänne. Es ist ein Wettkampf, weil für die Abgabe der Stimme bezahlt werden muß. Gleichzeitig wird gesammelt, um davon die Sachen der Königin bezahlen zu können. Die Verwaltung, das heißt die Dorfbehörde, gibt auch Geld, damit sich die Königin dem Publikum präsentiert und alles. Das ist so etwas Folklore, die man später dazu erfunden hat, glaube ich. Früher gab es das nicht.

Für welches Mädchen die meisten Stimmen gekauft werden, das wird Königin. Sie wird vor allem von den jungen Leuten des Dorfes gewählt oder von den Menschen, die ihr am nächsten sind oder in einer Gemeindegruppe zusammengeschlossen sind, oder vom Gemeinderat, von den Verwaltungsorganen des Dorfes also. Das heißt, nicht vom Dorf im allgemeinen, nicht von der indianischen Bevölkerung. Und da sich der größte Teil der Ladinos in Guatemala in den Dörfern konzentriert hat, verlassen die Indios die Dörfer und siedeln sich außerhalb an, und die Ladinos bleiben in den Dörfern wohnen. So ist es auch meinem Dorf Uspantán ergangen. Nur sehr wenige Indígenas leben noch im Dorf selbst.

Ich sah also, wie sie mit der Abstimmung begannen, und dann gewann eine der Kandidatinnen, und alle Welt beglückwünschte sie. Ein Freund sagte mir, daß die Verwaltung, der Bürgermeister das alles organisierte und finanzierte. Das machte mich sehr traurig, denn zuerst suchen sie sich das schönste Mädchen aus einer Gemeinde oder aus dem Dorf selbst, und dann machen sie Geschäfte mit ihr.

Die Königinnen fahren am Tag der Fiesta mit Autos und Kutschen durch das Dorf. Dann wird eine große Folklore aufgezogen, und im August, wenn die große Fiesta von Cobán stattfindet, gehen alle Indio-Königinnen der ganzen Region dorthin. Diese Fiesta steht unter der Schirmherrschaft des jeweiligen Präsidenten von Guatemala. Daher werden immer große Persönlichkeiten eingeladen, Senatoren, Persönlichkeiten aus anderen Ländern, Botschafter. Und die Königinnen der ganzen Region müssen dorthin, das ist Pflicht, gesetzliche Pflicht, sie müssen dorthin.

Sie kommen alle in ihren verschiedenen Trachten. Sie müssen auf eigene Kosten nach Cobán fahren. In Cobán sind der Präsidenten-General, alle Abgeordneten, die geladenen Gäste und eine Menge Touristen, wie sie an allen touristischen Orten Guatemalas zu finden sind. Sie machen soviele Fotos, wie sie wollen. Wenn ein Indígena auf der Straße fotografiert wird, ist das ein Angriff auf seine Würde, auf ihn selbst. Sie machen Fotos von ihnen und lassen sie sich drehen und wenden, wie die Filmschauspieler der Reichen. Sie bringen die Indígenas dazu, sich zu verbeugen, Handküsse zu verteilen und zu winken, damit das ganze Publikum es sieht, und hauptsächlich tun sie das, damit die Trachten gut zur Geltung kommen.

Ich weiß, daß schon Monate vor der Fiesta mit allen Königinnen eingeübt wird, wie sie sich darzustellen haben, weil man glaubt, daß eine Indígena so etwas nicht weiß. So werden sie auf die große Fiesta von Cobán vorbereitet.

Eine Freundin, die Königin gewesen war und nur wenig Spanisch sprach, erzählte mir, daß sie ihre ganze Rolle auswendig lernen mußte. Sie mußte lernen, auf spanisch den Präsidenten zu begrüßen, die Abgeordneten und Grüße an das Militär zu entrichten. Man zwang sie, alles auf spanisch auswendig zu lernen. Danach mußte sie alle Bewegungen einüben, die sie zu machen hatte, und man brachte sie in eine Pension, nicht einmal in das Hotel, in dem die Gäste wohnten.

Nach dem Fest sagte man ihnen: »Ihr habt eure Schuldigkeit getan, ihr könnt gehen.« Sie baten aber, daß man ihnen einen Platz gebe, wo sie bleiben könnten. Schließlich gab man ihnen etwas, damit sie in eine Pension gehen konnten, und in die Pensionen in Guatemala kommen alle möglichen Leute. Kommen Betrunkene und so. Die Compañeras mußten nach der Darbietung also in einer Pension bleiben. Und das ist etwas, was uns Indígenas am meisten schmerzt. Das heißt, unsere Trachten finden sie schön, weil dadurch Geld hereinkommt, aber die Person, die die Kleidung trägt, sehen sie gar nicht. Sie kassieren viel Geld für die Darbietungen der Königinnen. Jeder, der sich das ansehen will, muß bezahlen. Nur Leute mit Geld können sich das ansehen.

29 Erziehung durch die Mutter
Unterschiede zwischen Indígena und Ladina
Der Mais und die Frau

»Meine Mutter sagte zu mir: 'Ich zwinge dich nicht, aufzuhören, dich wie eine Frau zu fühlen, aber deine Teilnahme an unserem Kampf darf der deiner Brüder in nichts nachstehen.'«

Rigoberta Menchú

Eine Indígena gibt sich nicht kokett. Sie hat gar keine Zeit, sich zum Beispiel eine Frisur zu kämmen, die Haare zu richten und sowas. Der Ladino aber wohl. Selbst wenn er nichts zu essen hat, steckt er sich noch Haarklammern an den Kopf, schnürt sich ein und zwingt sich, Schuhe zu tragen. Uns unterscheiden viele Dinge.

Meine Mutter sagte mir immer: »Kind, du brauchst dich nicht zu schminken, denn wer sich schminkt, verstößt gegen die Schönheit, die Gott uns gegeben hat. Du lernst so etwas nicht.« Es kam aber eine Zeit, in der ich mich von meiner Mutter entfernte, und das machte ihr große Sorgen. Nicht, daß ich meine Mutter nicht mochte, aber ich fühlte mich mehr zu meinem Vater hingezogen. Vielleicht wegen seiner ganzen Arbeit und der Gefahren, denen er ausgesetzt war. Ich konnte mir nie vorstellen, daß meine Mutter einen schlimmeren Tod erleiden könnte als mein Vater. Ich dachte immer, daß es meinen Vater härter treffen würde als meine Mutter.

Als ich aber zehn Jahre alt wurde, war ich mehr bei meiner Mutter. In diesem Alter fing sie an, mir von den Dingen des Lebens zu erzählen. Sie unterrichtete mich, indem sie mir vom Leben ihrer Großmutter erzählte, mir davon erzählte, wie ihre Großmutter schwanger war. Sie übermittelte mir nicht ihre eigenen Erfahrungen, nicht, weil sie keine hatte, sondern weil sie glaubte, daß ich besser am Beispiel anderer lernte.

Meine Mutter erzählte mir also, daß eine Indígena-Frau nur respektiert würde, wenn sie ihre vollständige Kleidung trage. Weil, schon wenn man sein Schultertuch vergißt, die Leute anfangen, nicht mehr soviel Achtung vor der Frau zu haben, und eine Frau braucht viel Achtung. »Vergiß nie deine Schürze, Kind«, sagte meine Mutter, und damit begann meine Jugendzeit, nach dem zehnten Lebensjahr. Die Eltern kaufen ihrer Tochter dann alles, was sie braucht: zwei Schürzen, zwei Kleider, zwei Tücher. Damit, wenn das eine gewaschen werden muß, man das andere anziehen kann. Wenn man irgendwohin geht, muß man vollständig gekleidet sein. »Und nicht die Haare schneiden«, sagte meine Mutter. »Wenn du dir die Haare schneidest, fällt das auf, und es heißt, diese Frau bricht mit vielen Überlieferungen, und die Leute achten dich nicht mehr so, wie sie dich achten müßten.«

Sie erklärte mir auch, was der Mais für uns bedeutet. Die Maiskörner. Sie sagte mir, eine schwangere Frau dürfe keine Maiskörner in der Schürzentasche tragen, weil diese Maiskörner dem Mais Leben geben. Sie sind der Samen, der den Mais ernährt. Sie können aber auch nicht mit dem Kind verglichen werden. Das Kind ißt den Mais erst, wenn es groß ist. Das Kind verdient ebensoviel Achtung wie die Maiskörner. Man kann also beides nicht miteinander vergleichen. Es darf nicht durcheinandergebracht werden. Das war die Bedeutung, wie meine Mutter sie sah.

Die Schürze wird auch als sehr wichtig angesehen, weil die Frau sie immer trägt, auf dem Markt, auf der Straße und bei ihrer Arbeit. Sie ist also heilig für eine Frau, und sie muß sie immer tragen.

Später dann erklärte mir meine Mutter sehr viele Einzelheiten. Zum Beispiel die Vögel und die Medizin. »Laß dir nie einfallen, diese Pflanze zu pflücken oder als Medizin einzunehmen.« Sie erklärte dann, warum man diese Pflanze nicht essen durfte. Eine schwangere Frau kann nicht jede Medizin vertragen, auch nicht alle Säfte der Bäume ... Später erklärte sie mir, daß ich meine Regel kriegen müßte. Ich stellte ihr viele Fragen, als wir unten im Urwald Kräuter pflückten, aber sie erzählte lieber von ihren Großeltern als von sich selbst. Aber wenn ich Bauchschmerzen hatte, sagte ich es nicht meiner Mutter, sondern ging damit zu meinem Vater, weil ich mich ihm besser anvertrauen konnte.

Meine Mutter sagte, sie sei als Kind ziemlich vernachlässigt worden. Sie war nicht umsorgt worden und hatte alles allein lernen müssen. Sie sagte: »Als ich meine Regel bekam, wußte ich nicht einmal, was das war.«

Meine Mutter war sehr schnell verärgert. Sie brachte uns alles sehr gut bei, aber wenn wir unsere Arbeit nicht gut machten, bestrafte sie uns. Sie sagte: »Wenn ihr es jetzt nicht lernt, wer soll es euch dann später zeigen? Es ist doch nur für euch und nicht für mich.«

Ich weiß noch, daß ich schon mit drei Jahren Maisbrei kneten konnte. Meine Mutter sagte, daß ich mit drei Jahren schon viele Dinge konnte. Ich konnte auch schon den Mais waschen. Sie zeigte mir, wie man es machte. Als ich schon älter war, erklärte sie mir, daß man über bestimmte Dinge nicht rübergehen darf. Über einen Teller zum Beispiel oder eine Tasse. Nicht über den Mais zu gehen, weil der Mais die Nahrung aller ist. Solche Kleinigkeiten, die man wissen muß.

Ich weiß auch noch, wie ich mit meiner Mutter zum Säen aufs Feld ging. Sie nannte mir die fruchtbaren Tage, an denen gesät werden konnte. Meine Mutter träumte immer von der Natur. Ich glaube aber, das kam von ihrem Glauben an die Natur. Wenn man den Glauben hat, trifft ja oft das ein, was man geglaubt hat. Ich habe das oft bei Medikamenten feststellen können. Ich sage: »Diese Medizin wird mich heilen«, und logischerweise heilt sie mich, obwohl die Wirkung vielleicht gar nicht der Medizin zuzuschreiben ist. Ich glaube, so war meine Mutter.

Sie erzählte mir, als sie klein war, wäre sie auf Bäume geklettert, hätte Vieh gehütet und alles. Sie sprach viel mit Tieren. Wenn sie zum Beispiel ein Tier geschlagen hatte, sagte sie hinterher: »Ich habe dich da und dafür geschlagen, kein Grund, ärgerlich zu werden.« Und so ist sie wieder zärtlich zu dem Tier.

Sie erzählte, einmal, als sie noch klein war, habe sie in den Bergen ein kleines Schweinchen gefunden und habe gewußt, daß es niemandem gehöre, weil weit und breit keine Leute wohnten und sie die einzige Familie in der Gegend waren. Sie nahm das Schweinchen mit nach Hause, und da mein Großvater ein sehr aufrichtiger Mensch ist, ist er imstande, seine Kinder für die geringste Kleinigkeit, die sie stehlen, zu versohlen. Für Indígenas ist stehlen verboten, weil niemand sich an der Arbeit seiner Nachbarn bereichern darf.

Als meine Mutter dann mit dem Schweinchen nach Hause kam, wußte sie nicht, wie sie es meinem Großvater erklären sollte, weil er sie womöglich mit dem Schweinchen zusammen aus dem Haus geworfen hätte. Sie versteckte das Schweinchen dann im Temascal und ließ es dort. Mein Großvater hatte zwei Kühe, die Kühe gaben Milch und daraus wurde Käse gemacht, und den Käse brachten sie zum Markt oder verkauften ihn an die Reichen. Meine Mutter nahm einen Teil der Milch und gab sie dem Schweinchen, damit es groß werde, ohne daß mein Großvater es merkte. Es ist unglaublich, aber nach zwei Wochen lebte das Schweinchen immer noch und wurde immer größer, obwohl es keine Mutter hatte.

Dann merkte mein Großvater, daß meine Mutter ein Schweinchen hatte. Er brachte sie beinahe um und sagte: »Weg mit dem Schweinchen! In meinem Haus will ich keine gestohlenen Schweine haben.« Es gab einen großen Streit, aber hinterher ließen sie ihr das Schweinchen, obwohl mein Großvater darauf bestand, daß meine Mutter allein für das Futter aufkommen sollte. Meine Mutter opferte sich.

Als das Schwein fünf oder sechs Monate alt war, verzweifelte meine Mutter fast, und sie sprach mit dem Schwein. Sie sagte ihm: »Mein Papa mag dich nicht, aber ich habe dich sehr lieb.«

Eines Nachts, später, holten sich die Kojoten das Schwein. Es waren drei oder vier Kojoten. Das Schwein fing an zu schreien, und meine Mutter rannte nach draußen. Entschlossen lief sie in den Busch, um das Schwein noch zu retten. Als sie tiefer in den Busch eindrang, spürte meine Mutter einen Luftzug. Sie blieb stehen und sagte sich: »Aha, das Schwein gehört offenbar der Welt und nicht mir.« Sie ging wieder zurück, träumte aber noch die ganze Zeit von ihrem Schweinchen. Sie hatte gesehen, wie die Kojoten es im Maul trugen und wegschleppten.

In dieser Zeit lernte meine Mutter bei einem Chimán, so nennen wir in Guatemala einen Señor, der die Dinge der Indígenas vorhersagen kann. Für den Indígena ist er wie ein Arzt oder ein Priester. Meine Mutter sagte also: »Ich werde Chimán, ich gehe zu einem von denen.« Und sie ging und lernte viel von den Vorstellungen des Chimán, die eng mit den Tieren, mit der Natur, mit dem Wasser und der Sonne verbunden sind. Meine Mutter lernte viel, aber vielleicht war das doch nicht die richtige Aufgabe für sie, obwohl es ihr viel dabei half, zu lernen, sich auf andere Dinge zu konzentrieren.

Meine Mutter liebte die Natur sehr. Der Himmel über Guatemala ist meistens blau. Wenn also an den Rändern der Gebirge Wolken aufziehen, bedeutet das, daß es bald regnet. Meine Mutter konnte die Regentage bestimmen und im voraus sagen, ob es heftig oder nur wenig regnen würde.

Ich weiß noch, daß ich manchmal nicht laufen konnte, weil meine Fußsohlen aufgerissen waren. Wenn es regnete, setzte sich der Schlamm in die Wunden und faulte zwischen den Zehen. Meine Mutter kannte viele Heilkräuter, und welche Krankheit wir auch hatten, sie suchte die richtigen Blätter von bestimmten Pflanzen und machte uns damit sofort gesund.

Sie lehrte uns auch, sorgsam mit den Dingen des Haushalts umzugehen und sie zu pflegen. Viele unserer Tonschalen zum Beispiel hatte sie schon viele, viele Jahre, und sie waren noch nicht zerbrochen oder abgenutzt, weil sie auf diese Dinge immer sehr aufpaßte. Sie sagte uns: »Wenn man arm ist, kann man nicht andauernd neue Sachen kaufen.«

Eine andere Sache, die sie uns erklärte, auch aus unseren Überlieferungen, war die, daß die Wäsche der Männer nicht mit der Wäsche der Frauen beim Waschen zusammengeworfen werden durfte. In unserer Kultur schätzt man den Mann besonders – klar, auch die Frau wird geschätzt –, aber was wir auch tun, wie müssen es gut machen, in erster Linie für die Männer. Zum zweiten ist es eine besondere Hochachtung, die schon unsere Vorfahren dem Mann entgegenbrachten. Meine Mutter sagte, wir Frauen hätten andere Dinge, wie zum Beispiel die Regel, die der Mann nicht hat. Also halten wir unsere Wäsche getrennt. So ist es mit allen Dingen, sie dürfen nicht durcheinandergebracht werden. Vor allem aber nicht die Kleidung.

Und noch etwas, was ich an meiner Mutter bemerkte: Mein Vater kam oft erschöpft von der Arbeit, und meine Mutter gab ihm dann den größten Teil der Mahlzeit und nahm selbst nur wenig. Ich fragte sie immer: »Warum muß Papa denn soviel essen?« und sie sagte, daß er immer viel Kraft bei seiner Arbeit ließe, und wenn wir ihn nicht gut versorgten, könne er krank und schwach werden.

So war meine Mutter in allem, aber eines der wichtigsten Dinge sei, sagte sie, daß die Frau das Geld im Hause zusammenhalte. Auf dem Lande kauft man die Sachen, die im Haushalt benötigt werden, einmal in der Woche. Die Frau verwahrt das Geld. Wenn sie zum Markt geht, kauft sie die Sachen, wenn der Mann geht, sagt sie ihm, was eingekauft werden muß. Da meine Mutter fast nie zum Markt ging, kaufte mein Vater immer alles, was sie ihm auftrug.

Meine Mutter war ja auch lange Zeit Hebamme, und sie kannte die meisten Heilkräuter, die es gab. Sie wurde manchmal an drei, vier Tagen der Woche zu Kranken gerufen. Sie war fast nie zu Hause. Daher erklärte sie uns auch von klein auf, wie der Haushalt zu führen sei. Meine Schwester war ein genaues Abbild meiner Mutter, sie machte alles genauso wie sie. Sie ist verheiratet, und ich weiß nicht, wo sie jetzt lebt.

Da man nicht immer nur eine Sorte von Kräutern essen kann, weil das langweilig und einseitig ist, muß man sich immer neue Sachen ausdenken. Zur Erntezeit, wenn alle auf den Feldern sind, bleibt eine der Frauen zu Hause und sorgt für das Essen.

Meine Mutter machte immer noch gerne etwas nebenbei. Sie konnte Matten flechten, Webarbeiten machen, Bast präparieren, aus dem die Sombreros geflochten wurden, und sie konnte sogar Töpfe aus Ton machen. Zuletzt hatte sie eine Kuh, die sie sehr gern hatte. Als meine Schwägerinnen schon mit in unserem Haus wohnten, brauchte meine Mutter nicht mehr soviel im Haushalt zu arbeiten, und wenn sie dann morgens aufstand, ging sie sofort zu den Tieren und brachte sie auf einen Weideplatz, wo sie den ganzen Tag über bleiben konnten.

Die Leute mochten meine Mutter sehr, weil sie überall war, obwohl wir es manchmal lieber gesehen hätten, daß sie öfter zu Hause gewesen wäre. Manchmal kam sie drei oder vier Tage nicht nach Hause, weil sie einen Kranken pflegen mußte. Besonders meine Brüder ärgerten sich oft darüber, daß sie so selten zu Hause war. Später, als sie für die Organisation auch in anderen Dörfern arbeitete, war sie noch seltener da. Sie machte weiterhin Krankenbesuche, aber gleichzeitig organisierte sie die Frauen.

Sie erzählte mir auch vom Machismo. Man muß berücksichtigen, daß meine Mutter nicht lesen und schreiben konnte und nichts von Theorien wußte. Sie sagte, weder der Mann noch die Frau seien schuld am Machismo, sondern der Machismo sei Bestandteil der Gesellschaft. Um den Machismo zu bekämpfen, dürfe man weder die Männer angreifen noch die Frauen. Meine Mutter sagte: »Entweder ist der Mann ein Macho, oder die Frau ist der Macho, es gibt beide Extreme.« Machmal sagt eine Frau zum Beispiel: »Ich bin ein freier Mensch«, und radikalisiert sich in diesem Sinne. Das trägt dann nicht zur Lösung des Problems bei, sondern vergrößert es nur noch. Meine Mutter sagte: »Wir Frauen spielen in dieser Situation eine wichtige Rolle, weil wir unsere Zärtlichkeit besser ausdrücken können.«

Und sie brachte das Beispiel, daß mein Vater, als sie noch jung waren, sich immer gerne bedienen ließ. Gleichzeitig war er sehr eifersüchtig. Aber meine Mutter erzählte, daß sie dann sehr viel darüber gesprochen hätten, weil sie lernen mußten, das Leben von erwachsenen Menschen zu führen. Als sie heirateten, fiel es ihnen sehr schwer, zu begreifen, daß jetzt ein anderes Leben begann und daß das Eheleben etwas anderes war. Ich kann das nicht beurteilen, weil ich alleinstehend bin. Aber meine Mutter sagte, daß mit dem Zusammenleben immer Probleme entstehen. Trotzdem läge es an beiden, diese Probleme zu lösen. Nur durch das Gespräch sei das möglich. Sie sagte: »Niemand kann dir dabei helfen, auch keine andere Frau, wenn du nicht selbst anfängst, darüber nachzudenken und zu sprechen.« Wenn mein Vater zum Beispiel wütend war, gab sie ihm keine Antworten. Aber wenn sie beide zufrieden waren, wenn sie ihre fünf Sinne beieinander hatten, dann sprachen sie miteinander. Klar, daß es immer mal wieder Schwierigkeiten gab und sie miteinander stritten, aber daß hieß nicht, daß sie eine schlechte Ehe führten und sich nicht verstanden.

Deswegen hatte meine Mutter auch alle Freiheit, ihrer Arbeit nachzugehen und allein fortzugehen. Unter uns Indígenas ist es nicht so selbstverständlich, daß eine Frau allein aus dem Haus geht ... Schon als kleine Kinder müssen wir immer in Begleitung der Mutter oder unserer Brüder sein. Und so geht das weiter. Eine verheiratete Frau kann allein nicht überall hingehen. Vielleicht wegen der Eifersucht des Mannes, aber auch auf die Nachbarn und die Dorfgemeinschaft müssen wir Rücksicht nehmen. Wir müssen immer daran denken, welchen Eindruck wir bei den anderen hinterlassen. So kommt dieses Leben zustande: immer mit Rücksicht auf die anderen. Aber meine Mutter hatte alle Freiheit, zu gehen, wohin sie wollte, weil sie der Gemeinschaft vorstand.

Meine Mutter war auch immer sehr geduldig mit ihren Kindern und ihren Schwiegertöchtern. Es war nicht immer leicht, weil wir ein großer Haushalt waren. Da waren meine Großeltern, die Kinder und die erste Schwägerin, die noch bei uns wohnte, als sie schon drei Kinder hatte. Dadurch gab es viel Arbeit im Haus: saubermachen, Essen zubereiten und das Geschirr sauberhalten. Die meisten von uns gingen arbeiten. Meine Schwägerin blieb zu Hause, aber manchmal ging sie auch mit uns zur Arbeit. Es war sehr schön, wenn wir alle zusammen zur Arbeit gingen.

Irgendwann heirateten auch die anderen, und meine Mutter bekam ziemliche Schwierigkeiten, hauptsächlich, weil die Frauen ihrer Söhne nicht gewohnt waren, die Arbeiten so zu machen, wie wir sie immer machten. Sie wollten aber auch nicht allein wohnen, weil sie auch aus großen Familien kamen und eine Frau sich nicht wohl fühlt, wenn sie in einem Haus mit ihrem Mann allein lebt. Also wohnten sie alle bei uns, denn in allen Dorfgemeinschaften ist es Brauch, daß die Frau bei den Eltern ihres Mannes lebt. Aber meinen Schwägerinnen fiel es schwer, sich anzupassen, besonders, weil meine Schwester alles so gut konnte und immer sehr schnell arbeitete. Zum Schluß war es unmöglich, daß meine Schwägerinnen länger in unserem Haus wohnten.

Meiner Mutter machte das große Sorgen, weil sie ihre Schwiegertöchter genauso liebte wie ihre Kinder. Wir wurden manchmal eifersüchtig auf sie, wenn sie zu meinen anderen Brüdern ging, als die schon ihre eigenen Häuser hatten, und sie immer noch so behandelte, als wären sie Kinder. Aber meine Mutter sagte, wenn sie einen gern habe, müsse sie alle gern haben.

Meine Mutter hatte durch ihre Arbeit eine große Politisierung durchgemacht und sagte uns immer wieder, wir müßten lernen, erwachsene Frauen zu sein, aber Frauen, die der Gemeinschaft nützlich wären. Deshalb nahm sie uns immer mit, damit wir von ihr lernten. Meine Mutter war die erste, die sich für den Kampf entschied. Meine Mutter hatte schon politische Klarsicht und arbeitete in Organisationen, als ich überhaupt noch nichts wußte. Sie gehörte keiner bestimmten Organisation an. Sie wußte, was das CUC machte, aber als sie Compañeros aus den Bergen – Guerrilleros – kennenlernte, liebte sie sie wie ihre eigenen Söhne. Sie sagte, wichtig sei nur, etwas für unser Volk zu tun. Es sei traurig, sterben zu müssen und nicht zu wissen, wofür.

Sie sah mich an und sagte: »Mädchen, du mußt dich organisieren! Das ist keine Forderung, die ich als Mutter an dich stelle, sondern es ist deine eigene Pflicht, in die Praxis umzusetzen, was du weißt. Die Zeiten der Bevormundung – ›ach, das arme Kind weiß ja noch nichts‹ – sind jetzt vorbei.« Sie machte keinen Unterschied zwischen dem Kampf des Mannes und dem Kampf der Frau. Sie sagte: »Ich zwinge dich nicht, aufzuhören, dich wie eine Frau zu fühlen, aber deine Teilnahme an unserem Kampf darf der deiner Brüder in nichts nachstehen. Du sollst aber auch nicht nur eine weitere Nummer sein. Das heißt, du mußt große Aufgaben übernehmen, deine Lage als Frau richtig einschätzen und deinen Teil fordern. Nur wenn ein Kind schreit, bekommt es seine Nahrung. Einem Kind, das nicht schreit, gibt man nichts zu essen.«

Meine Mutter war sehr tapfer, aber trotzdem lernte ich mehr von meinem Vater. Das bedauere ich jetzt, weil meine Mutter vieles wußte, was ich nicht weiß. Zum Beispiel über die Heilkräuter und die Dinge der Natur. Klar, ich weiß auch etwas darüber, aber nur oberflächlich. Meine Mutter hatte ein Bild der Frau wie die Frauen unserer Vorfahren, die sehr streng waren und das Leben meisterten. Und sie hatte recht, denn ich sah den Unterschied. Mein Vater war sehr sanft und verteidigte mich immer, aber wer die Schwierigkeiten im Haus und innerhalb der Familie meisterte, war meine Mutter. Selbst wenn ein Kind todkrank war, fand sie die Kraft, alles daranzusetzen, um es zu retten. Aber wenn mein Vater meinen kleinen Bruder sah, der immer sehr kränklich war, verschwand er lieber. Für ihn war es besser, sich zu betrinken und alles zu vergessen.

Es gab viele Dinge, mit denen mein Vater nicht fertig wurde, aber es gab auch viele Dinge, mit denen meine Mutter nicht fertig wurde und mein Vater wohl. Ich liebe meine Eltern daher beide, aber ich kann sagen, daß ich doch mehr an der Seite meines Vaters aufgewachsen bin. Obwohl meine Mutter die Lehrerin vieler Menschen war, lernte ich von ihr doch nicht soviel, wie ich hätte lernen können.

30 Über die Frau

>*»Wir haben unsere Identität verleugnet, weil wir gelernt haben, zu widerstehen.«*
>
> Rigoberta Menchú

Ich habe das Thema bisher nicht berührt, vielleicht, weil es ein sehr langes Thema ist, das der Frau in Guatemala. Man müßte auch Unterscheidungen machen: die Arbeiterfrau, die Campesino-Frau, die arme Ladino-Frau und die Bourgeois-Frau, die Frau des Mittelstands. Aber es gibt etwas sehr Bedeutendes unter den Frauen in Guatemala, vor allem der Indígena-Frau, etwas sehr Bedeutsames, und das ist ihr Verhältnis zur Erde: die Erde und die Mutter. Die Erde ernährt, und die Frau gibt Leben. So muß sich die Frau, wie ein Geheimnis, die Achtung vor der Erde bewahren. Dieses Gefühl muß wachsen in der Frau wegen der Verantwortlichkeiten, die sie hat und die ein Mann nicht hat. Dadurch konnte ich erkennen, welche besonderen Aufgaben ich in der Organisation hatte.

Ich weiß, daß viele Compañeros Revolutionäre sind und gute Compañeros, aber sie haben doch immer dieses Gefühl, wenn eine Frau ihnen übergeordnet ist, daß das, was sie sagen, besser ist. Natürlich darf man nicht den Wert ihres Beitrags unterschätzen, aber man darf auch nicht zulassen, daß sie machen, was sie wollen. Ich trage eine Verantwortung, und ich bin ihnen übergeordnet, und sie müssen mich so akzeptieren, wie ich bin.

Ich war in großen Schwierigkeiten in dieser Beziehung, denn ich hatte den Compañeros oft Arbeiten zuzuteilen. Manchmal hatte ich Angst davor, meine Stelle einzunehmen. Aber ich sagte mir, daß das mein Beitrag sei und daß sie mich respektieren müßten. Aber mir fiel es schwer, ihnen zu sagen: »Compañero, du übernimmst diese Aufgabe; Compañero, dies sind deine Fehler. Was wollen wir dagegen tun?«

Es geht nicht darum, den Mann zu beherrschen, oder um Selbstgefälligkeit, aber es geht ums Prinzip; ich spiele meine Rolle wie jeder andere Compañero auch. Das fiel mir schwer, und ich habe revolutionäre Compañeros gekannt, die viele Ideen hatten, wie die Revolution zu machen sei, denen es aber ein bißchen schwerfiel, die Beteiligung der Frau sowohl im Kleinen wie im Großen zu akzeptieren. Ich habe auch schon viele Compañeros zurechtweisen müssen, die ihre Compañeras daran hindern wollten, sich am Kampf zu beteiligen oder sonstige Aufgaben zu übernehmen. Manchmal gestehen sie ihnen zwar zu, sich zu beteiligen, aber nur in gewissen Grenzen. Dann heißt es: »Ach nein. Das geht aber jetzt zu weit!« Mit solchen Compañeros haben wir uns dann unterhalten und die Probleme gelöst.

Meine Mutter hatte natürlich nicht soviele Theorien zur Frauenfrage zur Hand. Aber sie wußte praktische Dinge. Ich habe viel von meiner Mutter gelernt, aber auch viel von anderen Frauen. Ich hatte besonders Gelegenheit, mit Frauen zu sprechen, die nicht aus meinem Land sind. Wir sprachen von Frauenorganisationen und kamen zu dem Schluß, daß viele Frauen sich um die Probleme anderer kümmern, ihre eigenen jedoch beiseite lassen. Das tut weh und zeigt uns, daß wir unsere Probleme selbst angehen müssen und nicht jemanden bitten dürfen, es für uns zu tun, weil das eine Lüge ist. Niemand wird uns unsere Probleme lösen, und das Beispiel für dieses Bewußtsein sind gerade die Compañeras Indígenas, die politische Klarheit besitzen und Führungspositionen in der Organisation haben.

Wir sehen den Wandel, die Revolution, die Übernahme der Macht. Aber das ist kein tiefer gesellschaftlicher Wandel. Vor einiger Zeit dachten wir daran, eine Frauenorganisation zu gründen, kamen aber zu dem Schluß, daß es etwas bevormundend klänge, zu sagen: »Hier haben wir eine Organisation für die Frau«, während in der Praxis die Frauen auch arbeiten und ausgebeutet werden. Auch die Frauen pflücken Kaffee und Baumwolle, viele Compañeras kämpfen mit der Waffe in der Hand, sogar viele alten

Frauen kämpfen Tag und Nacht. Da kann man nicht sagen: »Wir brauchen jetzt eine Organisation, damit die Frauen sich erheben und damit sie ihre Probleme bearbeiten.«

Das ist natürlich kein Konzept für immer. Das ist die Lage, wie sie sich uns jetzt darstellt. Vielleicht wenn wir ein Stück weiter sind, je nach unseren Bedürfnissen, wird es eine Organisation für die Frauen Guatemalas geben. Zunächst, glauben wir, würde es nur dem Machismo Auftrieb geben, wenn man eine Organisation nur für Frauen gründete, weil das hieße, die Arbeit der Frau von der Arbeit des Mannes zu trennen. Wir haben erkannt, daß die Männer dabeisein sollten, wenn über die problematische Situation der Frau gesprochen wird, damit sie auch ihre Meinung sagen und zur Lösung des Problems beitragen können. Damit sie auch lernen. Denn wenn sie nicht lernen, kommen sie nicht weiter. Was nützt es uns, die Frau zu unterrichten, wenn der Mann nicht auch dabei ist und nicht auch an diesem Lernprozeß teilhat?

Eine Frauenorganisation zu gründen, hieße, dem System, das uns unterdrückt, eine weitere Waffe in die Hand zu geben. Das wollen wir nicht. Wenn man einen der Compañeros über den Machismo befragte, wäre er bestimmt in der Lage, ein Bild der Frau zu entwerfen; und auch die Frau ein Bild des Mannes, weil sie beide zusammen darüber nachgedacht haben. Klar, man kann nicht sagen, daß nur damit der Machismo ausgelöscht wird, das wäre eine Lüge. In allen Ländern, revolutionären und sozialistischen Ländern, überall gibt es den Machismo, und er ist eine Krankheit, die der ganzen Welt gemein ist. Er ist Teil der Gesellschaft, also kann man vielleicht einen Teil auslöschen, einen Teil bessern. Vielleicht wird man nicht alles total ändern können.

Es gibt noch eine andere Sache, die wir in Guatemala gerade entdecken, bezüglich der Intellektuellen und der Analphabeten. Wir haben gesehen, daß wir nicht alle die Fähigkeiten haben, die ein intellektueller Mensch hat. Vielleicht ist ein Intellektueller wendiger, vielleicht kann er sehr feine Schlüsse ziehen, aber oft haben wir anderen dieselben Fähigkeiten für viele Dinge.

Früher dachten alle, ein Organisator müsse lesen und schreiben und Dokumente ausarbeiten können. Und irgendwann verfielen unsere Organisatoren diesem Irrtum und sagten: »Also, ich bin Organisator, und meine Aufgabe ist die Führung, und ihr müßt kämpfen.« Jeder Prozeß unterliegt also einem gewissen

Wandel, und das ist ganz normal. Ich glaube, daß es das immer gegeben hat, daß ein Opportunist das Vertrauen, das die anderen ihm schenken, mißbraucht.

Viele Organisatoren kamen aus der Hauptstadt zu uns auf die Fincas und sagten: »Ihr Campesinos seid dumm, ihr könnt nicht lesen und nicht schreiben.« Und die Campesinos antworteten ihnen: »Du kannst dir mit deinen Büchern den Hintern abwischen. Wir haben nämlich schon gemerkt, daß man die Revolution nicht mit Büchern macht, sondern dafür kämpfen muß.«

Wir mußten also viele Dinge lernen, weil wir erkannt hatten, daß alles in unserer eigenen Hand lag. Man muß Opfer bringen. Und so haben wir Campesinos gelernt, daß wir unseren Kampf selbst organisieren müssen. Dafür braucht man natürlich Leute mit Erfahrung. Das wahre Bewußtsein hat man nur von den Dingen, die man selbst erlebt hat.

Ich kann sagen, daß der größte Teil der Führer unserer Organisation Indígenas sind, aber auch Ladinos und Frauen haben ihren Anteil daran. Wir müssen die Schranken zwischen uns einreißen. Die Schranken zwischen den Stämmen, zwischen Indios und Ladinos, zwischen Mann und Frau, zwischen Intellektuellen und Analphabeten.

Man kann auch sagen, daß Frauen, die in der jetzigen Situation heiraten, nicht etwas Frohes, eine glückliche Familie oder eine Veränderung ihrer Situation erwarten, sondern eher etwas Schreckliches. Denn obwohl die Ehe für uns ein freudiges Ereignis ist, weil sie den Vorstellungen unserer Vorfahren entspricht und unsere Rasse, unsere Traditionen und unsere Kultur weiterführt, ist doch gleichzeitig der Gedanke an die Verantwortung für die Kinder sehr schmerzhaft – sie aufzuziehen, für sie zu sorgen und sie am Leben zu erhalten. Eine Familie, in der keine kleinen Kinder sterben, ist selten in Guatemala. Ich, in meinem Fall, habe mit anderen Compañeros über meine Position gesprochen, nicht zu heiraten. Ich begriff, daß es nicht nur eine Verrücktheit von mir war, sondern daß es unsere Gesamtsituation ist, die die Frauen sich vor der Heirat fragen läßt: »Wozu? Wer wird sich um die Kinder kümmern? Wer soll sie ernähren?«

Wie ich schon sagte, sind wir gewohnt, in einer Gemeinschaft zu leben, in einer Gruppe von bis zu zehn, elf Geschwistern. Aber es gibt auch Frauen, die allein bleiben, während alle anderen

Geschwister geheiratet haben und weggehen. Dann kann es vorkommen, daß die Frau sich gezwungen sieht, auch zu heiraten, weil sie daran denkt, wie hart es später für sie wird, wenn sie allein bleibt.

Als ich mit anderen Frauen darüber sprach, sahen sie die Lage genau wie ich. In Guatemala denkt man an nichts anderes; beim Heiraten oder beim Heiratsversprechen denkt man sofort an die vielen Kinder, die man haben wird. Es ist schrecklich, wenn einen so ein hartes Leben erwartet und eine solche Verantwortung, die Kinder durchzubringen.

Ich hatte viele Verehrer, aber genau aus dieser Angst heraus heiratete ich nicht. Es kam ein Moment, in dem ich mir ganz sicher wurde – der Moment, in dem ich mein Leben als Revolutionärin begann. Mir war klar, daß ich für ein ganzes Volk kämpfte und für viele Kinder kämpfte, die nichts zu essen hatten, aber gleichzeitig dachte ich, daß ich eine traurige Revolutionärin sei, die keine Nachkommen hinterlassen würde. Weil die Nachkommen die sind, die hinterher die Früchte dieser Arbeit ernten. Ich dachte aber auch an die Gefahr, weil es für mich leichter ist, irgendwann irgendwo zu fallen, ohne einen trauernden Menschen zu hinterlassen. Das war eine sehr traurige Vorstellung für mich, denn obwohl sich das Dorf meines Kindes annehmen würde, würde es nie soviel Liebe und Zuwendung bekommen wie von der Mutter. Ich war in dieser Situation sehr verunsichert, weil ich viele Compañeros kannte, die so entschlossen waren und sagten, sie würden siegen. Aber zur gleichen Zeit wußte ich, daß es sie irgendwann treffen konnte, und schon existierten sie nicht mehr. Das alles erschreckte mich und machte mich sehr nachdenklich.

Eine Zeitlang hatte ich einen Freund und wußte nicht so recht ... weil, nach dem Verständnis unserer Vorfahren sucht man nicht nur die Erfüllung für sich selbst, sondern man sucht auch die Erfüllung für die ganze Familie. Ich war aber ziemlich durcheinander. Die Gesellschaft und eine Menge Dinge, die mich einengten. Dann starben meine Eltern. Da fühlte ich, was eine Tochter für einen Vater oder für eine Mutter empfindet. Wenn sie sterben. Besonders, wie sie starben. Damals entschied ich mich, und ich kann nicht einmal sagen, ob es eine endgültige Entscheidung war, denn ich stehe dem Leben offen gegenüber. Aber nach meiner Vorstellung gibt es noch genügend Zeit nach dem Sieg, und zur

Zeit wäre ich nicht glücklich damit, mir einen Compañero zu suchen und mich nur ihm zu widmen, während so viele meines Volkes nicht ihr persönliches Vergnügen suchen, sondern keinen Augenblick Ruhe finden.

Ich bin ein Mensch, bin eine Frau und kann nicht sagen, daß ich die Ehe ablehne, aber an erster Stelle kommt mein Volk und dann mein persönliches Vergnügen. Ich habe viele Freunde im Kampf, die mich so respektieren wie ich bin, wie ich Frau bin. Freunde, die bittere Momente durchleben, die Angst haben und doch weiterkämpfen. Und ich habe viele Freunde im Kampfe fallen sehen. Das macht mir nicht nur Angst, sondern Panik, denn eine Witwe möchte ich nicht sein und eine gefolterte Mutter möchte ich auch nicht sein. Viele Dinge halten mich zurück.

Viele männliche Compañeros haben die gleichen Ängste, und viele von ihnen mußten ihre Kinder abgeben, um weiterkämpfen zu können, oder haben sich von ihren Frauen getrennt, die in einer anderen Region leben. Nicht, weil sie nicht mehr verheiratet sein wollen, sondern weil sie diese Notwendigkeit in sich spüren, für ihr Volk kämpfen zu müssen.

Meine Meinung ist, daß wir unsere Lage nicht noch schwieriger machen dürfen, weil wir schon genug Schwierigkeiten haben, die beseitigt werden müssen. Wir haben aber Compañeras, die verheiratet sind und sich genauso einsetzen wie ich. Compañeras mit fünf oder sechs Kindern, die bewundernswert sind im Kampf. Es ist ein gewisses Trauma, das ich da habe, und daß ich Angst vor alldem habe. Besonders, wenn ich mir vorstelle, ich habe einen Compañero und liebe ihn sehr, dann will ich nicht, daß es nur ein oder zwei Wochen dauert, weil es ihn dann plötzlich nicht mehr gibt. Ich will nicht sagen, daß ich alles ablehne, denn ich weiß, daß alles seine Zeit braucht, und wenn man die Dinge ruhig angeht, dann gelingen sie.

Wie ich schon sagte, hatte ich einen Freund, und dieser Freund erwartete viel vom Leben. Er wollte ein schönes Haus für seine Kinder und darin in Ruhe leben. Es war genau das Gegenteil von meinen Vorstellungen. Wir kannten uns schon als Kinder, aber leider verließ er unser Dorf und ging in die Stadt. Er wurde Arbeiter, und hinterher dachte er anders als ich und als mein Dorf. Dann, als meine revolutionäre Überzeugung kam, mußte ich mich entscheiden. Kampf oder Freund. Ich überlegte hin und her, denn ich liebte den Compañero und sah, daß er große Opfer für mich brachte. Unsere Freundschaft war schon etwas offener als die meiner Leute im Dorf. Ich kam zu dem Schluß, daß ich kein schönes Haus brauchte, solange mein Volk unter so schrecklichen Bedingungen leben mußte wie die, unter denen ich geboren und aufgewachsen war. So trennten wir uns, und ich sagte ihm, daß ich nicht verdiene, mit ihm zusammenzusein, da er andere Vorstellungen vom Leben habe als ich, und daß wir uns nie verstehen würden. So entschied ich mich für den Kampf und stehe jetzt allein. Aber es wird die Zeit kommen, in der das Leben anders sein wird. In der wir vielleicht nicht glücklich in einem schönen Haus leben, aber zumindest unser Land von Blut und Tränen befreit sehen werden.

31 Streik der Landarbeiter
1. Mai in der Hauptstadt
Über die Kirche

»Dieser wahrhaftige Gott, der vom Himmel kommt, wird nur von der Sünde sprechen, nur von der Sünde wird seine Lehre sein.«

Chilam Balam

Nach der Botschaftsbesetzung vereinigten sich die Regionalorganisationen aller dort gefallenen Führer. Obwohl schon enge Verbindungen zwischen den verschiedenen Sektoren bestanden, gab es noch keine Organisation, die uns alle vereinigte. Wir mußten neue Formen des Kampfes finden, und so fand dann im Februar 1980 der letzte Landarbeiterstreik in Guatemala statt.

Achtzigtausend Kaffee- und Baumwollarbeiter streikten an der Südküste und in der Küstenebene. Wir fingen mit 8 000 Campesinos an, aber nach und nach wurden es immer mehr. Zwischen siebzig- und achtzigtausend Campesinos legten für zwei Wochen die Arbeit an der Küste lahm.

Auf den Zuckerrohrplantagen hatten sie zum Beispiel eine moderne Maschine eingesetzt, die das Zuckerrohr aufsammelte und schälte, aber die Arbeiter mußten es noch schneiden. Eine Maschine faßte eine Tonne, aber man fand heraus, daß sie viel mehr faßte. Die Maschine bestahl also die Arbeiter, die nur für eine Tonne bezahlt wurden. Während des Streiks wurden diese Maschinen sabotiert, wurden in Brand gesetzt, um eine gerechte Bezahlung der Arbeiter zu erreichen.

Bei diesem Streik widersetzten sich die Compañeros Campesinos auch der Armee. Wir wurden von Truppen aus der Luft und auf der Erde umstellt, aber sie konnten nichts ausrichten, weil wir zu viele waren, um ein Massaker zu riskieren. In vielen Orten des Hochlandes, als die Armee vor dem Streik mobilisiert wurde, errichteten die Menschen Barrikaden auf den Straßen und gingen dann hinunter zur Küste. Die Campesinos an der Küste errichteten große Barrikaden, damit wir Deckung hatten, wenn die Armee käme. Zwei Wochen streikten wir und konnten für diese Zeit die Wirtschaft lahmlegen. Für die Großgrundbesitzer waren siebzig- oder achtzigtausend Campesinos in einem zweiwöchigen Streik ein harter Schlag. Eine einzige große Masse, die nur mit Macheten, Steinen und Knüppeln bewaffnet war. Viele Compañeros wurden bei diesem Streik erschossen. Aber als die ersten Compañeros fielen, stürmten die Leute los und jagten die Armee davon.

Ich arbeitete im CUC und gleichzeitig als Tagelöhnerin auf den Fincas. Ich war nicht nur Gewerkschaftsführerin. Wir haben erkannt, daß die Hauptaufgabe eines Gewerkschaftsführers die Koordination sein muß, weil unsere Compañeros den Kampf selbst führen können. Ich unterrichtete hauptsächlich neue Compañeros. Sie mußten Spanisch lernen, wie ich es gelernt hatte, mußten lesen und schreiben lernen, wie ich es gelernt hatte, und mußten lernen, Verantwortung zu übernehmen, wie ich es in der Arbeit gelernt habe. Wir haben gelernt, daß jeder einzelne für unseren Kampf verantwortlich ist und wir keine Führer brauchen, die nur Papiere wälzen, sondern welche, die sich ebenso der Gefahr aussetzen und dieselben Risiken eingehen wie das ganze Volk. Wenn viele Compañeros dieselbe Ausbildung haben, kann jeder eine führende Stellung im Kampf übernehmen.

Wir machten den Streik für die Mindestlohnforderung von fünf Quetzales, erreichten aber nur eine Erhöhung auf drei Quetzales zwanzig. Vor dem Streik verdienten wir fünfundsiebzig Centavos am Tag und mußten dafür hart arbeiten. Es gab sogar Fälle, daß nur fünfzig oder fünfundvierzig Centavos bezahlt wurden. Und wir verlangten jetzt fünf Quetzales. Das war natürlich ein harter Schlag für die Großgrundbesitzer. Sie unterschrieben dann den Vertrag für drei Quetzales zwanzig. Das war ein gerechter Lohn.

Gleichzeitig forderten wir eine bessere Behandlung der Arbeiter. Das heißt, daß sie uns nicht mehr harte Tortillas und verfaulte Bohnen gaben, sondern ein Essen, wie man es als Mensch verdiente. Zu Beginn des Streiks war ich an der Küste, aber später ging ich ins Hochland, um die Leute zu organisieren und sie zur

Solidarität mit dem Streik an der Küste zu motivieren. Wir malten Häuserwände an und hingen Spruchbänder gegen die Großgrundbesitzer aus. Gleichzeitig verteilten wir Flugblätter, in denen die Leute aufgefordert wurden, ihrer Organisation, dem CUC, beizutreten.

Nach dem Streik gab es sehr, sehr viel zu tun, denn überall verlangten die Compañeros Campesinos danach, sich zu organisieren. Sie brauchten eine Organisation, weil die Unterdrückung jetzt übergriff auf Chimaltenango, Sololá und Huehuetenango – die kämpferischsten Indígena-Zentren. Kleine Dörfer wurden vollständig ausgerottet. Die Armee kam mit Panzerwagen, stellte sie auf die Dorfplätze oder in die kleinen Parks und schoß mit allem, was sie hatte, über die Häuser hinweg. Danach wurde aus der Luft bombardiert. Sie wollten die Bevölkerung mit einem Schlag auslöschen. Die Leute sollten nicht mehr aus ihren Häusern herauskommen. Die Ernte stand kurz vor dem Einfahren, und sie zündeten alles an, damit alles verbrannte.

Wer konnte, flüchtete in die Berge. Eltern suchten ihre Kinder und fanden sie nicht mehr. Die Leute sammelten sich und führten ein Leben wie die Guerrilleros. Die Beteiligung der Priester war von großem Nutzen, weil sie den Leuten wieder Mut machten. Als die Armee mit einer bestimmten Sorte von Granaten schoß, die brannten – Napalm –, explodierten viele nicht, und Kinder, die in der Nähe waren, nahmen sie mit. In Chimaltenango stellten sie rund um die Kaserne ihre Gefangenen auf, Frauen und Kinder und Männer, damit die Guerrilla, falls sie die Kaserne angriff, diese Gefangenen töten mußte. Das war für die Bevölkerung sehr grausam.

In viele abgelegene Dörfer kam die Armee nicht, weil sie nicht durch die Berge gehen wollte, aus Angst, von den Guerrilleros angegriffen zu werden. Darum bombardierten sie diese Dörfer lieber.

Im Osten machten sie Durchsuchungen und nahmen viele Jungen mit, die keiner Organisation angehörten, weil die Arbeit in dieser Gegend sehr hart ist. Sie wurden zu Milizen ausgebildet und in Chimaltenango eingesetzt. Die Jungen wurden zum Töten abgerichtet. Viele von ihnen fliehen, weil sie es nicht aushalten.

Die Situation ist schwierig. Es gibt große Straßen, die die Armee mit ihren Lastwagen benutzt. Nach den Bombardements leben viele Menschen in Lagern in den Bergen. Aber das Volk hat jetzt seine vier bewaffneten politisch-militärischen Organisationen: die EGP, Guerrilla-Armee der Armen (Ejército Guerrillero de los Pobres); die ORPA, Organisation des bewaffneten Volkes (Organización del Pueblo en Armas); die FAR, bewaffnete aufständische Kräfte (Fuerzas Armadas Rebeldes), und die PGT, Guatemaltekische Arbeitspartei (Partido Guatemalteco del Trabajo/Núcleo de Dirección Nacional).

Als das mit der spanischen Botschaft passierte, hatte es schon Annäherungen zwischen Volksorganisationen und Studenten gegeben. Die Botschaftsbesetzung war aber die erste gemeinsame Aktion. Der Tod von Studenten in der Botschaft zusammen mit Campesinos und Arbeitern schaffte eine dauerhafte Allianz.

Da die Unterdrückung im Hochland und an der Küste immer weiter um sich griff und auch Gebiete erreichte, die anfangs verschont geblieben waren, entschloß man sich, eine gemeinsame Front zu gründen, und wir nannten sie zu Ehren unserer in der Botschaft gefallenen Compañeros Volksfront 31. Januar. Sie setzte sich zusammen aus dem Komitee der Landarbeitervereinigung, den Zentren Revolutionärer Arbeiter, den Stadtteil-Koordinationen, den Revolutionären Christen »Vicente Menchú«, der Revolutionären Studentenfront Robín García/Oberstufe und der Revolutionären Studentenfront Robín García/Universität. Robín García war ein Studentenführer gewesen, der gefoltert und ermordet worden war. Die Studenten betrachteten ihn daher als Helden.

So wurde also die Volksfront 31. Januar gegründet, um der politischen Unterdrückung zu begegnen. Sie begann ihre Aktionen unter der Losung: »Entmachtet die Kamarilla«. Durch das CUC sind fast alle Campesinos des Landes in der Volksfront, und die Stadtteil-Koordinationen erfassen die Randbevölkerung der großen Städte. Wenn man das Zentrum einer Stadt verläßt, findet man in Guatemala eine sehr tragische Situation vor. Die Menschen wohnen in Häusern aus Karton. Es sind gar keine richtigen Häuser.

Die Arbeiter sind nicht offen in einer Gewerkschaft organisiert, weil das ihr Tod wäre. Sie arbeiten auf individueller Ebene. Unsere Konzeption ist, Masseninitiativen mit den vorhandenen Mitteln in die Tat umzusetzen. Daß sie lernen, einen Molotowcocktail herzustellen, um der Armee entgegentreten zu können. Daß jeder lernt, seine Fähigkeiten einzusetzen. Was wir in Guatemala am meisten verwenden, sind Propagandabomben.

Wir versuchen, die Regierung wirtschaftlich, politisch und militärisch zu zermürben. Die wirtschaftliche Zermürbung besteht darin, daß die Arbeiter wie bisher ihre Arbeit verrichten, aber dabei ihre Maschinen demolieren, ein Maschinenteil zerstören, kleinere Dinge eben, die viel Geld kosten. Man kann alles sabotieren, auch ein Kaffee- oder Baumwollfeld zerstören. Je nach Verhalten des Großgrundbesitzers. Wir müssen das tun, weil Streiks für uns verboten sind.

Durch unsere Aktionen versuchen wir auch, die Streitkräfte zu zersplittern. Sie müssen nicht nur gegen die politisch-militärischen Organisationen kämpfen, sondern müssen sich aufteilen, weil sie auch gegen uns kämpfen müssen.

Die Aktion zum 1. Mai war die größte, die wir in Guatemala gemacht haben. Der 1. Mai ist auch in Guatemala der Tag der Arbeiter. Alle Campesinos kamen aus dem Landesinnern zu Fuß in die Hauptstadt.

Im Jahr 1980 zeigte die Regierung, wie weit sie die Unterdrükkung treiben konnte. Die Demonstration fand in der Hauptstadt statt, und auf die Menschen wurde wie wild geschossen. Sogar nach der Demonstration gab es noch Verhaftungen. Aus diesem Grunde begleiteten wir den 1. Mai 1981 mit unseren Kampfaktionen.

Eine Woche vorher wurde die 1.-Mai-Feier der Polizei und der Armee gemeldet. Am 28. April begannen wir in der Hauptstadt und anderen Teilen des Landes mit unseren Aktionen. Barrikaden wurden gebaut, Propagandabomben gelegt und Blitzveranstaltungen abgehalten. Jede Aktion mußte in wenigen Minuten beendet sein, weil es sonst ein Massaker gegeben hätte.

Ich war in der Avenida Bolívar eingeteilt, das ist eine wichtige Straße in der Hauptstadt, die durch einen Teil des Zentrums führt. Auch in anderen Straßen wurden Barrikaden gebaut, und jeder hatte seine bestimmte Aufgabe bei den Aktionen. »Schnell, schnell«, hieß es überall, weil man Angst hatte, daß die Armee uns überraschte. Viele Compañeros legten Flugblattbomben, und auf den Flugblättern wurden unsere Aktionen erklärt. Andere riefen bei der Polizei und bei der Armee an. Das war unsere Strategie der

Zermürbung. Sie würden uns nicht mehr vorfinden, wenn sie kamen.

Am 1. Mai mußten die Regierung und die Fabrikherren den Arbeitern freigeben. Am 2. Mai machten wir neue Aktionen. Wir riefen in den Fabriken an und sagten, daß wir hochexplosive Bomben gelegt hätten und daß sie am Tod von soundsovielen Menschen schuldig würden, wenn sie die Arbeiter nicht nach Hause schickten. Sie ließen alle Arbeiter nach Hause gehen. Wir setzten die Drohungen eine ganze Woche lang fort und verschafften damit allen Arbeitern eine einwöchige Ruhepause. Vor allen Dingen erreichten wir aber, daß die Regierung merkte, daß das Volk selbst sich nach und nach immer besser organisierte.

Einer der Compañeros hatte eine Kiste mit Antennen, die aussah wie eine hochexplosive Bombe, so an einem Gebäude plaziert, daß man sie gut sehen konnte. Die Polizei kam, und die Armee wurde benachrichtigt. Sie kamen sogar mit Panzerwagen. Bombenexperten begannen, die Kiste mit ihren Spezialwerkzeugen auseinanderzunehmen. Als sie merkten, daß sie leer war, wurden sie wütend. Sie fingen an, in die Luft zu schießen.

An diesem 1. Mai machten wir, was wir wollten. Die Volksfront 31. Januar hat diese Art von Aktionen an anderen Feiertagen fortgesetzt. Oder als zum Beispiel die Ex-Somozisten von honduranischem Gebiet aus Nicaragua angriffen, haben wir aus Protest das Büro einer honduranischen Fluggesellschaft in Brand gesetzt. Wichtig ist, daß wir alle uns zur Verfügung stehenden Mittel auch einsetzen.

Die Frau spielt im revolutionären Kampf eine unglaubliche Rolle. Vielleicht haben wir nach dem Sieg Zeit, die Geschichte unseres Kampfes zu erzählen. Unglaublich. Mütter, die mit ihren Kindern auf den Barrikaden stehen, Flugblätter verteilen oder Dokumente von einem Ort zum anderen bringen. Die Frau hat eine wirklich große Rolle gespielt. Die Arbeiterfrau, die Campesino-Frau, die Lehrerin, alle haben sie schlimme Erfahrungen gemacht, und ihre Erlebnisse bringen sie dazu, all diese Dinge zu tun. Und wir tun sie nicht, weil wir machthungrig sind, sondern damit für die Menschen etwas bleibt. Das gibt uns Kraft, zu kämpfen. Trotz der Gefahr ...

Die Regierung hat viele, viele Spitzel an verschiedenen Orten. Ob im Autobus, im Restaurant, auf dem Markt oder an irgendeiner Straßenecke, sie sind überall. Sie hat Leute, die in gepanzerten Privatwagen fahren und arme Leute, die von Tür zu Tür Besen verkaufen. Aber trotz all dieser Kontrolle hat sie den Willen des Volkes nicht aufhalten können.

Nach den Vorfällen in der spanischen Botschaft beschlossen die revolutionären Christen, eine Organisation zu gründen und ihr den Namen meines Vaters zu geben. Sie heißt Revolutionäre Christen »Vicente Menchú«. Sie wählten den Namen meines Vaters als nationalen Helden der Christen, der trotz seines schweren Lebens nie seinen Glauben verlor. Er verwechselte nie den Himmel mit der Erde. Wegen des Unterschiedes in der Kirche, den es in Guatemala gibt. Es gibt die Kirche der Armen, die sich im Kampf befindet. In ihr haben wir uns für die gerechte Gewalt entschieden. In El Quiché haben viele Priester ihre Kirchen verlassen. Sie haben gesehen, daß es nicht Kommunismus war, was es da gab, sondern ein gerechter Kampf des Volkes. Das christliche Volk hat eingesehen, daß es sich organisieren muß. Nicht nur um der Organisation willen oder um im Kampf repräsentiert zu sein, sondern eher als Abbild all der Christen, die sich heue, vom christlichen Glauben motiviert, in den Bergen befinden.

In der kirchlichen Hierarchie gibt es keinen Platz, um an der Seite des Volkes zu kämpfen. Das bedeutet, daß sie aus Guatemala verschwinden wird. Viele begreifen unsere Situation trotz der Massaker nicht. Sie wollen sie nicht verstehen. Sie sagen: »Man muß vergeben«, aber die Regierung bittet uns auch nicht um Vergebung dafür, daß sie unsere Brüder ermordet. Die Kirche hat sich praktisch zweigeteilt: die der Reichen, in der viele Priester sich keine Probleme aufladen wollen, und die Kirche der Armen, die sich mit uns vereinigt hat.

Die Kirche hat immer von Liebe und Freiheit gesprochen, aber es gibt keine Freiheit in Guatemala. Für uns wenigstens nicht. Auch werden wir nicht warten, bis wir das Reich Gottes im Himmel schauen. Die meisten Bischöfe wollen die Kirche als ein Privileg konservieren. Es gibt aber auch andere, die gemerkt haben, daß ihre Pflicht nicht darin besteht, ein Gebäude, eine Struktur zu verteidigen, sondern sie haben begriffen, daß ihre Verpflichtung im Volk selbst liegt. Sie hat man verfolgt und aus ihren Kirchen vertrieben. Die Kirchenhierarchie hat keine eindeutige Haltung eingenommen. Seit fünf oder sechs Jahren sieht man sie mit Leibwächtern ausgehen. Das gibt viel zu denken über die Haltung dieser Señores.

Bei den Wahlen von 1981 ordnete Erzbischof Casariegos an, den Wahlkampf zu segnen. Um sich über die Haltung der Priester klar zu werden, berief die Regierung im Juli 1981 alle Priester und Ordensfrauen zu einer Versammlung mit den Abgeordneten und der Regierung in die Hauptstadt. Sie hatten keine Wahl, Priester und Nonnen mußten daran teilnehmen. Und dann bat der Mörder Lucas sie, eine Alphabetisierungskampagne durchzuführen. Bevor die Priester und Nonnen den Kongreß betraten, schrieb man ihre Namen und genauen Adressen auf und fotografierte sie. Viele Priester sagten nichts, weil sie Angst hatten, Opfer zu werden. Die Ordensfrauen waren mutiger und sagten, daß sie nicht erst auf diese Versammlung gewartet hätten, um zu alphabetisieren, sondern seit langer Zeit schon damit begonnen hätten und daß sie mit der Regierung nichts zu tun hätten.

Danach mußten viele Priester in den Untergrund gehen. Da sie auf die Vorschläge der Regierung nicht eingegangen waren, wurden sie in Radio und Fernsehen angegriffen. Es hieß, bezüglich der Religion in Guatemala würde es jetzt strengere Kontrollen geben. Sie gaben bekannt, daß Kirchen und Klöster durchsucht würden.

Eines Tages entführten sie den Jesuiten Luis Pellecer. Sie brachten ihn zum Sprechen, nachdem sie ihn schwer gefoltert hatten. Das konnte nur passieren, weil die Kirche auf den Tod von Hunderten von Katecheten und zwölf Priestern nicht so reagierte, wie sie es hätte tun müssen.

Es gibt den Fall eines Monsignore, der vierzig Campesinos der Finca San Antonio auslieferte, die in seiner Kirche Zuflucht gesucht hatten, und der hinterher sogar seine eigene Nichte auslieferte, weil die Mutter des Mädchens Gewerkschaftsführerin war und eine Kampagne zur Freilassung der vierzig Campesinos organisiert hatte, die von dem Monsignore ausgeliefert worden waren. Das Mädchen war 16 Jahre alt und wurde von den Leuten der G-2 viele Male vergewaltigt.

Weil die Mutter Gewerkschaftsführerin war, gab es genügend Druck, und das Mädchen konnte gerettet werden. Aber das Mädchen hatte den Verstand verloren. Sie konnte nicht mehr sprechen und Teile ihres Körpers nicht mehr bewegen wegen der vielen Vergewaltigungen, die sie erlitten hatte. Sie gaben ihr drei Stunden, außer Landes zu gehen. Jetzt ist sie außer Landes, aber sie spricht noch nicht und bewegt sich nicht.

32 Von der Armee verfolgt
Versteckt in einem Kloster der Hauptstadt

»Meine Entscheidung für den Kampf hat keine Grenzen und keinen Raum ... nur wir, die wir unsere Sache im Herzen tragen, sind bereit, allen Gefahren zu trotzen.«

Rigoberta Menchú

Ich wurde mittlerweile gesucht und konnte nicht mehr arbeiten. Ich konnte nicht mehr bei irgendeinem der Compañeros wohnen, weil ich dadurch seine Familie in Gefahr gebracht hätte. Die Armee suchte mich überall, und auch alle meine Geschwister wurden gesucht. Eine Zeitlang wohnte ich bei Leuten, die mir ihre ganze Zuneigung schenkten und die mir die moralische Unterstützung gaben, die ich damals brauchte.

Die Erinnerungen an diese Zeit schmerzen mich sehr, denn es waren sehr bittere Zeiten. Ich sah mich aber als erwachsene Frau, als eine starke Frau, die mit der Situation fertig werden konnte. Ich sagte mir: »Rigoberta, du mußt besonnener werden.« Natürlich war mein Fall schlimm, aber ich dachte an die vielen Fälle, die es gab, an die vielen Kinder, die ihre Geschichte nie würden erzählen können wie ich. Ich sagte mir: »Ich bin nicht die einzige Waise in Guatemala, es gibt viele, und mein Schmerz ist der Schmerz meines ganzen Volkes. Und wenn es der Schmerz des ganzen Volkes ist, dann müssen wir, alle Waisen, die übriggeblieben sind, ihn zusammmen tragen.«

Später konnte ich bei einer meiner jüngeren Schwestern wohnen, und sie sagte mir, sie sei stärker als ich, sie könne mehr aushalten, denn irgendwann verlor ich sogar meine Hoffnung. Ich sehnte mich sogar nach Lastern. Ich sagte: »Wenn ich eine lasterhafte Frau wäre, würde ich vielleicht mit all meinen Lastern in der Gosse liegen, um nicht mehr denken und all dies ertragen zu müssen.«

Mein Zusammentreffen mit meiner kleinen Schwester war sehr schön. Sie war zwölf Jahre alt. Sie sagte zu mir: »Was bisher geschehen ist, deutet auf unseren Sieg hin, und das ist für uns ein Grund mehr, weiterzukämpfen. Wir müssen wie revolutionäre Frauen handeln. Ein Revolutionär entsteht nicht aus etwas Gutem«, sagte meine kleine Schwester, »er entsteht aus etwas Bösem, etwas Schmerzvollem. Das ist einer der Gründe. Wir müssen kämpfen ohne Ende, ohne zu messen, was wir erleiden, was wir erleben. Ohne darüber nachzudenken, welche Ungeheuerlichkeiten uns im Leben erwarten.« Und so führte sie mir in aller Deutlichkeit meine Schwäche vor, daß ich als Frau dies alles oft nicht wahrhaben wollte. Das war also sehr lehrreich für mich.

Ich mußte meine Aufenthalte ständig wechseln, und einmal wurde ich krank. Das war die Zeit nach dem Tod meiner Mutter, als mir mein Geschwür aufbrach und ich vierzehn Tage im Bett bleiben mußte. Es ging mir sehr schlecht. Danach ging ich in ein anderes Dorf, und genau da entdeckte mich die Armee. In einem kleinen Dorf in Huehuetenango. Auf der Straße.

Der Grund war wohl, daß ich es leid war. Ich war ganz krank davon, mich immer nur zu verstecken, und irgendwann kommt der Moment, wo man einfach nicht mehr will. Ich ging auf der Straße, und da kam ein Armee-Jeep. Er hätte mich fast überfahren, und die Insassen sprachen mich mit meinem vollen Namen an. Das hieß für mich Verhaftung oder hieß Tod.

Ich wußte nicht, wie ich mich verhalten sollte. Ich wollte noch nicht sterben. Es gab noch soviel, was ich tun wollte.

Sie sagten, sie wollten mit mir sprechen. Die Straße war so gut wie leer. Ich war mit jemand anderem zusammen. Wir wollten uns in einem Laden verstecken, aber das war sinnlos, weil sie uns da bestimmt umgebracht hätten. Also rannten wir, so schnell wir nur konnten, zu der Kirche des Dörfchens. Wir schafften es, hineinzukommen, aber die Soldaten sahen, daß wir hineinliefen. Sie suchten uns wie die Verrückten und kamen in die Kirche. Mich im Zimmer des Priesters zu verstecken war sinnlos, sie hätten mich in jedem Fall gefunden.

Ich sagte mir: »Das ist es also. Mein Beitrag zum Kampf.« Aber ich hatte Angst vorm Sterben und war überzeugt, noch soviel tun zu müssen.

Damals hatte ich sehr, sehr langes Haar und trug es in einem Knoten. Ich löste mein Haar ganz schnell und kämmte es nach unten. Dann kniete ich nieder, und mein Haar bedeckte meine Schultern. Es waren nur zwei Menschen in der Kirche. Meine Compañera kniete sich an der Seite der einen Person nieder und ich mich an der Seite der anderen. Dort kniete ich und wartete darauf, daß sie mich ergriffen. Sie rannten durch die Kirche und sahen uns nicht. Sie waren wie verrückt. An die Kirche schloß sich die Markthalle an, und sie dachten, wir wären durch die Kirche zum Markt gelaufen. Sie erkannten uns nicht. Wir blieben länger als eineinhalb Stunden in der Kirche. Sie suchten uns im Markt, und kurz darauf umstellten sie das Dorf. Wir konnten aber auf anderen Wegen entkommen.

Ich hatte keine Angst, weil ich nicht dachte. Wenn man in Gefahr ist und weiß, daß man nur noch eine Minute zu leben hat, dann denkt man nicht daran, was man gestern getan hat, und auch nicht, was man morgen tun wird. Mein Kopf war leer, leer. Das einzige, woran ich dachte, war, daß ich nicht sterben wollte, daß ich weiterleben wollte. Wenn ich mein Leben geben sollte, dann bei einer besonderen Aufgabe und nicht unter diesen Umständen.

Das war natürlich falsch gedacht, denn was ich jetzt durchmachte, war ja das Ergebnis meines Kampfes für das Volk. Mein Beitrag, zu leiden, was alle erlitten.

Wir konnten aus dem Dorf entkommen. Ich weiß noch, daß wir sehr weit laufen mußten. Ich konnte nirgends bleiben, und die Compañeros wußten nicht, was sie mit mir machen sollten, wo sie mich verstecken sollten. Ganz einfach, weil viele Leute mich kannten. Es gibt viele Leute, die mich kennen, weil ich mit ihnen auf den Fincas gearbeitet habe. Viele junge Männer, die auf den Fincas gearbeitet hatten, waren zum Militärdienst gezwungen worden. Sie hätten mich überall wiedererkannt. Deshalb brachten mich die Compañeros in die Hauptstadt. Und in der Hauptstadt, wo sollte ich da bleiben? Es gab noch keine Organisation wie heute, wo man die Möglichkeit hat, jeden zu jeder Zeit zu verstekken.

Ich mußte dann unerkannt in ein Haus von Ordensschwestern als Dienstmädchen eintreten. Nach all den Schrecken hätte es mich sehr erleichtert, wenn ich mich bei den Compañeros hätte aussprechen können, bei Leuten, die mich verstanden. Ich kam in das Haus der Schwestern, und da konnte ich mit niemandem sprechen, weil niemand über meine Lage Bescheid wußte. Und diese Personen gaben mir als erstes einen Haufen Wäsche zum Waschen. Und beim Waschen konnte ich nichts anderes tun, als all das Vergangene in meinem Geiste noch einmal zu erleben. Es gab niemanden, mit dem ich hätte sprechen können, bei dem ich mich hätte erleichtern können. Ich blieb aber da, weil es für mich keine andere Möglichkeit gab.

Ich blieb ungefähr zwei Wochen bei den Nonnen. Sie fingen an, mich zu verdächtigen, obwohl ich kein Wort sagte. Die Nonnen waren alle heilige Wesen und ließen nicht zu, daß ein einfacher Arbeiter sich ihnen näherte. Sie hatten vielmehr eine Gemeinschaft und ein Haus, in dem gut gegessen wurde. Sie hatten für sich besondere Schlafzimmer. Sogar ihre Wäsche mußte mit besonderer Sorgfalt behandelt werden, weil sie ja Nonnen waren. Sie sprachen nicht mit mir und beachteten mich nicht, aber sie ließen mich viel arbeiten. Außer waschen mußte ich das Haus putzen und andere Arbeiten zusätzlich machen.

Ehrlich gesagt, hatte ich viel von meiner Kraft verloren durch die ganzen Ängste, die ich in letzter Zeit ausgestanden hatte. Ich mußte einige Tage im Bett bleiben, konnte nichts essen und hatte das Geschwür – alles kam auf einmal. Lag wie eine Last auf mir.

Irgendwann befreundete ich mich mit einem anderen Dienstmädchen, das die Nonnen hatten. So hatte ich wenigstens jemand, der mir zuhörte. Natürlich erzählte ich nicht von meinen Schwierigkeiten und von meiner Lage, sondern sprach von anderen Dingen. Ich berichtete ihr von meinen Erfahrungen auf den Fincas. Das erleichterte mich und half mir, daß sich nicht zuviel in mir ansammelte.

Ich stand um fünf Uhr morgens auf, wusch mich und begann mit der Arbeit. Um halb zwei rief man mich zum Essen und gab mir die Reste, die auf den Tellern geblieben waren.

Es gab eine Gruppe von Schülerinnen im Haus, aber man hatte mir verboten, mit ihnen zu sprechen. Ich weiß nicht, ob die Nonnen mir mißtrauten. Es gab auch einen jungen Mann, der regelmäßig kam. Dieser junge Mann bekam immer Kuchen. Er war der Mann, den die Nonnen am meisten liebten. Daher glaubte ich, er sei ein Seminarist oder ein Geistlicher. Aber so wie er sprach, war er etwas anderes. Man merkte, daß er nicht aus Guatemala war. Ich fragte mich: »Mit wem bin ich hier eigentlich zusammen? Was mache ich überhaupt hier? Was ist das für ein Mann?«

Jeden Morgen, wenn er kam, hieß es: »Hier, Ihr Kaffee ... Ihre Tasse ... hier, Ihr Gebäck ... das Essen, ist es auch heiß genug?« Und so ... Da überwand ich mich und fragte die Köchin: »Wer ist dieser Mann?«

Sie sagte: »Das darf ich dir nicht sagen, weil die Schwestern mit mir schimpfen, wenn sie es merken.«

Ich wurde mißtrauisch. Ich mußte herausfinden, wer das war. Ich beschwatzte das Mädchen und fragte: »Wer ist das?« Und sie sagte: »Er kommt aus Nicaragua. Er hat keinen Vater mehr und ist sehr arm.«

Das machte mich noch mißtrauischer, und ich fragte eine der Nonnen, die etwas mehr Vertrauen zu mir hatte. Sie erzählte mir dann, der Junge habe für Somoza gearbeitet und wäre sehr arm, hätte niemand, der für ihn sorge, und sie würden ihm aus Barmherzigkeit helfen und alles. Er werde zwar von der Regierung bezahlt, aber sei eben arm. Und die Regierung wolle ihm zwar ein Haus geben, aber dann müsse der Arme doch ganz allein darin wohnen. Das wäre doch schrecklich. Darum hätten sie ihn bei sich.

Das reichte mir. Später fand ich heraus, daß der Junge bei der Geheimpolizei arbeitete, das sind die schlimmsten in Guatemala. Sie verschleppen und foltern die Leute. Und ich lebte mit ihm unter einem Dach. Ich wollte nicht eine Nacht länger an diesem Ort bleiben, denn ich wußte, daß sie die Wahrheit über mich herausfinden würden.

Es gab natürlich Leute, die daran arbeiteten, mich aus dem Land zu bringen oder an einen anderen Ort. Aber noch war es nicht soweit. Als eine dieser Personen mich besuchte, sagte ich: »Ich will nicht einen Augenblick länger hier bleiben.« Sie dachten, ich sei verzweifelt. Also sagte ich nichts von dem, was ich herausgefunden hatte, weil ich auch Angst hatte, daß sie denken könnten, sie hätten ihre Sache nicht gut gemacht, und dann Fehler machten. Und wenn man mich hier entdeckte, wäre ich so gut wie tot.

33 Exil

> *»Wir sind die Rächer des Todes. Unser Geschlecht wird*
> *nicht ausgelöscht werden, solange der Stern des Morgens*
> *leuchtet.«*
>
> *Popol Vuh*

Der Augenblick kam, an dem ich fortgehen konnte, glücklich, aber
gleichzeitig geschah etwas mit mir, wovon ich nie geträumt hätte.
Die Compañeros holten mich heraus und brachten mich mit dem
Flugzeug nach Mexiko. Ich fühlte mich so zerstört und vernichtet
wie nie zuvor. Nie hatte ich mir vorstellen können, daß ich mein
Land einmal wegen dieser Verbrecher verlassen müßte. Aber ich
hatte auch die Hoffnung, bald wieder zurückkehren zu können.
Zurückkehren zu können, um meine Arbeit fortzusetzen, denn
ich wollte mein Arbeit nicht einen Augenblick lang unterbrechen,
weil ich nur die Fahne meiner Eltern hochhalten kann, wenn ich
denselben Kampf weiterführe, den sie nicht zu Ende bringen
konnten.

In Mexiko war ich in verschiedenen Gegenden, aber da wußte
ich wirklich nicht, was ich dort sollte. Wir Armen träumen nie von
einer Reise ins Ausland, nicht einmal von einer Spazierfahrt. Das
gibt es für uns nicht.

Ich ging also raus, lernte andere Gegenden und andere Men-
schen kennen. Ich war mit vielen Menschen zusammen, die mir
genausoviel Zuneigung entgegenbrachten wie meine Lieben zu
Hause. Sie baten mich um Zeugenaussagen über die Situation in
Guatemala, und ich war zu dieser Zeit noch ziemlich verwundet.
Sie luden mich ein, an einer Konferenz von Ordensleuten aus

Lateinamerika, Mittelamerika und Europa teilzunehmen, auf der ich über das Leben der Frau in Guatemala sprechen sollte. Mit vollem Recht und großer Begeisterung sprach ich auf dieser Versammlung nur von meiner Mutter. Oft überkam mich der Schmerz, wenn ich von ihr sprach, aber ich tat es voller Zärtlichkeit, weil ich daran dachte, daß meine Mutter nicht die einzige war, die soviel gelitten hatte, sondern daß viele andere Mütter ebenso tapfer waren wie sie.

Danach kündigte man mir Besuch an und daß ich mit Compañeros aus Guatemala zusammentreffen sollte. Ich war glücklich. Egal, welche Compañeros es waren, ich liebte mein Volk und fühlte mich zu jedem hingezogen wie zu meinen Geschwistern. Kurz darauf überraschten sie mich mit meinen beiden kleinen Schwestern, und ich war überglücklich. Von meinen Brüdern hatte ich seit dem Tode meiner Eltern nichts mehr gehört. Ich hoffe, daß sie noch am Leben sind.

Als wir uns trennten, ging meine kleine Schwester mit meiner Mutter. Sie war für sie wie eine Mitarbeiterin. Die andere war in die Berge gegangen zu den Compañeros Guerrilleros. Sie hatten das Land aus dem einfachen Grund verlassen, weil meine Schwester – die in die Berge gegangen war – glaubte, der anderen helfen zu müssen, sie begleiten zu müssen, damit sie nicht irgendwelche Sachen mache. Meine Schwester hatte sich für die Waffen entschieden.

Acht Jahre alt war meine kleine Schwester, als sie in die Guerrilla ging. Vielleicht kam das daher, daß sie früher Guerrilleros kennenlernte als ich. Denn als ich mein Dorf verließ, ging ich in andere Dörfer, größere Dörfer, wo es keine Berge mehr gab wie die wundervollen bei uns zu Hause. Die Guerrilleros waren auch nicht in unser Dorf gekommen, sondern meine Schwester hatte auf der Finca der Brol gearbeitet, in der Kaffee-Ernte, und irgendwann waren die meisten Arbeiter der Brols Guerrilleros geworden, aufgrund ihrer Situation. Und meine Schwester hatte Kontakt mit ihnen. Sie hatte ihr Geheimnis zu wahren gewußt. Sie hat nie mit meinen Eltern darüber gesprochen, weil sie wußte, daß sie damit das Leben meiner Eltern gefährdet und alles aufs Spiel gesetzt hätte.

Als wir hörten, daß meine Schwester verschwunden war, suchten wir und forschten nach, und viele sagten: »Ach, sie hatte doch

Verbindungen zur Guerrilla. Ganz klar, sie ist in die Berge gegangen.« Wir waren uns aber nicht sicher und dachten, daß sie sich vielleicht verlaufen habe oder daß sie entführt worden sei. Weil sie uns doch gedroht hatten, wenn ihnen mein Vater nicht in die Hände fiele, dann einer von uns.

Ich erfuhr davon erst 1979, als meine Schwester aus den Bergen kam und wir uns trafen. Sie sagte: »Hab keine Angst, ich bin zufrieden, auch wenn ich oft Hunger und Schmerzen habe und lange Märsche durch den Urwald machen muß, tue ich es doch mit großer Liebe, und ich tue es für euch.« Es war in einer Kirche in einem Dorf, in dem man ihr erlaubt hatte, die Messe zu besuchen und die Kommunion zu empfangen und alles. Sie war in dieses Dorf gekommen, und der reine Zufall wollte es, daß wir auch in der Messe waren.

In Mexiko traf ich auch Leute, die uns von Europa aus geholfen hatten, früher, als meine Eltern noch lebten. Ich traf dieselben Leute wieder. Sie wollten uns helfen nach Europa zu kommen. Sie sagten, es könne doch nicht möglich sein, daß ein Mensch soviel erdulde. Diese Señores boten uns guten Herzens an, in Europa zu leben. Sie wollten uns dort ein Haus geben und alles, was wir wollten. Es gäbe sogar die Möglichkeit, daß meine Schwestern studieren könnten.

Ich konnte nicht für meine kleinen Schwestern entscheiden, weil ich sie als Frauen betrachtete, die für ihr Leben selbst entscheiden konnten. Also sprachen sie mit meinen Schwestern, und sie lehnten den Vorschlag sofort ab. Wenn sie uns helfen wollten, dann sollten sie uns Hilfe schicken, aber nicht für uns, sondern für alle elternlosen Kinder des Landes. Sie verstanden aber nicht, warum wir nach allem, was uns widerfahren war, immer noch in Guatemala leben wollten. Und trotz aller Gefahren, denen wir ausgesetzt waren. Klar, sie verstanden es nicht, weil nur wir, die wir unsere Sache im Herzen tragen, bereit sind, jede Gefahr auf uns zu nehmen.

Nachdem die Wut der Armee etwas verraucht war und sie uns nicht mehr wie die Verrückten suchten, kehrten wir mit Hilfe anderer Compañeros nach Guatemala zurück. Dort bot man uns an, die Organisation zu wählen, für die wir am liebsten arbeiteten und die uns am günstigsten erschiene. Ich liebte das CUC, weil ich dort gelernt habe, daß wir einen Volkskrieg führen müssen, wenn wir eine Veränderung herbeiführen wollen. Und ich liebte die Organisationsarbeit und die Arbeit mit den Menschen.

Meine Schwester war im Hochland aufgewachsen, hatte hauptsächlich in unserem Dorf gelebt und liebte die Berge und die grüne Natur. Darum fürchtete ich sehr um sie, weil ich Angst hatte, daß sie sich eine schwierigere Aufgabe wählen könnte. Und genauso kam es auch. Sie sagte zu mir: »Ich kann das Andenken meiner Mutter nur mit der Waffe in der Hand in Ehren halten. Das ist das einzige, was ich jetzt tun kann. Ich bin eine erwachsene Frau.« Sie traf diese Entscheidung mit so großer Klarheit, so verantwortungsbewußt. Sie mußten dann zusehen, wie sie ihre Organisationen erreichten, weil wir keine Verbindungen mehr hatten.

Meine Schwestern gingen also in die Berge, und ich blieb in der Massenorganisation. Ich dachte viel darüber nach, ob ich ins CUC zurückgehen sollte, aber ich stellte bald fest, daß es dort genügend ausgebildete Mitarbeiter gab, Campesinos und Frauen, die Aufgaben in der Organisation wahrnehmen. Weil ich mich ja immer sehr viel mit der Religion beschäftigt hatte, entschied ich mich dann für die Revolutionären Christen »Vicente Menchú«. Nicht weil die Organisation den Namen meines Vaters trägt, sondern weil sie mir als Christin entsprach.

Meine Aufgabe bestand in der christlichen Erziehung der Compañeros. Es war eine ähnliche Aufgabe wie damals, als ich als Katechetin arbeitete. Durch meine Erfahrungen, durch alles, was ich erlebt habe, durch alle meine Schmerzen und Leiden lernte ich, die Rolle eines Christen im Kampf auf der Erde zu bestimmen. Ich las mit den Compañeros die Bibel, und wir fanden heraus, daß man sie benutzt hatte, um das Volk ruhig zu halten, anstatt dazu, das Licht zu den Ärmsten des Volkes zu bringen.

Die Arbeit der revolutionären Christen besteht hauptsächlich darin, die Ungerechtigkeiten, die gegen das Volk begangen werden, öffentlich anzuklagen und zu verurteilen. Die Bewegung ist keine Untergrundorganisation. Ihre Arbeit ist geheim, aber weil wir eine Massenorganisation sind, können wir uns nicht gänzlich verstecken. Als im Untergrund bezeichnen wir die Compañeros, die nicht in den Dörfern leben können und daher in den Bergen sind. Geheim nennen wir die Arbeit, die versteckt gemacht wird, aber in den Dörfern.

239

Wir arbeiten auch gegen die Kirchenhierarchie, die oftmals der Regierung die Hand reicht. Sie nennen sich Christen, bleiben aber oft stumm und taub angesichts der Leiden des Volkes. Sie nennen sich Christen, aber sie verdienen diesen Namen nicht. Sie leben unbeschwert in ihren schönen Häusern, und das ist alles. Darum sagte ich, die Kirche in Guatemala sei zweigeteilt. Die Kirche der Armen – und viele haben sich für die Kirche der Armen entschieden und teilen die Ansichten des Volkes – und die Kirche als Hierarchie, als Institution, die immer noch eine Kamarilla ist. Der größte Teil unseres Volkes ist christlich. Aber wenn die Hirten – wie sie sich nennen – selbst nur schlechte Beispiele geben und der Regierung die Hand reichen, werden wir sie trotzdem nicht dulden. Mir gibt das alles viel zu denken. Zum Beispiel die Nonnen, ihr angenehmes Leben beschämte mich, weil sie überflüssige Menschen waren, die nichts für andere Menschen taten.

Meine Arbeit liegt hauptsächlich auf organisatorischer Ebene. Vor allem deswegen, weil der Gegner mich kennt. Meine Aufgabe besteht darin, wichtige Papiere im Land und in der Hauptstadt zu transportieren, die Leute zu organisieren und ihnen das Licht des Evangeliums nahezubringen.

Mein Leben liegt nicht in meiner Hand, ich habe es in die Hände der Sache gelegt. Ich kann von heute auf morgen getötet werden, aber ich weiß, daß mein Tod nicht vergeblich sein wird, sondern ein Beispiel mehr für die Compañeros. Die Welt, in der ich lebe, ist so verbrecherisch, so blutdürstig, daß sie mir mein Leben von heute auf morgen nehmen kann. Darum ist meine einzige Alternative, das einzige, was mir bleibt, der Kampf, die gerechte Gewalt. Das habe ich aus der Bibel gelernt.

Das versuchte ich einer marxistischen Gefährtin klarzumachen, die mich fragte, wie ich eine Revolution machen könne, wenn ich Christin sei. Ich sagte ihr, in der Bibel läge nicht die ganze Wahrheit, aber auch der Marxismus sei nicht die einzige Wahrheit. Wir müssen uns nämlich eines Gegners erwehren, und gleichzeitig müssen wir als Christen unseren Glauben in einem revolutionären Prozeß verteidigen. Und gleichzeitig müssen wir uns bewußt sein, daß uns als Christen nach dem Sieg eine große Rolle bei der Veränderung der Gesellschaft zufällt.

Ich weiß, daß mir meinen christlichen Glauben niemand nehmen kann. Weder die Regierung noch die Angst, noch die Waffen.

Das muß ich meinen Leuten klarmachen. Daß wir zusammen die Volkskirche aufbauen können, die eine wirkliche Kirche ist und keine Hierarchie, kein Bauwerk, und die eine Veränderung für uns Menschen bewirkt. Ich weiß, und ich habe das Vertrauen, daß nur das Volk, daß die Massen die einzigen sind, die die Gesellschaft umformen können. Und das ist nicht nur eine Theorie.

Ich habe mich entschieden, in der Stadt oder in den Dörfern zu arbeiten, obwohl ich die Möglichkeit gehabt hätte, eine Waffe zu tragen. Aber jeder trägt auf seine Weise seinen Teil bei, und jeder Beitrag dient dem einen gemeinsamen Ziel.

Ich diene der Sache. Und wie ich schon sagte, ist die Sache nicht etwas Gutem entwachsen, sondern etwas Bösem, etwas Bitterem. Meine Sache radikalisiert sich mit dem Elend des Volkes. Sie radikalisiert sich durch den Hunger, den ich gesehen und als Indígena gelitten habe. Durch die Ausbeutung und Diskriminierung, die ich am eigenen Leib erfahren habe. Durch die Unterdrückung, dadurch, daß sie uns nicht so respektieren, wie wir sind. Sie haben mir meine liebsten Menschen getötet, und zu meinen liebsten Menschen zähle ich auch die Leute meines Dorfes. Und darum hat meine Entscheidung für den Kampf keine Grenzen und keinen Raum. Darum bin ich an so vielen Orten gewesen, wo ich die Möglichkeit hatte, von meinem Volk zu berichten. Aber ich brauche viel mehr Zeit, um über mein Volk zu berichten, weil man es so nicht versteht.

Natürlich, hier in dieser Erzählung, glaube ich, kann ich ein Bild davon vermitteln. Aber dennoch bleibt meine wahre Identität als Indígena verborgen. In mir verbirgt sich immer noch das, von dem ich glaube, daß niemand es kennt – kein Anthropologe und kein Gelehrter. Soviele Bücher sie auch haben mögen, alle unsere Geheimnisse können sie nicht entziffern.

Worterklärungen

Altiplano – Hochland

Atole – süßer Maisbrei

Bueno – gut

Cantina – Kantine

Campesino – Landarbeiter

Camioneta – Kleintransporter

Comité de Unidad Campesina (CUC) – Komitee der Landarbeiterver-einigung

Compañera/Compañero – Kameradin/Kamerad

Departamento – Bezirk

Doña – intimere, respektvollere Anrede für: Frau

Fiesta – Fest

Finca – großes Landgut

Finquero – Großgrundbesitzer

Frijoles – schwarze Bohnen

Huipil – bestickte Bluse

Indígenas – ethnische Bezeichnung für: Indios

Instituto Nacional de Transformación Agraria (INTA) – Nationales Institut für landwirtschaftliche Umgestaltung

Kamarilla – herrschende Clique

243

Kopal – Harz tropischer Bäume

Ladinos – Mestizen

Machete – Buschmesser

Machismo – übersteigertes Männlichkeitsgefühl, Männlichkeitswahn

Macho – männlich (Adjektiv), Mann (Substantiv); siehe: Machismo

Municipios – Gemeindebezirk

Panela – Sirup

Patio – Hof

Patrón – hier Bezeichnung für: Aufseher des Großgrundbesitzers

Pinol – gerösteter und zerstoßener Mais, der wie Kaffee aufgekocht wird

Plaza – Platz

Señor/Señora/Señorita – Herr/Frau/Fräulein

Tamales – Maispasteten

Tapanco – Dachboden

Tejidos – Webarbeiten

Temascal – Badehaus

Terrateniente – Landbesitzer

Tortilla – Maisfladen

Friedensnobelpreis für Rigoberta Menchú

Rigoberta Menchú wird für den Friedensnobelpreis vorgeschlagen und kehrt nach mehrjährigem Exil erstmals nach Guatemala zurück (Sommer 1992)

Im mexikanischen Exil veröffentlicht Rigoberta Menchú 1983 das inzwischen in zehn Sprachen übersetzte Buch »Yo, Rigoberta Menchú«. Gemeinsam mit anderen Flüchtlingen gründet sie die »Vereinigte Vertretung der guatemaltekischen Opposition« (RUOG), die über lange Zeit als einzige Organisation die guatemaltekische Bevölkerung bei der UN–Menschenrechtskommission vertritt. Seit den ersten »Esquipulas«-Abkommen der mittelamerikanischen Präsidenten 1987 nimmt sie aktiv am »Nationalen Dialog« teil, den von der Kirche und ausländischen Politikern vermittelten Versöhnungsgesprächen zwischen der Regierung und der Guerilla. Vier internationale Universitäten zeichnen sie mit dem Ehrendoktortitel aus, auch die UNESCO würdigt Rigoberta Menchú mit einem Preis.

Der Vorschlag, Rigoberta Menchú für ihren unermüdlichen Kampf um die Rechte der Indigenas den Friedensnobelpreis zu verleihen, geht auf einen Beschluß der Sozialistischen Partei Italiens aus dem Jahr 1989 zurück. 1991, beim zweiten Treffen der lateinamerikanischen Kampagne »500 Jahre Indigena-, Schwarzen- und Volkswiderstand«, wird beschlossen, die Kandidatur beim Nobelpreis-Komitee in Oslo formell anzumelden. Die früheren Preisträger Aldolfo Pères Esquivel, Oscar Arias und Bischof Desmond Tutu befürworten offen die Bewerbung. In mehreren Ländern Europas, in Kanada, den USA und Japan entstehen Komitees zur Unterstützung der Kandidatur. In der Bundesrepublik starten vor allem kirchliche Initiativen, so der Zentralverband der Katholischen Frauengemeinschaft, Unterschriften- und Solidaritätsaktionen.

In Guatemala selbst kommt die Kampagne nur zögernd in Gang. Zu groß ist die Angst vor Repressalien, sich öffentlich zu der von Präsident Serrano als »Terroristen-Freundin« gebrandmarkten Frau zu bekennen. Um die Bewerbung Menchús zu hintertreiben und der »nationalen Schande« vorzubeugen, daß eine guatemaltekische Indigena, eine Ureinwohnerin, den Nobelpreis erhält, lancieren verschiedene konservative Organisationen sogar einen Gegenvorschlag: Ihre Kandidatin ist Vorsitzende eines Vereins für Blinde und Gehörgeschädigte; vor allem aber ist sie eine Weiße.

Erst im Sommer 1992 sprechen sich die katholische Bischofskonferenz und die Gewerkschaft der Universitätsdozenten für die Kandidatur Menchús aus. Am 15. Juli schließlich bringen zahlreiche Vertreter politischer, religiöser und kultureller Gruppen ihre Unterstützung in einem »campo pagado«, einer bezahlten Anzeige, in der Tageszeitung »La Hora« zum Ausdruck.

Das Marimba-, Gitarren- und Flötenspiel der beiden Musikgruppen geht im tosenden Beifall der fast tausend Anwesenden unter, als Rigoberta Menchú am Nachmittag des 11. Juli 1992 über das Rollfeld die Wartehalle des Flughafens »La Aurora« in Guatemala-Stadt betritt. »Zu den glücklichsten Momenten, die ein Menschenherz erleben kann, gehört der Moment, in dem man in sein Land zurückkehrt«, sagt die 33jährige Quichè-Indianerin in einer improvisierten Ansprache. »Wir sind heute vereint, so wie wir es von unseren Vorfahren kennen. Alle, die wir auf diesem Fleckchen Erde geboren sind, das uns allen gehört.«

Es ist der erste offizielle Besuch Rigoberta Menchús in ihrem Heimatland, das sie 1981 verlassen hat. Sie ist gekommen, um mit verschiedenen Indigena-Organisationen über die Identität und die Rechte der lateinamerikanischen Ureinwohner zu diskutieren. Die Gespräche sollen eine Sitzung der UN-Kommission gegen Diskriminierung und zum Schutz von Minderheiten vorbereiten, an der Menchú als erste Indigena-Frau (Nachfahrin der Ureinwohner) teilnimmt.

Die Reise wird zu einem Wechselbad der Gefühle. Während viele Menschen am Straßenrand und später in den Dörfern der Rückkehrerin zujubeln, tauchen bereits auf dem Weg vom Flughafen zum Stadtzentrum an den Häuserwänden die ersten frisch gepinselten Parolen auf, in denen die guatemaltekischen Volksorganisationen und auch Frau Menchú als Kollaborateure der Guerilla bezeichnet werden. Am nächsten Morgen rammen in der Ortschaft Chimaltenango zwei Geländefahrzeuge mit getönten Scheiben Menchús Wagen – der erste von insgesamt drei Anschlägen auf ihr Leben während des nur fünftägigen Aufenthalts.

Reimar Paul in: Evangelische Zeitung, 1. November 1992

Die Entscheidung über die Vergabe des Friedensnobelpreises

Das norwegische Nobelkomitee hat beschlossen, den Friedensnobelpreis 1992 an Rigoberta Menchú aus Guatemala für ihre Arbeit für soziale Gerechtigkeit und ethnisch-kulturelle Versöhnung auf der Basis von Respekt für die Rechte der Urbevölkerung zu vergeben. Wie viele andere Länder in Süd- und Mittelamerika ist Guatemala geprägt von großen Spannungen zwischen Nachkommen der europäischen Einwanderer und der indianischen Urbevölkerung. Während der siebziger und achtziger Jahre trugen diese Spannungen zu massiven Übergriffen gegen die indianische Bevölkerung bei. Menchú hat eine mit der Zeit immer herausragendere Rolle als Anwältin der Eingeborenen übernommen. Rigoberta Menchú wuchs in Armut auf, in einer Familie, die brutalste Unterdrückung und Verfolgung mitmachen mußte. Bei ihrer sozialen und politischen Arbeit beachtete sie stets, daß das langfristige Ziel des Streites der Frieden ist. Rigoberta Menchú erscheint heute als starkes Symbol für Frieden und Versöhnung hinweg über ethnische, kulturelle und soziale Grenzen in ihrem eigenen Land, auf dem amerikanischen Kontinent und in der übrigen Welt.

Reaktionen auf die Preisvergabe

In dem guatemaltekischen Bergdorf San Marcos haben Hunderte von Indios ihre Friedensnobelpreisträgerin Rigoberta Menchú begeistert gefeiert. Jubelnde Menschen säumten die Straßen, um die 33jährige Bürgerrechtlerin zu sehen, die in Guatemala gegenwärtig die Protestaktionen gegen die Feierlichkeiten zum 500. Jahrestag der Ankunft von Kolumbus in Amerika koordiniert.

»Sie ist eine von uns, sie ist eine Frau, die kämpft«, sagte Usta Quia Fuentes, die zu Fuß aus einem Nachbardorf gekommen ist. Bewegt winkte Frau Menchú der Menschenmenge von der Ladefläche eines Kleintransporters zu, der sie von der Hauptstadt nach San Marcos zurückbrachte. In Guatemala-Stadt war sie nach der Nachricht der Preisverleihung nur kurz geblieben. »Meine Leute warten auf mich«, erklärte sie den Journalisten.

Die Regierung des vom längsten Bürgerkrieg in Mittelamerika heimgesuchten Landes reagierte zwiespältig auf die Entscheidung des Nobelpreiskomitees. In einer offiziellen Erklärung des Büros von Präsident Jorge Serrano wird der Erwartung Ausdruck verliehen, daß Frau Menchú »den Einfluß und die Autorität der Auszeichnung nutzen« kann, um eine friedliche Lösung für Guatemala herbeizuführen. Außenminister Park sagte jedoch, er sei gegen die Ehrung Menchús, »weil sie zu bestimmten Gruppen gehört, die Guatemala in Gefahr gebracht haben«.

Der Sprecher der Streitkräfte, Marinekapitän Julio Yon Rivera, hatte bereits früher erklärt, der Friedensnobelpreis für Frau Menchú wäre ein politischer Sieg für die Aufständischen. Jetzt bezeichnete er dies jedoch als seine persönliche Meinung und übermittelte die Gratulation der Streitkräfte.

Der Sprecher des Guerilladachverbandes Vereinigter Nationaler Widerstand Guatemalas, Miguel Sandoval, sprach in Mexiko-Stadt von der »ersten guten Nachricht, die die Ureinwohner Guatemalas in 500 Jahren erhalten haben«. Auch Oscar Arias, ehemaliger Präsident von Costa Rica und Friedensnobelpreisträger des Jahres 1987, bezeichnete die Entscheidung der Jury als »Anerkennung von 500 Jahren der Mißachtung und Diskriminierung«.

AP-Meldung, 18. Oktober 1992

Rigoberta Menchú hat tiefgreifende Reformen in Guatemala gefordert, mit denen eine gerechte Beteiligung der indianischen Bevölkerungsmehrheit an der Regierung ermöglicht werden soll. Die Regierung müsse auf die Forderungen der Ureinwohner eingehen. »Echte Beteiligung der Indios bedeutet, daß einige Regeln in Guatemala hier geändert werden müssen.«

Frau Menchú sagte, sie wolle verhindern, daß die Proteste gegen die Feiern zum 500. Jahrestag der Entdeckung Amerikas durch Kolumbus vergessen würden. Der Nobelpreis solle das Bewußtsein für die Unterdrückung der Indios wachhalten. Frau Menchú bestritt jedoch, nun die Repräsentantin der Indianer geworden zu sein: »Niemand hat die politische und moralische Autorität, heute zu entscheiden, wer die Indianer vertritt.« Diese Entscheidung müsse den örtlichen Basisgruppen überlassen werden.

»Betrug, Sturheit, Kurzsichtigkeit und das Ego derjenigen, die die Macht haben, haben die Gesellschaft korrumpiert und dazu geführt, daß die Menschen glauben, sie seien die Herren der Erde – und nicht ihre Kinder«, sagte die Menschenrechtskämpferin weiter. Guatemalas Staatspräsident Jorge Serrano warf sie vor, seine wahre Haltung zu der Verleihung des Preises an sie verborgen zu haben. Sie habe zahlreiche Gratulationen aus dem Ausland bekommen, bevor der Präsident sie angerufen habe. Sie hoffe aber, daß Anschuldigungen der Armee, sie sei Kommunistin oder Aktivistin im bewaffneten Widerstand, nun aufhören werden. Mit solchen Vorwürfen würden die Sicherheitskräfte »den Friedensnobelpreis selbst angreifen«.

Reuter-Meldung, 19. Oktober 1992

Rigoberta Menchú will an den ins Stocken geratenen Verhandlungen zur Beilegung des seit 30 Jahren andauernden Bürgerkrieges in Guatemala teilnehmen. Nach einem Treffen mit Staatspräsident Jorge Serrano sagte die Maya-Indianerin, in den Friedensgesprächen werde ihr Platz an der Seite der Opfer der staatlichen Unterdrückung sein. Serrano bat Frau Menchú, sich dafür einzusetzen, daß die Guerillaorganisation URNG einen Kompromiß akzeptiere. Augenzeugen schilderten die Begegnung als frostig.

Frau Menchú teilte mit, viele Freunde hätten sie gebeten, nicht mit dem Präsidenten zusammenzutreffen. Sie hätte jedoch ein Zeichen ihres guten Willens geben wollen, es sei eine wichtige Begegnung gewesen.

Anschließend reiste die Friedensnobelpreisträgerin wieder nach Mexiko, wo sie seit mehr als zehn Jahren im Exil lebt. In ihrer Heimat Guatemala sei ihre Sicherheit noch immer nicht gewährleistet, sagte sie vor ihrem Abflug. Zwei ihrer jungen Anhängerinnen seien am Vortag von Unbekannten verschleppt und mißhandelt worden.

epd- und AP-Meldungen, 20. Oktober 1992

»Meine Worte sind meine Waffen«

Nein. Die »ungebildete, einfache Frau aus dem Volke«, wie manche Medien mit freundlicher Herablassung kommentieren, ist Rigoberta Menchú nicht. Die Friedensnobelpreisträgerin ist auch nicht die »naive Wilde«, keine »lupenreine Gewaltfreie«, keine feministische Vorkämpferin für die Rechte extrem unterdrückter Frauen. Sie entzieht sich den vorgestanzten Stereotypen der »weißen« Wahrnehmung. Diese Frau hat in ihrem noch nicht langen Leben soviel persönliches und familiäres Leid erlitten, daß sie für Befreiungsphantasien jeder Art, für Dritte-Welt-Romantik oder für Revolutionsträumereien nicht taugt. Doch wer das Leben und den Kampf der Rigoberta Menchú und ihrer Mitstreiterinnen zu ergründen sucht, der kann Respekt, ja Hochschätzung lernen für das Anderssein dieser »Fremden« und für ihren Einsatz gegen den »weißen« lateinamerikanischen Rassismus.

Das Nobel-Komitee hat mit seinem Friedenspreis keine – nach europäischem Denkmuster – prinzipiell gewaltfreie Pazifistin ausgezeichnet, sondern eine Frau, die sich vom bewaffneten Widerstand ihres Volkes gegen die räuberische und mörderische, mit dem Schein formaldemokratischer Legalität ummäntelte Gewaltherrschaft in Guatemala keineswegs distanziert. Zwei Schwestern der Rigoberta Menchú gingen »in die Berge« zur Guerilla. Die Jüngere war, so berichtet Rigoberta Menchú mit Stolz, »als sie kurz nach der Ermordung unserer Mutter mit den Kämpfern mitging, acht Jahre alt«. Rigoberta selbst engagierte sich legal in den Volksorganisationen, in der Kleinbauern-Selbsthilfe-Organisation CUC, wo auch schon ihr Vater führend mitgearbeitet hatte, und bei den ihrem ermordeten Vater benannten »Revolutionären Christen ›Vicente Menchú‹«.

250

Mehr als 42 000 Indios wurden seit den sechziger Jahren getötet. Insgesamt kostete der Krieg gegen die Armen seit jener Zeit das Leben von über 100 000 Menschen in Guatemala, einem Staat knapp halb so groß wie Westdeutschland mit rund 7,5 Millionen Einwohnern. Ungezählte Male genügte der vage Verdacht einer Verbindung zu den Oppositionellen für die »Akte der Repression«, wie Rigoberta Menchú sie nennt. Heutzutage geht das Morden weiter: 253 politische Morde hat der guatemaltekische »Staatsanwalt für Menschenrechte«, Ramiro de Leon Carpio, im ersten Halbjahr 1992 registriert.

Rigoberta Menchú urteilt, die Bedeutung des Nobelpreises liege vor diesem Hintergrund darin, »das Schweigen über den Massenmord und die Repression zu durchbrechen«. Der Friedensnobelpreis sorge dafür, »daß Guatemala weltweit beachtet wird«. »Er stellt eine Ehrung dar für die Vergessenen, die am Ende der Welt leben müssen, für die Ureinwohner, Frauen und Autodidakten ohne Chance auf Schulbildung.«

Aufs Heldinnen-Podest möchte Rigoberta Menchú nicht gehoben werden. Sie verweist auf ihre Mitkämpferinnen, etwa auf die Volksgenossin und Freundin, die Maya-Indianerin Rosalina Tuyuc, Vorsitzende von »Canavigua«, der »Vereinigung der Witwen der ›Verschwundenen‹« in Guatemala. Sie hat eine ähnlich erschütternde Lebensgeschichte wie Rigoberta Menchú.

Thomas Seiterich-Kreuzkamp in: Publik-Forum, 6. November 1992

»Wir haben das Recht, angehört zu werden«

»Ich habe gelernt, daß man einen Titel, einen Beruf, ein Konto braucht. Mit dem Gesicht der Armen bekommt man Probleme«, schreibt Rigoberta Menchú ihre Erfahrungen mit jener anderen Welt, deren Spielregeln sie seit einem Jahrzehnt studiert, ohne die eigenen Wurzeln zu leugnen. Dem, was sie gesehen hat (»Es geht immer ums Kaufen, Verkaufen, Verdienen«) setzt sie die andere »Weltsicht« der Indianer entgegen, die auch nach 500 Jahren nicht ausgerottet sei: »Wir Ureinwohner haben immer ein Element der Harmonie zwischen Leben und Natur aufrechterhalten.

Daß »Mutter Erde«, »Mutter Natur« und sogar die Menschenrechte als Handelsobjekte herhalten müssen, das könnten und wollten sie nicht verstehen.

Rigoberta kennt die Spielregeln der »anderen Welt«, in der sie gezwungenermaßen lebt: Vorwürfen vorbeugend, fügt sie hinzu, sie wolle nicht die Fehler der Spanier wiederholen und die eigene Kultur für überlegen erklären. Aber: »Die Weltsicht der Indios unterscheidet sich von der, die uns aufgezwungen wurde.« Demokratie könne es nicht geben unter Ausschluß der Urbevölkerung. »Es gibt noch kein definiertes Modell«, gibt sie zu. Noch hat die langsam wachsende Indianerbewegung genug zu tun, um zu erreichen, was ihre Symbolfigur als allererstes verlangt: »Wir haben das Recht, angehört zu werden.«

Rigoberta Menchú kann in dieser Hinsicht nicht nur klagen. Wenn auch unbemerkt von großen Teilen der Weltöffentlichkeit haben sie und ihre Mitkämpfer den amerikanischen Ureinwohnern ein Plätzchen in den Verlautbarungen internationaler Organisationen wie der UN verschafft. Die Vereinten Nationen haben 1993 zum »Jahr der Rechte der eingeborenen Völker« erklärt, und die Botschafterin des Maya-Volkes weiß das in ihrer realistischen Art einzuschätzen. »Das ist nicht unser Jahr, sondern ein Jahr der UN«, sagt Menchú. »Es scheint so, daß es nur auf dem Papier steht. Für das Jahr der Frau 1994 habe ich schon Plakate gesehen, für ›unseres‹ noch nicht.« Aber: »Das Jahr könnte symbolische Bedeutung für die Würde der Armen bekommen.«

Stephan Hebel in: Frankfurter Rundschau, 17. Oktober 1992

Foto: Jacques Robert

Miguel Angel Asturias

Miguel Angel Asturias: Sturm
Roman. Lamuv Taschenbuch 74. 16,80 DM / 131 öS / 17,80 sFr

»Sturm« ist der erste Roman aus Asturias' »Bananen-Trilogie«, für die der guatemaltekische Autor 1967 den Literaturnobelpreis erhielt. Schauplatz ist die ausgedehnte Plantage einer US-Fruit-Company in einer lateinamerikanischen Bananenrepublik. Ohne Rücksicht auf Natur und Umwelt, auf Leben und Eigentum der Bevölkerung setzt die Company ihre Interessen durch. Gegenpart des Unternehmens ist der US-Amerikaner Cosi alias Lester Mead, alias Stoner. Er selbst ist Aktionär der Company, versteht sich aber als Interessenvertreter der ausgebeuteten Bevölkerung.

Miguel Angel Asturias: Der grüne Papst
Roman. Lamuv Taschenbuch 89. 19,80 DM / 155 öS / 20,80 sFr

Wie wird Geo Maker Thompson, ehemals Pirat in karibischen Gewässern, zum Bananenmagnaten, zum gefürchteten und bewunderten »Grünen Papst«? Vor allem skrupellos muß er sein, muß sich im »Dickicht der Städte« (Brecht), an der Börse von Chicago und in den Wolkenkratzerbüros der Stadt, in denen über die Anteile an der Bananenproduktion und -vermarktung und damit über Krieg und Frieden in der südlichen Hälfte des Kontinents entschieden wird, ebenso durchsetzen können wie in der lateinamerikanischen Bananenrepublik, die er bald vollständig unter Kontrolle hat.

Miguel Angel Asturias: Die Augen der Begrabenen
Roman. Lamuv Taschenbuch 100. 29,80 DM / 233 öS / 30,80 sFr

Ein Generalstreik wird vorbereitet; der »Tag des Gerichts«, an dem der Diktator gestürzt werden soll, rückt näher. Hauptorganisatoren des Streiks sind Tabio San und Malena Tabay, seine Geliebte, die in einem Dorf in den Bergen als Lehrerin eine Schule aufgebaut hat. Wird der Streik erfolgreich sein? Wie werden sich die Militärs, die Arbeitslosen, die korrumpierte Mittelschicht verhalten?

Bücher aus dem Lamuv Verlag

Frauen in der Dritten Welt

Carolina Maria de Jesus: Tagebuch der Armut –
Das Leben in einer brasilianischen Favela
Lamuv Taschenbuch 30. 16,80 DM / 131 öS / 17,80 sFr

Die Schwarze Carolina Maria de Jesus führte Tagebuch über
ihr Leben in einem Elendsviertel in São Paulo. Sie wurde
berühmt, ihr Buch in viele Sprachen übersetzt... Die Jahre ver-
strichen. Das Geld ging zu Ende. Sie kehrte in die Favela
zurück. Niemand erinnerte sich mehr an sie. Anfang 1977 starb
sie zwischen Abfallhaufen und Geiern.

Caipora (Autorinnengruppe): Frauen in Brasilien – Ein Lesebuch
Lamuv Taschenbuch 101. 16,80 DM / 131 öS / 17,80 sFr

»Die aus deutschen und einigen brasilianischen Frauen beste-
hende Autorinnengruppe läßt schwerpunktmäßig Frauen aus
der in großer Armut lebenden Bevölkerungsmehrheit zu Wort
kommen und berichtet von Fraueninitiativen und -bewegun-
gen... ein spannendes Lesebuch für Frauen, das Lebenswirk-
lichkeiten näherückt, die bei aller Fremdheit auch Bekanntes
anklingen lassen.« (Reinhild Khan in: ekz-Informationsdienst)

Christa Wichterich:
Stree Shakti – Frauen in Indien: Von der Stärke der Schwachen
Lamuv Taschenbuch 48. 17,80 DM / 139 öS / 18,80 sFr

Ein Lesebuch mit Interviews, Reportagen, Porträts, Gedichten,
Liedern, Fotos..., die exemplarisch die Lebens- und Arbeits-
bedingungen der Frauen in Indien deutlich machen. Ein zen-
traler Punkt im Buch: Frauenprotest und Frauenorganisierung.
Stree Shakti heißt: weibliche Kraft, Energie, Kreativität.

Piet Bogner: In der Steinzeit geboren – Eine Papua-Frau erzählt
Lamuv Taschenbuch 35. 16,80 DM / 131 öS / 17,80 sFr

»... ein großes Stück lebendiger Kulturgeschichte.« (Abendzei-
tung, München)

Bücher aus dem Lamuv Verlag

Frauen in der Dritten Welt

Rigoberta Menchú/CUC:
Die Klage der Erde – Der Kampf der Campesinos in Guatemala
Lamuv Taschenbuch 136. 16,80 DM / 131 öS / 17,80 sFr

Rigoberta Menchú und das »Comité de Unidad Campesina«, deren Vorsitzende sie ist, erzählen von der Unterdrückung und dem Widerstand der »Indigenas« in Guatemala: In den letzten Jahrzehnten ist ein regelrechter Krieg gegen die Armen geführt worden, dem Zehntausende zum Opfer fielen. Das »Komitee der Landarbeitervereinigung« mußte zur Zeit der Militärdiktaturen im Untergrund arbeiten. Heute regiert in Guatemala nicht mehr das Militär, so scheint es. Für Rigoberta Menchú gibt es jedoch nur eine »Fassadendemokratie«. Den Ureinwohnern wird weiterhin das Recht auf eine eigene Kultur, auf eigene Organisationen und eine selbstbestimmte Entwicklung verwehrt.

Elena Poniatowska: Jesusa – Ein Leben allem zum Trotz
Lamuv Taschenbuch 123. 19,80 DM / 155 öS / 20,80 sFr

Renate Hücking schreibt über sie: »Jesusa hat sich ihr Leben lang, tagaus, tagein geschunden, bloß um zu überleben. Aber sie hat sich nicht kleinkriegen lassen. Im Frauentroß ist sie durch die Mexikanische Revolution gezogen. Dann blieb sie in der Hauptstadt hängen und schlug sich als Fabrikarbeiterin durch, als Animiermädchen, Matratzenwäscherin... Mit zäher Widerstandskraft, spontaner Empörung und enormer Selbstachtung hat sie sich mit Würde über Wasser gehalten.«
Elena Poniatowska, 1933 in Paris geboren, ist Mexikos Starreporterin. Als erste Frau erhielt sie 1978 den »Nationalen Journalistenpreis« Mexikos.

Moema Viezzer: Wenn man mir erlaubt zu sprechen...
Das Zeugnis der Domitila, einer Frau aus den Minen Boliviens
Lamuv Taschenbuch 27. 16,80 DM / 131 öS / 17,80 sFr

Das Zeugnis der Domitila ist – so Günter Wallraff – eine »Form der Entwicklungshilfe an uns ›Unterentwickelten‹: in Sachen politisches Engagement und Solidarität«.

Bücher aus dem Lamuv Verlag